Le bouddhisme

Edward Conze

Le bouddhisme

dans son essence et son développement

Préface de Arthur Waley

Avant-propos de Louis Renou

Traduit de l'anglais
par Marie-Simone Renou

Petite Bibliothèque Payot

Titre original :

BUDDHISM

(Oxford, Bruno Cassirer, Ltd., 1951)

106, bd Saint-Germain, 75006 Paris.

AVERTISSEMENT DE L'AUTEUR

L'idée de ce livre m'est venue d'amis personnels en 1941, quand je vivais à Godshill dans le Hampshire et que j'essayais de voir ce qui de la méditation bouddhique pouvait en fait être pratiqué à l'époque actuelle. Les premiers chapitres représentent des conférences que j'ai données à Oxford il y a quelques années, à St. Peter's Hall; des traces de style oral y sont encore attachées. En 1948, le docteur William Cohn, d'Oxford, me suggéra qu'un ouvrage couvrant le domaine entier de la pensée bouddhiste serait très apprécié; il m'encouragea à compléter le livre. Le docteur Cohn et plus tard Mr. Arthur Waley et Mr. Christmas Humphreys ont éliminé bien des erreurs. Mr. Claude Sutton et Mr. Arthur Southgate ont revu le style. Des discussions avec divers savants m'ont, je l'espère, mis dans la bonne voie sur un nombre de points difficiles et controversés. À ce propos je dois mentionner avec gratitude le professeur F. W. Thomas, le docteur E. J. Thomas, le professeur Murti de Colombo, le professeur Lamotte de Louvain, le professeur Demiéville de Paris, le professeur Tucci de Rome et le docteur Pott de Leyde. Nombre des textes sur lesquels se fonde ma description n'ont jamais été traduits en anglais. On pourra sans doute un jour offrir au lecteur une sélection des documents principaux de la pensée bouddhiste, laquelle justifierait bien des points qui sont simplement affirmés ici.

Edward CONZE

PRÉFACE DE L'ÉDITION ANGLAISE

Il n'existe pas actuellement en anglais ni en aucune autre langue un exposé du bouddhisme aussi complet et en même temps aussi facile à lire que celui qu'on trouvera dans le livre du docteur Conze.

Vous connaissez probablement l'histoire du roi qui demandait à des aveugles à quoi ressemblait un éléphant. L'un, touchant la trompe de l'animal, dit : « À un brancard de chariot », un autre, touchant l'oreille, dit : « À un van », et ainsi de suite. Cette parabole pourrait s'appliquer aux tentatives européennes pour écrire l'histoire du bouddhisme. Non que les historiens soient à blâmer. Au début du XIXe siècle, les seuls documents accessibles étaient ceux qui représentaient le bouddhisme médiéval du Népal. La sensation créée par la découverte ultérieure d'un Canon beaucoup plus ancien à Ceylan fut si grande que l'on considéra les écritures pālies (celles qu'on trouve à Ceylan) comme incarnant tout le bouddhisme ancien. À une date aussi récente que 1932, Mrs. Rhys David, dans son *Manuel du Bouddhisme pour étudiants avancés* (titre plutôt ambitieux), fait peu d'usage de quoi que ce soit d'autre que les écritures pālies. Un an plus tard, un exposé plus complet fut donné par E. J. Thomas dans son *Histoire de la pensée bouddhiste*; mais son ouvrage s'adresse aux spécialistes plutôt qu'au grand public. D'autres livres, comme la *Philosophie bouddhiste* de Keith, ne sont que des listes d'opinions émises par des gens considérés comme tout à fait éloignés et « manquant à la fois de système et de maturité ». Pour le docteur Conze, les questions que le bouddhisme pose et auxquelles il répond sont des questions actuelles, vivantes, et il les met constamment en relation à la fois avec l'Histoire et avec l'actualité.

À mon sens les livres sont sans valeur s'ils n'expriment un point de vue, et il faut qu'ils le fassent, non en déformant les faits, mais en rendant apparent au lecteur la réaction émotive et intellectuelle de l'auteur devant ces faits.

Le livre du docteur Conze réussit à le faire mieux qu'aucun ouvrage du genre que j'aie lu depuis longtemps.

Arthur WALEY

AVANT-PROPOS DE L'ÉDITION FRANÇAISE

Les ouvrages sur le bouddhisme sont nombreux; il ne se passe guère d'année sans qu'il en paraisse. Même en langue française (où nous sommes relativement désavantagés), on compte, outre les traductions des ouvrages d'Oldenberg, de Kern, de Glasenapp, les traités de Roussel, La Vallée Poussin, Przyluski, Oltramare, ceux de MM. Grousset, Bacot et plusieurs autres. J'entends, parmi les auteurs «sérieux», non parmi ceux que la théosophie a irrémédiablement gâtés.

Le livre de M. Edward Conze aura une place bien à part dans cette longue série. C'est d'abord l'œuvre d'un érudit, qui s'est penché longuement sur les textes, les a étudiés dans leur sens profond et non pas seulement du point de vue du philologue. Il passe pour le meilleur connaisseur de la littérature *Prajñâ-Pâramitâ* ou «Transcendance de Sagesse», dont il parle d'ailleurs beaucoup au cours de son livre et qui est l'avenue maîtresse, menant du «Petit Véhicule» aux perspectives infinies du «Grand Véhicule».

On reconnaîtra ce goût érudit au soin qu'il prend à donner pour chaque «système» bouddhique un aperçu des documents littéraires et de l'historique interne, pour autant qu'on peut l'établir. D'autre part, les problèmes d'affinités ou de convergences ne lui sont pas indifférents : soit qu'il compare le mouvement *Mâdhyamika* et le pyrrhonisme, soit qu'il recherche les origines du tantrisme, il a des vues souvent neuves et fécondantes à nous proposer.

Au point de vue documentaire, l'ouvrage forme un exposé complet. Contrairement à ce qu'on faisait autrefois, la vie du Bouddha, les origines bouddhiques n'y jouent plus le rôle essentiel ; le temps est loin où l'on considérait le développement du *Mahâyâna* comme une « dégénérescence ». M. Conze poursuit la pensée bouddhique jusqu'en ses conséquences extrêmes, le *Tantra* dans l'Inde et hors de l'Inde, le *Ch'an* ou *Zen* en Extrême-Orient, l'amidisme au Japon. Il termine par quelques pages bien venues sur le « bouddhisme européen » et son avenir.

De cette littérature écrasante, il a su tirer l'essentiel en proposant à l'attention du lecteur des extraits heureusement choisis. Ce sont comme les linéaments d'une anthologie que l'auteur serait très bien préparé pour nous donner un jour. Les détails que le texte même n'a pu retenir, des diagrammes, des tables chronologiques les fournissent. Comme instrument de travail, comme initiation pratique, cet ouvrage ne laisse rien à désirer.

Mais ce livre est aussi l'œuvre d'un homme convaincu de la grandeur, de la validité actuelle du message bouddhique. Pour lui, comme le rappelle justement M. Arthur Waley, le bouddhisme est une réalité vivante : en parler n'est pas seulement affaire de spécialistes, jeu d'érudits ; les problèmes qu'il traite sont ceux qui nous concernent, c'est notre destinée qui est en cause, nos raisons de vivre.

Le double caractère d'un livre de science et d'un livre de foi (ou, tout au moins, d'active sympathie spirituelle) confère son attrait particulier à ce qu'écrit M. Conze. Déjà, dans son ouvrage *Contradiction and Reality*, il avait tenté d'énoncer en termes modernes les arguments bouddhiques contre la valeur objective de la notion de « soi ». Il y revient fréquemment ici ; il est sensible à ce martelage incessant de l'esprit, que pratique la spéculation bouddhique, pour libérer l'être humain de ses contraintes et de ses asservissements. On comprend en le lisant le drame pathétique de cette pensée, ses impulsions de critique radicale qui la poussent en avant à des moments divers de son évolution historique, les ambiguïtés, les contradictions essentielles qu'elle recèle.

On peut certes étudier le bouddhisme sous divers angles de vision. L'important est de conserver sa lucidité. Mais on ne croit plus aujourd'hui que la sympathie, l'adhésion intellectuelle, entament cette lucidité, bien au contraire. Le livre de M. Conze en est un témoignage.

Louis RENOU

N. B. La version française reproduit le texte publié en 1951 à Oxford par Bruno Cassirer. Toutefois, sur la demande de l'auteur, les mots sanskrits et pālis ont été transcrits d'une manière plus scientifique. De menues corrections, suggérées par l'auteur, ont été faites çà et là. Enfin les passages traduits de textes originaux en sanskrit ou en pāli ont été munis de références dont la liste, préparée également par M. Conze pour cette traduction française, est donnée en appendice. Ces compléments seront certainement les bienvenus.

INTRODUCTION

Le bouddhisme comme religion

Le bouddhisme est une forme orientale de la spiritualité. Sa doctrine, dans ses postulats de base, est identique à beaucoup d'autres enseignements du monde entier, enseignements qu'on peut appeler « mystiques ». L'essence de cette philosophie de la vie a été exposée avec beaucoup de force et de clarté par Thomas a Kempis dans son *Imitation de Jésus-Christ*. Ce qu'on connaît sous le nom de bouddhisme est une partie du commun héritage humain de la Sagesse, par lequel les hommes ont réussi à dominer ce monde, à atteindre l'immortalité ou une vie non sujette à la mort.

Durant ces deux derniers siècles, les intérêts spirituels en Europe ont été relégués à l'arrière-plan par les préoccupations nées des problèmes sociaux et économiques. Le mot « spirituel » semble aujourd'hui bien vague ; il n'est en effet pas aisé à définir. Il est plus facile d'exposer par quels moyens on peut gagner le royaume spirituel que de savoir ce qu'il est en lui-même. Trois chemins d'accès au spirituel nous ont été transmis, je crois, par la tradition presque universelle des sages :

regarder l'expérience des sens comme relativement sans importance ;

essayer de renoncer à ce à quoi on est attaché ;

essayer de traiter tous les êtres également, quels que soient leur aspect, leur intelligence, leur couleur, leur odeur, leur éducation, etc.

L'effort collectif des races européennes au cours des derniers siècles s'est engagé dans des voies qui ne sont pas « spirituelles » au terme de cette définition.

On estime souvent qu'il y a une différence fondamentale, essentielle, entre Orient et Occident, entre Europe et Asie, dans leur attitude vis-à-vis de la vie, dans leur sentiment des valeurs et dans le fonctionnement de leurs âmes. Les chrétiens qui tiennent le bouddhisme pour impropre aux conditions de vie européennes oublient l'origine asiatique de leur propre religion, et de toutes les religions à cet égard. Une religion est une organisation de visées spirituelles, qui rejette le monde sensible et nie les impulsions qui nous y attachent. Pendant trois mille ans c'est l'Asie seule qui a été créatrice d'idées et de méthodes spirituelles. Les Européens à cet égard ont emprunté à l'Asie, ont adapté des idées asiatiques, souvent en les rendant plus grossières. Je ne crois pas qu'on puisse citer aucune création *spirituelle* en Europe qui ne soit pas secondaire, qui n'ait pas reçu son impulsion première en Orient. La pensée européenne a excellé à élaborer la loi et l'organisation sociale, spécialement à Rome et en Angleterre, à comprendre et à contrôler scientifiquement les phénomènes sensibles. La tradition indigène de l'Europe incline à affirmer la volonté de vivre, à se tourner activement vers le monde des sens. La tradition spirituelle de l'humanité se fonde sur la négation du vouloir vivre et se détourne du monde des sens. Toute la spiritualité européenne a dû se renouveler périodiquement par une influence venue de l'Est, depuis les temps de Pythagore et de Parménide. Supprimez les éléments orientaux dans la philosophie grecque, ôtez Jésus-Christ, saint Paul, Denys l'Aréopagite, la pensée arabe — et la pensée spirituelle de l'Europe pendant les deux mille dernières années devient impensable. Il y a environ un siècle, la pensée de l'Inde commença d'exercer son influence sur l'Europe ; elle aidera à revivifier les restes languissants de la spiritualité européenne.

Quelques traits distinguent le bouddhisme des autres formes de sagesse. Ils sont de deux sortes :

Beaucoup de ce qui a été transmis comme du bouddhisme est dû non à l'exercice de la sagesse, mais aux conditions sociales qui ont accompagné l'existence de la communauté bouddhique, au langage employé, à la science et à la mythologie en vogue parmi les gens qui l'ont adopté. Il faut distinguer complètement les curiosités exotiques de l'essentiel d'une vie sainte.

Il y a un grand nombre de méthodes pour gagner le salut par la méditation ; la tradition bouddhique nous en donne une relation plus claire et plus complète que ce que j'ai trouvé ailleurs. Néanmoins c'est dans une large mesure une question de tempérament. Si on l'étudie convenablement, la littérature des Jaina, des Sufis, des moines chrétiens du désert égyptien et de ce que l'Église catholique appelle théologie « ascétique » ou « mystique » donne bien des matériaux du même ordre.

Pour quelqu'un qui est entièrement désillusionné du monde contemporain et de soi-même, le bouddhisme peut offrir de nombreux points d'attraction — la sublimité transcendante de cette terre féerique que sont ses pensées subtiles, la splendeur de ses œuvres d'art, la magnificence de l'empire qu'il exerce sur de vastes populations, enfin l'héroïsme résolu et la calme distinction de ceux qui en sont nourris. Bien qu'on puisse être attiré dès l'abord par l'exotisme de cette pensée, on ne saurait en apprécier la réelle valeur qu'en la jugeant par les résultats qu'elle produit dans la vie individuelle, jour après jour.

Les règles de la conduite salutaire qui sont recommandées dans les Écritures bouddhiques se laissent grouper sous trois chefs : *Moralité*, *Contemplation*, *Sagesse*. Beaucoup de ce qu'on englobe sous le nom de *Moralité* et de *Contemplation* est la propriété commune de tous les mouvements religieux dans l'Inde qui ont cherché le salut dans une vie séparée de la société ordinaire de chaque jour. Nous y trouvons, outre les règles de conduite pour le laïc, des règlements pour la vie de la communauté des moines dénués de maison, bien des pratiques du Yoga : respiration rythmique et concentrée, contrôle des sens, méthodes pour reproduire des états de transe en fixant les yeux sur des cercles colorés, étapes de l'extase, pratique illimitée de l'amitié, de la compassion, de la joie sympathique et de l'équanimité. De plus, des méditations d'un caractère généralement édifiant, telles qu'on en trouve dans toute religion mystique : ainsi la méditation sur la mort, sur le dégoût des fonctions du corps matériel, sur la Trinité du Bouddha, du Dharma (Vérité) et du Sangha (Fraternité). Peu d'hommes certes sont en état de pratiquer toutes ces méthodes au cours d'une vie humaine. Beaucoup de routes mènent à la Délivrance. Ce qui est commun à toutes est qu'elles visent à éteindre la croyance en l'individualité.

Mais le mot « individualité », s'il est pris dans le sens vague qu'il a aujourd'hui, manque à rendre la pensée du Bouddha. Selon l'enseignement bouddhique, comme nous le verrons en détail plus loin, l'homme, avec toutes ses appartenances possibles, consiste en cinq « agrégats », connus techniquement sous le nom de *skandha*. Ce sont :

Le corps.
Les sentiments.
Les perceptions.
Les impulsions et émotions.
Les actes de conscience.

Tout ce qu'un individu peut saisir, ce à quoi il peut s'attacher, ce qu'il peut s'approprier, fait partie de l'un de ces cinq groupes, qui composent la *matière première* de « l'individualité ». La *croyance* en l'individualité passe pour émaner de l'invention d'un « soi » superposé à ces cinq agrégats. Cette croyance s'exprime dans le fait qu'on assume l'idée que ceci est « mien », ou que « je suis » ceci, ou encore que ceci « est moi-même ». En d'autres termes, on croit que « je suis ceci », que « j'ai ceci », que « ceci est en moi », ou enfin que « je suis en ceci ». Le fait même de l'individualité disparaît avec cette croyance, car elle n'est rien de plus qu'une imagination gratuite. Lorsque l'individu, constitué par une masse prélevée arbitrairement sur ces cinq agrégats, cesse d'exister, le résultat est le Nirvâna, c'est-à-dire le but même du bouddhisme. Si l'on veut exprimer ce fait en disant qu'on a trouvé sa propre « individualité véritable », le mot « individualité », tel qu'il est compris à présent, est assez souple et vague pour permettre cette interprétation. Mais les Écritures bouddhiques évitent visiblement cette expression ou toute autre équivalente.

Les diverses écoles du bouddhisme émanent, comme j'essaierai de montrer, de divergences dans la manière d'arriver au but. Déjà, dans l'Ordre primitif, on relate que des hommes de tempérament, de dons différents, avaient atteint le but par des voies différentes. Śâriputra était renommé pour sa sagesse,

Ânanda pour sa foi et sa dévotion, Maudgalyâyana pour son pouvoir magique. Plus tard, des gens aux dispositions d'esprit diverses créèrent des écoles différentes ; en outre, la diffusion de la doctrine conduisit à une séparation géographique et à des organisations distinctes. Quelques-unes des méthodes pour accomplir la dés-individualisation, que nous discuterons dans les derniers chapitres de ce livre, ne sont pas mentionnées du tout dans les couches les plus anciennes de la tradition telle qu'elle nous est parvenue, ou bien n'y sont que faiblement préfigurées. Mais, comme nombre de bouddhistes tardifs devaient l'expliquer, le Bouddha, dans son amour pour les êtres, ne voulait rien exclure qui pût aider quiconque désirait la vraie voie. Une grande partie de cet ouvrage sera consacrée à exposer ce que soutenait chacune des principales écoles, quelle méthode elle choisissait pour sa voie propre, comment elle pouvait passer pour conduire au même but que les autres et comment elle se comportait dans le monde de l'histoire.

Le bouddhisme comme philosophie

La philosophie, telle que nous la comprenons en Europe, est une création des Grecs. Elle est inconnue de la tradition bouddhique, qui regardait l'enquête portant sur la réalité, dans le seul dessein d'être mieux renseigné sur elle, comme la perte d'un temps précieux. L'enseignement du Bouddha s'occupe exclusivement de montrer la voie du salut. La « philosophie » que peuvent contenir les œuvres d'auteurs bouddhiques est tout accessoire ; dans le vaste vocabulaire du bouddhisme nous ne trouvons pas de mot qui corresponde à notre terme de « philosophie ». Une analogie pourra éclairer ce point de vue : la langue chinoise, telle que les Chinois la comprenaient, ne contenait pas de grammaire et était enseignée en Chine sans aucune instruction grammaticale. Des philologues européens ont, sur le modèle de nos catégories latines de grammaire, construit une « grammaire » pour la langue chinoise. Elle ne s'y adapte pas particulièrement bien, et les Chinois continuent à s'en passer. Mais la grammaire de type latin, avec ses catégories familières, peut aider certains Européens à apprendre plus aisément le chinois. De la même manière, une tentative pour définir la pensée bouddhique dans la terminologie philosophique courante en Europe peut en faciliter l'accès : c'est ainsi que le bouddhisme, en tant que « philosophie », peut être décrit comme un « pragmatisme dialectique » avec une tendance « psychologique ». Considérons ces trois rubriques l'une après l'autre.

Le bouddhisme, doctrine du salut par ses origines et ses intentions, a toujours été caractérisé par son attitude intensément pratique. Toute spéculation en des matières non relatives au salut est découragée. La souffrance est le fait essentiel de l'existence. Si un homme était percé d'une flèche, il ne refuserait pas qu'on la lui extraie avant de savoir qui a tiré la flèche, si cet individu était marié ou non, grand ou petit, blond ou brun ; tout ce qu'il souhaite est d'être débarrassé de la flèche. Le dernier commandement du Bouddha à ses disciples était : « Toutes les choses conditionnées sont impermanentes. Travaillez à votre salut avec diligence ! » Dans leur longue histoire, les bouddhistes n'ont jamais perdu de vue cette tendance pratique. D'innombrables malentendus auraient été évités si l'on avait saisi que les affirmations des auteurs bouddhiques ne sont pas conçues comme des propositions sur la nature de la réalité, mais comme des avis sur la manière d'agir, des points de vue sur les modes de comportement et les expériences qui s'y rattachent : « Si vous voulez arriver là, il vous faut faire ceci. » « Si vous faites telle chose, vous éprouverez telle chose. »

Nous pouvons donc poser en fait que la pensée bouddhique tend vers ce que nous appelons le *pragmatisme*. La valeur d'une pensée doit se juger par ce que nous pouvons faire grâce à elle, par la qualité de la vie qui en résulte. Partout où sont attestées des qualités comme le détachement, la bonté, la confiance sereine en soi, etc., on incline à croire que la « philosophie » derrière une telle attitude a beaucoup pour elle. « Les enseignements dont vous pouvez vous assurer vous-mêmes qu'ils conduisent au dépassionnement et non aux passions ; au détachement et non aux liens ; à la décroissance des profits mondains et non à leur accroissement ; à la frugalité et non à la convoitise ; à la satisfaction et non à l'insatisfaction ; à la solitude et non à la société ; à l'énergie et non à l'inertie ; à la joie du bien et non à la joie du mal — au sujet de tels enseignements vous pouvez affirmer avec certitude : Ceci est la norme. Ceci est la discipline. Ceci est le message du Maître. »

Quand le bouddhisme s'est développé, son pragmatisme est devenu plus explicite encore. On en vint à considérer que tout ce qu'on peut dire est, en dernière analyse, faux — faux du seul fait qu'on le dit : « Ceux qui parlent ne savent pas ; ceux qui savent ne parlent pas. » Le *silence « âryen »* seul ne violait pas la Vérité. Si l'on dit quelque chose — et il est surprenant de voir combien ont eu à dire les tenants du silence âryen —, cela ne se justifie que par ce qu'on appelle l'« habileté dans les moyens ». En d'autres termes, on le dit parce que cela peut aider d'autres gens à une certaine étape de leur progrès spirituel.

La doctrine sacrée est tout d'abord une médecine. Le Bouddha est une sorte de médecin. De même qu'un docteur doit connaître le diagnostic des divers genres de maladie, qu'il doit connaître leurs causes, les antidotes et les remèdes, être en mesure d'appliquer ceux-ci, de même le Bouddha a enseigné les *Quatre Saintes Vérités*, qui indiquent le domaine de la souffrance, son origine, sa cessation et le chemin qui conduit à cette cessation (voir p. 57). Mais si l'on isole les instructions du Bouddha de la tâche qu'elles visent à accomplir, alors elles deviennent vides de sens et perdent tout leur pouvoir.

La méditation est dans le bouddhisme le moyen principal de salut. L'accent est mis de bout en bout, bien moins sur le « faire quelque chose », par un acte positif, que sur la contemplation et la discipline mentale. Ce à quoi l'on vise est de contrôler les processus mentaux en méditant sur eux. En conséquence, la pensée bouddhique est imprégnée de ce que nous appelons *psychologie*. Elle mélange métaphysique et psychologie d'une manière qui n'a pas de parallèle en Occident.

Outre le pragmatisme et l'accent psychologique, la pensée bouddhique tend vers ce que nous pouvons appeler *dialectique*. La dialectique est une forme de logique, associée en Europe avec des noms comme ceux de Zénon d'Élée et de Hegel. Elle croit que si vous pensez correctement et profondément à quelque chose, vous arriverez à des contradictions, c'est-à-dire à des vues qui en quelque manière s'annulent les unes les autres. Les penseurs bouddhiques ont aimé le paradoxe et la contradiction. Je voudrais l'illustrer par deux citations du *Sûtra de Diamant*, un traité écrit sans doute vers 350 ap. J.-C., et qui a eu plus de lecteurs qu'aucun autre ouvrage de métaphysique. Le Bouddha a dit ceci : « Les êtres, les êtres, ô Subhûti, le Tathâgata les a enseignés comme étant des non-êtres. C'est pourquoi on les appelle : êtres. » Ou encore : « Autant d'êtres il y a dans ces systèmes du monde, je sais, en ma sagesse, quelles sont les tendances variées de leur pensée. Et quoi ? Tendances de pensée, tendances de pensée, ô Subhûti, le Tathâgata les a enseignées comme étant des non-tendances. C'est pourquoi on les appelle : tendances de pensée. Et quoi ? La pensée antérieure n'est pas saisissable ; la pensée future n'est pas saisissable ; la pensée actuelle n'est pas saisissable. »

C'est en vainquant la pensée qu'on libère les contradictions. C'est un autre lien de l'existence qui est rejeté ; l'étendue de l'espace illimité du vrai s'ouvre d'elle-même. Dans un genre plus profane, certaines gens éprouvent des sentiments analogues quand ils lisent de la littérature absurde. Dans le bouddhisme, les règles ordinaires de logique sont défiées au nom de la liberté de l'Esprit qui les transcende. Au surplus, c'est l'introduction de la notion de l'Absolu, comme il est arrivé avec Zénon, Nicolas de Cues et Hegel, qui fait ici aussi que des théories comportant une contradiction interne apparaissent licites.

L'extinction du Soi et la doctrine du Non-soi

La contribution spécifique du bouddhisme à la pensée religieuse réside dans l'importance qu'elle attache à la doctrine du « non-soi » (*an-attâ* en pāli, *an-âtman* en sanskrit). La croyance en un « soi » est considérée par tous les bouddhistes comme une condition indispensable à l'apparition de la souffrance. Nous forgeons des idées telles que « moi » et « mien » et toutes sortes de situations très fâcheuses en résultent. Nous serions parfaitement heureux, heureux d'une totale béatitude, aussi heureux, selon certains psychologues, que l'est l'enfant dans le sein de sa mère, si nous pouvions nous débarrasser d'abord de nos « soi ». L'affirmation suivant laquelle on ne peut réellement être heureux que lorsqu'on n'est plus de ce monde est l'un des paradoxes dialectiques qui à l'homme de la rue fait l'effet d'un pur non-sens. En tout cas, la chose est bien claire, le malheur veut que je m'identifie à d'autres objets, en ce sens que je pense que ce qui leur arrive m'arrive aussi à moi. S'il existe une dent et qu'il y a du dommage dans cette dent, c'est là un processus qui concerne la dent et le nerf afférent. Si maintenant mon « moi » s'étend jusqu'à la dent, se convainc que c'est « ma » dent — et il arrive qu'il n'y ait pas besoin de beaucoup d'efforts —, croit que ce qui arrive à la dent est destiné à *m'*affecter, il est à prévoir qu'il en résultera un certain trouble de pensée. Le bouddhiste voit les choses comme suit : voici l'idée du « moi », pure fiction de l'imagination, sans rien de réel qui lui corresponde. Toutes sortes de processus se présentent dans le monde. Je suscite à présent une autre fiction de l'imagination, l'idée de l'« appartenance », et je viens à conclure que telle ou telle portion — pas particulièrement bien délimitée — de ce monde « appartient » à ce « moi », c'est-à-dire « à moi-même ». À cet égard le bouddhisme diffère grandement de quelques-unes de nos traditions d'Occident. Par exemple, dans la philosophie d'Aristote, cette idée d'« appartenance » (*hyparkhein*) est traitée d'une manière toute dénuée de critique, comme une donnée ultime de l'expérience ; la logique et l'ontologie d'Aristote sont entièrement fondées sur elle.

Cette doctrine d'*anattâ* est très profonde. On estime qu'il faut plus qu'une durée de vie pour arriver au fond. Telle qu'elle est traitée par la tradition bouddhique, elle comprend en réalité deux assertions. Les deux propositions qu'il nous faut distinguer sont les suivantes :

On pose en fait que rien dans la réalité ne

correspond à des mots ou à des idées tels que « moi », « mien », « appartenant à », etc. En d'autres termes, le soi n'est pas un fait.

Nous sommes incités à considérer que rien dans notre soi empirique n'est digne d'être regardé comme le soi réel (voir p. 143 et suiv.).

La seconde de ces propositions deviendra plus claire au cours de ce livre ; nous avons pour le moment à considérer la première.

Nous sommes invités à lutter contre la conviction intellectuelle qu'il existe une chose appelée « soi » ou « âme » ou « substance », une relation comme « appartenir » ou « posséder ». On ne nie pas que le soi, etc., sont bien des données du monde tel qu'il apparaît au sens commun ; mais, en tant que faits propres à la réalité ultime, nous devons rejeter le « soi » et toutes les idées apparentées. Cette démarche comporte un corollaire important. S'il n'existe pas d'objet appelé « soi », il n'y a pas davantage d'objet appelé « personne ». Car une « personne », c'est quelque chose qui s'organise autour d'un présumé noyau intérieur, un point central de développement, un « soi ».

Dans mon livre *Contradiction et Réalité*, j'ai tenté de reformuler en termes modernes les arguments bouddhiques contre la validité objective de la notion de « soi » ; les répéter ici nous entraînerait trop loin. Quelque argument qu'il puisse y avoir contre l'idée du « soi », il est patent que nous en parlons couramment, que nous trouvons difficile de nous priver du mot. En Angleterre, la négation par Hume de l'existence de l'ego, en tant qu'entité distincte des processus mentaux, est très proche de la doctrine d'*anattâ*. D'un point de vue purement théorique, le bouddhisme à cet égard a peu à nous enseigner qu'on ne puisse trouver aussi bien, et probablement sous une forme mieux adaptée à nous, chez Hume et chez des penseurs apparentés, tels que William James. La différence entre les philosophes bouddhistes et européens ou américains est dans la question de savoir ce qu'ils font d'une proposition philosophique quand ils y ont abouti. En Europe, nous sommes habitués à une scission presque totale entre la théorie des philosophes et leur pratique, entre leurs vues sur la nature de l'univers et leur mode de vie. Schopenhauer et Herbert Spencer entre autres nous viennent à l'esprit comme des cas particulièrement frappants. Si un philosophe chez nous démontre qu'il n'y a pas d'ego, il est capable de s'arrêter là et de se conduire tout à fait comme s'il y en avait un. Son avidité, sa haine et son attachement restent pratiquement non atteints par ses arguments philosophiques. On le juge d'après la cohérence de ses vues non avec sa vie mais avec elles-mêmes, d'après son style, son érudition — bref, selon des normes purement intellectuelles. Il ne siérait pas de « réfuter » un philosophe en signalant qu'il est intolérablement brutal envers sa femme, qu'il envie ses collègues plus heureux et qu'il se fâche quand on le contredit. Dans le bouddhisme, au contraire, l'accent est mis tout entier sur le mode de vivre, sur la sainteté de la vie, sur le détachement de ce monde. Une proposition purement théorique, telle que « il n'y a pas d'ego », serait regardée comme parfaitement stérile et sans utilité. La pensée n'est rien de plus qu'un instrument et sa justification réside dans ses résultats.

Non content de la conviction intellectuelle qu'il n'y a pas d'ego, le bouddhiste vise à une attitude entièrement nouvelle vis-à-vis de l'existence. Jour après jour, dans toutes les fonctions et toutes les corvées de la vie quotidienne, il doit apprendre à se conduire comme s'il n'y avait pas d'ego. Ceux qui cherchent dans le bouddhisme des idées sensationnelles, inouïes, sur le problème du soi, trouveront peu de chose. Ceux qui y cherchent un avis sur la question de savoir comment mener une vie dénuée de soi y pourront apprendre beaucoup. La grande contribution de la « philosophie » bouddhique est dans les méthodes qu'elle a élaborées pour imprimer la vérité du non-soi dans nos esprits qui y répugnent ; elle est dans la discipline que les bouddhistes se sont imposée en vue de faire de cette vérité une partie intégrante de leur être.

« Le pessimisme radical »

L'autre aspect de la doctrine d'*anattâ*, qui consiste à répudier tout ce qui constitue ou attire le soi empirique, a valu au bouddhisme la réputation d'être une croyance « pessimiste ». Il est exact que ce monde, c'est-à-dire tout ce qui est conditionné et impermanent, est considéré avec insistance comme quelque chose de tout à fait mauvais, tout à fait pénétré de souffrance, digne d'être totalement rejeté, totalement abandonné, au profit d'un but unique, le Nirvâ*n*a. Je ne suis pas sûr, cependant, que « pessimisme radical » soit une bonne expression pour rendre cette attitude vis-à-vis du monde. Les observateurs de pays bouddhiques tels que la Birmanie et le Tibet rapportent que leurs habitants sont heureux par nature et même joyeux — les laïcs aussi bien que les moines. Il est plutôt déconcertant de voir que la mélancolie pessimiste qu'on lit dans la doctrine bouddhique d'universelle douleur puisse se refléter dans une attitude heureuse. Ce monde peut bien être une vallée de larmes, mais il y a de la joie à en déposer le fardeau. Il faut y renoncer. Mais s'il y a un royaume de Dieu à gagner en y renonçant, le gain dépasse infiniment la perte. En tout cas, la meilleure chose que nous puissions faire devant un terme comme « pessimisme » est de le laisser de côté et de regarder le problème en face.

L'attitude négative des penseurs bouddhiques envers ce monde se relie visiblement au problème de la signification de la vie et de la destinée de l'homme ; quelle que soit la difficulté de ce problème, si peu scientifique qu'il puisse être de nous y intéresser, il nous faut arriver à une solution à ce sujet, parce que tout le bonheur, toute la fécondité de nos vies, dépendent de la réponse. Les opinions sur la nature et la destinée de l'homme, la signification de l'existence humaine, se rangent, en gros, en deux catégories : suivant certains, l'homme est un produit de la terre. La terre est son chez-soi. Son devoir est de se sentir chez lui sur cette terre. La loi suprême, voire le devoir suprême de l'homme, est de se conserver. Au contraire, d'autres estiment que l'homme est un esprit mauvais, une âme déchue du ciel, un étranger sur cette terre. Sa tâche est de regagner l'état de perfection qui était le sien avant qu'il tombât dans ce monde. La négation de soi est la loi suprême, le devoir suprême de l'homme.

Notre civilisation moderne favorise le premier point de vue, le bouddhisme le second. Naturellement il serait vain de prétendre que de tels problèmes puissent se décider par des arguments seuls. Dans toutes les décisions concernant des valeurs on doit veiller à ne pas valoriser ses goûts personnels, son tempérament, ses préférences au niveau d'une loi objective et naturelle. Il faut seulement définir sa position et ne pas y contraindre les autres. Le point de vue bouddhique ne plaira qu'aux gens qui sont entièrement désillusionnés du monde tel qu'il est et d'eux-mêmes, extrêmement sensibles à la peine, à la souffrance et à toute espèce de désordre, ayant un désir immense de bonheur, une capacité considérable de renoncement. Aucun bouddhiste ne suppose que tous les hommes soient capables ou désireux de comprendre sa doctrine.

Le bouddhiste recherche un bonheur total au-delà de ce monde. Pourquoi serait-il si ambitieux ? Pourquoi ne se contenterait-il pas d'acquérir le bonheur, si limité soit-il, que nous pouvons tirer de ce monde ? La réponse est que, dans la pratique, on ne nous voit point contents. Si l'accroissement du confort physique et des satisfactions terrestres pouvait nous rendre contents, les habitants des faubourgs de Londres devraient être incommensurablement plus réjouis, plus heureux que les coolies chinois ou les paysans espagnols. C'est exactement le contraire qui a lieu. Notre nature humaine, selon les vues bouddhiques, est constituée de telle sorte que nous ne sommes contents qu'avec une complète durée, une complète aisance, une complète sécurité. Et rien de tout cela n'est accessible dans ce monde mouvant.

Les découvertes que les philosophes et les psychologues ont faites dans les années récentes sur l'importance cruciale de l'angoisse au centre même de notre être ont une résonance tout à fait bouddhique. D'après les vues qui ont été élaborées par Scheler, Freud, Heidegger et Jaspers, il existe au cœur de notre être une angoisse fondamentale, une petite cavité vide d'où toutes les autres formes d'angoisse et d'anxiété tirent leur force. Sous sa forme pure, cette angoisse n'est éprouvée que par les personnes qui ont un tour d'esprit introverti et philosophique, et elles-mêmes ne l'éprouvent que rarement. Si on ne l'a pas ressentie soi-même, aucune explication n'en convaincra. Si on l'a ressentie, on ne l'oubliera jamais, quelque effort que l'on fasse. Cela peut vous survenir quand vous êtes endormi, retiré du monde ; vous vous réveillez au milieu de la nuit et sentez une manière d'étonnement à être là, qui livre passage à une crainte, à une horreur du simple fait d'exister.

C'est alors que vous vous heurtez, juste un moment, au mur d'une sorte de néant qui vous entoure, avec un sentiment torturant de votre impuissance, de votre désarroi total en face de ce fait étonnant que vous existez. D'ordinaire nous évitons cette épreuve autant qu'il est en notre pouvoir, parce qu'elle est épuisante et douloureuse. D'ordinaire je veille avec grand soin à ne pas être seul avec moi-même, mais « moi » plus toutes sortes d'autres expériences. Les gens qui sont occupés tout le temps, qui ont à penser toujours à quelque chose, qui ont à faire toujours quelque chose se détournent sans cesse de cette épreuve de l'angoisse *essentielle*, *originelle*. Ce que nous faisons d'ordinaire est de prendre appui sur quelque chose d'autre que ce centre vide de nous-mêmes. L'opinion bouddhique est que nous ne serons jamais heureux avant d'avoir triomphé de cette angoisse fondamentale et que nous n'y arriverons qu'en ne prenant appui sur quoi que ce soit.

L'immortalité

Dans leurs vues sublimes sur la nature de l'homme, les bouddhistes considèrent comme une chose raisonnable et judicieuse pour nous de lutter pour obtenir l'immortalité. L'objectif du bouddhisme, comme celui de maintes autres religions, est de gagner l'immortalité, la vie exempte de mort. Le Bouddha, après avoir atteint l'illumination, proclamait avoir ouvert les « portes qui mènent au Non-mourir ». Il est sensible qu'il y a une grande différence entre la continuation de l'individualité d'un côté et l'immortalité de l'autre. L'immortalité est juste le contraire de cette vie, laquelle est assignée à la mort et en est inséparable. Nous commençons à mourir dès le moment où nous sommes nés. Le taux de métabolisme dans nos corps commence à se ralentir immédiatement après la conception. La naissance est la cause de la mort. Toutes les circonstances susceptibles d'amener la mort n'en sont que l'occasion. L'acte de naître ou, pour être plus exact, la conception, est la cause décisive qui rend la mort inévitable. Il me semble parfois que, si les Anglais persistent dans leur douce habitude d'exécuter les criminels par pendaison, c'est que cette forme d'exécution offre un parallèle exact avec le cours de la vie humaine. Au moment de la conception nous sautons, pour ainsi dire, du haut d'une planche, avec un lacet autour du cou ; au bout d'un temps raisonnable, nous serons étranglés — c'est seulement une affaire de plus tôt ou de plus tard. Nous sommes conscients à chaque instant de notre situation dangereuse, que nous osions ou non y faire face. Comment *peut*-on être à son aise dans l'intervalle ? L'immortalité n'est donc pas un désir de perpétuer une individualité qui s'achète au prix d'un inévitable déclin, c'est un désir de transcender cette individualité.

Supposons maintenant que M. John Smith soit dégoûté de cet état de choses où tout est produit pour une brève période, juste afin d'être détruit à nouveau. Supposons qu'il désire devenir immortel. Il n'a dès lors d'autre choix que de se nier à travers toute l'étendue de son être. Il lui faut se défaire de tout ce qui est impermanent en lui. Essayons de penser à ce qui demeure de M. Smith après qu'il est devenu immortel. Son corps, évidemment, s'en est allé. Avec le corps ses instincts ont disparu — car ils sont associés à ses glandes, aux besoins de ses tissus, bref, au corps. Son esprit aussi, tel qu'il le connaît, aura été sacrifié. Notre esprit étant lié aux processus corporels, ses opérations se fondent sur les données fournies par les organes physiques des sens, et il révèle son impermanence en sautant sans trêve ni répit d'une chose à une autre. Avec l'esprit s'en va le sentiment de cohérence logique. En fait, une fois devenu immortel, M. John Smith ne se reconnaîtra plus du tout. Il aura perdu tout ce qui l'avait rendu reconnaissable à lui-même et à autrui. Et il pourrait naître à nouveau si seulement il apprenait à désavouer tout ce qui obnubile le côté immortel de son être — lequel réside, comme diraient les bouddhistes, au-dehors de ses cinq *skandha* —, s'il désavouait tout ce qui constitue son cher petit soi. L'entraînement bouddhique consiste, en fait, à affaiblir systématiquement notre emprise sur les choses en nous qui nous retiennent de regagner l'immortalité perdue à notre naissance. Le corps est subjugué, les instincts affaiblis, l'esprit calmé, la pensée logique déjouée, épuisée par les absurdités, les faits sensoriels sont comptés pour peu de chose, l'œil de la foi et l'œil de la sagesse remplacent les yeux du corps. On en vient pratiquement au précepte de John Wesley, quand il pressait un de ses disciples « de se tuer lui-même morceau par morceau ».

Mais, comme je l'ai dit, tout cela dépend des opinions qu'on a sur la nature de l'homme. Ceux qui regardent l'homme comme une créature de la terre et rien de plus seront enclins à comparer cette aspiration bouddhique vers l'immortalité avec l'escargot qui laisse sa maison pour entreprendre une expédition temporaire. Ceux qui regardent l'homme comme un être essentiellement spirituel préféreront la comparaison bouddhique avec les cygnes de la montagne qui, après avoir quitté leur lac dans les hauteurs, s'en vont de flaque en flaque, sans fixer leur demeure nulle part, jusqu'au jour où ils retournent à leur vraie patrie dans les eaux claires du lac des montagnes.

Les chances de survie de la doctrine

Si éloquents que puissent être les sages sur ce point, le sens commun ne peut manquer d'éprouver que cette sorte d'abandon du monde, pour être parfaitement beau et noble, n'en est pas moins tout à fait impropre à qui doit vivre dans ce monde et sur cette terre. Nous sommes tous aujourd'hui des darwiniens sans nous en rendre compte, et les chances de survie d'une doctrine visant l'abandon du monde nous semblent terriblement réduites. Comment pourrait-elle jamais avoir de solides assises sur la terre ? Pourtant, les faits historiques sont plutôt déconcertants pour le sens commun : la communauté bouddhique est la plus ancienne institution de l'humanité ; elle a survécu plus longtemps qu'aucune autre institution, à l'exception de la secte apparentée des Jaina. D'un côté nous voyons les grands empires tyranniques de l'histoire, protégés par des armées de soldats, de navires, de magistrats. C'est à peine si tel ou tel d'entre eux a duré plus de trois siècles peut-être. De l'autre côté, vous avez un mouvement de mendiants volontaires, qui ont prisé la pauvreté plus haut que la richesse ; qui ont juré de ne pas faire de mal aux autres êtres, de ne pas les tuer ; qui ont passé leur temps à rêver des rêves splendides, à inventer de belles terres fabuleuses ; qui ont méprisé tout ce que le monde estime ; qui ont estimé tout ce que le monde méprise — humilité, générosité, contemplation paresseuse. Et pourtant, alors que ces puissants empires, bâtis sur la cupidité, la haine et l'illusion, ont duré tout juste quelques siècles, l'impulsion de la négation du soi a soutenu la communauté bouddhique pendant deux mille cinq cents ans.

Je pense que toute une série de conclusions pourraient se déduire de ce fait. La seule que je voudrais signaler est que le darwinisme et les autres philosophies derrière les grands empires sont très superficiels ; ces philosophies ont leur période — une bien courte période à vrai dire et point très reposante pendant qu'elle dure. Au lieu que la grande tradition humaine de sagesse universelle descend profondément jusqu'aux racines, au souffle et au rythme même de la vie. Ce sont les pacifiques qui hériteront de la terre, ce sont les pacifiques qui *ont* hérité de la terre — parce que seuls ils sont prêts à vivre en contact avec elle. Le philosophe chinois Lao-tseu a exprimé ceci magnifiquement dans le *Tao te king* (chapitre 7) :

> Le ciel est durable et la terre permanente.
> La raison pour laquelle ils sont durables et permanents est qu'ils ne vivent pas pour eux-mêmes ;
> C'est pourquoi ils vivent longtemps.
> De la même manière le Sage se tient derrière et il est devant ;
> Il s'oublie et il est préservé.
> N'est-ce pas parce qu'il n'est pas intéressé
> Que ses intérêts sont assurés ?

CHAPITRE PREMIER

Les fondements communs

La saveur du Dharma

L'historien qui veut déterminer ce qu'a été effectivement la doctrine du Bouddha se trouve en présence de milliers d'œuvres, sans exagération, qui toutes proclament l'autorité du Bouddha et pourtant contiennent les enseignements les plus divers, les plus opposés. Quelques écrivains importants, nourris dans une tradition non conformiste, ont récemment soutenu qu'on doit ne chercher la vraie doctrine bouddhique que dans ce que le Bouddha Gautama a effectivement dit vers 500 av. J.-C. Cette thèse a engendré d'aigres polémiques. La vérité est que le stade le plus ancien des Écritures existantes ne peut être atteint que par des inférences et des conjectures incertaines. Toutes ces tentatives pour reconstruire un bouddhisme «originel» ont un seul point commun : elles sont d'accord pour dire que la doctrine du Bouddha n'était certainement pas ce que les bouddhistes entendaient pour telle. Mrs. Rhys Davids, par exemple, expurge le bouddhisme de la doctrine du «non-soi» et du monachisme ; pour elle l'évangile originel du bouddhisme est une sorte d'hommage à l'«Homme». H. J. Jennings, de sang-froid, écarte des Écritures toutes les références à la réincarnation, et se flatte ainsi d'avoir restauré leur intention originelle. Le docteur P. Dahlke, à son tour, veut ignorer toute la magie et la mythologie dont le bouddhisme traditionnel est surchargé, il réduit la doctrine du Bouddha à une théorie toute rationnelle, agnostique.

Dans ce livre, je me dispose à décrire la tradition vivante du bouddhisme à travers les siècles, et j'avoue ne pas savoir ce qu'était « le message originel » du bouddhisme. Regarder toute l'histoire ultérieure du bouddhisme comme un témoignage de la dégénérescence d'un message « originel » est la même chose que regarder un chêne comme la dégénérescence d'un gland. Dans ce livre je tiens que la doctrine du Bouddha, conçue dans le plein de son étendue, de sa majesté et de sa grandeur, comprend tous les enseignements qui sont reliés à l'enseignement originel par une continuité historique, qui élaborent des méthodes conduisant à l'extinction de l'individualité en éliminant la croyance en soi.

Les documents littéraires

Nous aurons tout au long de ce livre à nous référer aux Écritures en tant que documents essentiels de l'histoire bouddhique. Il nous faut introduire ici un aperçu de la littérature bouddhique, considérer brièvement les diverses divisions des Écritures, leur âge et les collections où elles sont conservées.

Depuis les premiers temps, les Écritures ont été divisées en *Dharma* et en *Vinaya*. Le *Vinaya* traite de la discipline monastique, le *Dharma* de la doctrine. Plus tard nous trouvons une division tripartite en *Vinaya*, *Dharma* ou *Sûtra* et *Abhidharma*. L'*Abhidharma* traite de doctrines plus avancées (voir p. 140 et suiv.).

THERAVÂDIN (pāli)	SARVÂSTIVÂDIN (chinois)	MAHÂSANGHIKA
I. Vinaya Pi*t*aka, 1 564 p.	I. Vinaya, env. 3 000 p.	I. Vinaya (chinois) Mahâvastu, du Vinaya (sanskr.)
II. Sutta-Pi*t*aka :	II. Sûtra :	II.
1. Dîgha-nikâya, 904 p.	1. Dîrghâgama	1. —
2. Majjhima-nikâya, 1 092 p.	2. Madhyamâgama	2. —
3. Sa*m*yutta-nikâya, 1 686 p.	3. Sa*m*yuktâgama	3. —
4. Anguttara-nikâya, 1 840 p.	4. Ekottarâgama (conservé en partie seulement)	4. Ekottarâgama (chinois)
5. Khuddaka-nikâya : 15 œuvres, par ex. :		5. —
Dhammapada, 95 p.	5. Kshudraka, par ex :	—
Sutta Nipâta, 226 p.	Dharmapada (sanskr.)	—
Jâtaka	Jâtaka	Lalitavistara (sanskr.)
Apadâna, 613 p.	Nombreux Avadâna (sanskr.)	
III. Abhidhamma Pi*t*aka :	III. Abhidharma :	III. —
7 œuvres, par ex. :	7 œuvres, par ex. :	—
		—
Dhammasanga*n*i, 264 p.	Dharma-Skandha-Pada, 232 p.	
Vibhanga, 436 p.		
Pa*tt*hâna, 3 120 p.	Jñâna-Prasthâna, 554 p.	

Une autre division importante est celle entre *sûtra* et *śâstra*. Un *sûtra* est un texte qui se proclame formulé par le Bouddha lui-même ; il commence toujours par les mots : « Ainsi ai-je entendu à un certain moment. Le Maître habitait à… » Le « je » ici désigne le disciple Ânanda, qui récita toutes les paroles du Bouddha aussitôt après la mort du Bouddha. De nombreux *sûtra* ont été composés des siècles après la mort du Bouddha. Les auteurs réels des *sûtra* qui n'ont pas été énoncés par le Bouddha historique lui-même sont, naturellement, inconnus. Les bouddhistes eux-mêmes ont été nettement divisés quant à la valeur de ces *sûtra* postérieurs. Une fraction, appelée *Hînayâna* ou « Petit Véhicule », a soutenu que des ouvrages composés longtemps après 480 av. J.-C. et non récités lors du premier Concile qui suivit de près la mort du Bouddha ne pouvaient être authentiques, ne pouvaient représenter les propres paroles du Bouddha, ne pouvaient être que pure poésie et contes de fées. L'autre section, au contraire, connue sous le nom de *Mahâyâna* ou « Grand Véhicule », a affirmé, en dépit de toutes les difficultés chronologiques, que ces *sûtra* postérieurs viennent eux aussi de la bouche même du Bouddha. Le retard apporté à la publication de ces œuvres a été expliqué de différentes manières. Une histoire bien connue relate par exemple que les *Prajñâpâramitâ Sûtra*, les textes traitant de la sagesse parfaite, ont été révélés par le Bouddha en personne, mais qu'ils étaient trop difficiles pour être compris par ses contemporains. En conséquence, ils ont été conservés dans le palais des Serpents ou Dragons appelés Nâga's, dans le monde infernal. Quand le temps fut arrivé, le grand docteur Nâgârjuna descendit dans le monde infernal et les ramena vers le monde des humains. Ce récit n'est pas destiné à être cru par qui que ce soit. Dans leur désir de s'adapter aux dispositions variées d'hommes eux-mêmes divers, les bouddhistes ont toujours été prêts à fournir une explication mythologique aux gens qui pensaient en termes mythologiques, et en même temps une explication philosophique pour ceux habitués aux modes de la pensée philosophique. La justification philosophique des *sûtra* postérieurs utilise la doctrine des « trois corps » du Bouddha, que nous décrirons bientôt. Elle maintient que les anciens *sûtra* ont été enseignés par le corps « formel » du Bouddha, et les nouveaux par son corps « de jouissance » (voir p. 225).

Un *śâstra* est un traité écrit par un auteur dont le nom est généralement connu, qui s'efforce d'être plus systématique que ne sont les *sûtra* d'ordinaire, et qui cite ceux-ci comme ses autorités. De nombreux *śâstra* faits par les docteurs de l'Église, tels que Nâgârjuna, Vasubandhu et d'autres, nous ont été conservés.

La production littéraire totale des bouddhistes est énorme. Seuls des fragments en sont venus jusqu'à nous. Notre histoire du bouddhisme restera par suite toujours fragmentaire et provisoire. Durant quatre cents ans environ la tradition a été transmise de manière purement orale, par des écoles de récitateurs. Plusieurs traits des anciennes Écritures sont évidemment ceux d'une tradition orale : ainsi les nombreuses répétitions, le goût des vers, des listes énumératives. C'est par l'effet de la transmission orale qu'ont été perdus tant de documents et justement parmi les plus anciens.

Concernant l'*âge* des Écritures, nous sommes plus ou moins dans les ténèbres. Le bouddhisme est un corps de traditions où peu de noms émergent, où moins encore de dates précises sont connues. Cela est tout à fait exaspérant quand nous tentons d'appliquer nos idées courantes de critique historique. Langlois et Seignobos, dans leur *Manuel de méthode historique*, posent qu'« un document dont l'auteur, la date et l'origine ne peuvent être déterminés ne vaut pratiquement rien ». Hélas, c'est le cas de la plupart des documents sur lesquels nous bâtissons l'« histoire » du bouddhisme. Les Hindous ont toujours manifesté une indifférence à peu près totale pour les dates historiques. Le changement historique est considéré comme tout à fait dénué d'importance en regard de la Vérité immuable. Les bouddhistes indiens ont partagé cette attitude. Même en face d'une date aussi fondamentale que celle de la durée de vie du Bouddha, leurs estimations varient considérablement. Les savants modernes placent en général la mort du Bouddha en 483 avant notre ère. Dans l'Inde, la tradition bouddhique met en avant bien d'autres dates, par exemple 852, 652, 552, 353 ou même 252. À défaut d'un cadre solide de dates, une grande partie de ce que nous disons sur la succession des événements dans l'histoire bouddhique ne peut être qu'un jeu de conjectures vraisemblables. Il nous faut pourtant admettre que l'attitude bouddhique en face des dates, si exaspérante qu'elle soit pour l'historien, n'est pas le produit d'une mauvaise volonté comme il le semblerait. Le *Dharma* n'a pas d'histoire ; ce qui change, ce sont seulement les circonstances extérieures dans lesquelles il opère. Et beaucoup de ce qui importe réellement du point de vue spirituel et religieux n'a aucune place dans un livre historique. La plupart des expériences des sages et des saints d'autrefois dans leur solitude échappent à l'historien.

Les bouddhistes ont aussi conservé peu de noms, parce que, dans les meilleures périodes, il était de mauvaises manières pour un moine de se faire un nom par une œuvre littéraire. Il ne leur importait pas de savoir qui avait dit quelque chose, mais si cette chose était vraie, utile et en accord avec la tradition.

L'originalité et l'innovation n'étaient pas encouragées, l'anonymat coïncidait avec la sainteté. Cette attitude avait ses compensations. Si un effort collectif persévérant est entrepris, pour une longue période de temps, par un grand nombre de gens voués entièrement à leur émancipation, en vue d'élaborer un système de salut spirituel, le résultat, au bout de quelque dix siècles, sera, selon toute apparence, assez imposant.

Au surplus, là même où des noms sont mentionnés, on ne doit pas toujours les prendre avec leur valeur littérale. Les grands noms d'hommes tels qu'Aśvaghosha, Nâgârjuna et Vasubandhu ont souvent attiré à eux tant d'œuvres que la tradition pieuse postérieure a parfois étendu la durée de vie de leurs auteurs à travers un grand nombre de siècles, tandis que la critique historique moderne a eu les plus grandes difficultés à distinguer les différentes personnes qui se cachent sous un même nom.

Néanmoins il est possible de dater grossièrement certaines œuvres littéraires. Par exemple, le *Sutta Nipâta* paraît contenir quelques-uns des plus anciens textes que nous possédions, en partie à cause de son langage archaïque, en partie parce qu'un commentaire d'une portion de ce texte est inclus dans le Canon des Theravâdin. Nos conjectures touchant les dates relatives des écrits bouddhiques peuvent se fonder sur des bases linguistiques ou doctrinales. En ce qui regarde ces dernières, on a à faire face au danger (qui n'a pas toujours été évité dans le passé) de se former une conception arbitraire du bouddhisme « primitif », puis de dater toutes choses en s'y référant. Les traductions chinoises sont pour nous d'un grand secours ; elles nous permettent d'inférer que le livre en question a dû être composé dans l'Inde quelque temps avant cette date. Mais, même en ce cas, nous voyons que la composition des œuvres précisément les plus importantes semble s'être étendue sur une longue période ; des œuvres comme le *Mahâvastu* et le *Lalitavistara* contiennent des matériaux qui peuvent s'échelonner de 200 av. J.-C. à 600 après ; dans un livre comme le *Lotus de la Bonne Loi* ou bien la *Perfection de Sagesse en 8 000 versets*, les derniers chapitres sont postérieurs de plusieurs siècles aux premiers.

Ce qui a survécu des Écritures existe à présent en trois grandes collections :

I. Le *Tripitaka* pāli

Il contient des Écritures d'une des écoles du *Hînayâna*, les Theravâdin. Les Écritures d'autres écoles du Hînayâna sont conservées en partie en sanskrit et en chinois, mais le plus grand nombre est perdu. En vue des références qui suivront, je donne un bref aperçu des divisions principales du Canon *Hînayâna*.

II. Le *Tripitaka* chinois

La composition en est moins rigidement fixée, et il a varié dans le cours des temps. Le Catalogue le plus ancien, de 518 ap. J.-C., mentionne 2 113 ouvrages, dont 276 survivent aujourd'hui. Le Canon a été imprimé pour la première fois en 972. La dernière édition japonaise, le *Taisho Issaikyo*, 1924-1929, donne 2 184 ouvrages en 55 volumes d'environ 1 000 pages chacun[1].

1. *Le Taisho Issaikyo* se compose de ce qui suit :
21 vol. *Sûtra's* ; 3 *Vinaya* ; 8 *Abhidharma* ; 12 commentaires chinois ; 4 écoles chinoises et japonaises ; 7 histoires, catalogues, dictionnaires, biographies.

III. Le *Kanjur* et le *Tanjur* tibétains

Le *Kanjur* est une collection des *sûtra*, comprenant 108 ou 100 volumes. Dans ce nombre, 13 traitent du *Vinaya* ou discipline monastique ; 21 de la *Prajñâpâramitâ* ou « Sagesse parfaite » ; 45 ont des *sûtra* variés, 21 des textes tantriques. Le *Tanjur*, en 225 volumes, donne les commentaires et les *śâstra*. Il se divise en trois parts : la première, en un volume seulement, donne 64 hymnes ; la seconde, 2 664 commentaires sur des textes tantriques, en 86 volumes. La troisième partie est moins homogène : elle donne d'abord 38 commentaires sur la *Prajñâpâramitâ* en 15 volumes ; ensuite les *śâstra* de l'école Mâdhyamika (vol. 16-33) ; les commentaires sur une série de *sûtra* (vol. 34-43) et les *śâstra* des Yogâcârin (vol. 44-61). Cela achève les textes du *Mahâyâna*. Il y fait suite environ 30 volumes d'œuvres scientifiques appartenant au *Hînayâna*. Avec le volume 94 de la 3e partie, s'achèvent les *śâstra* bouddhiques proprement dits. Ils sont suivis de 30 volumes consacrés aux traductions d'ouvrages sanskrits traitant de sujets accessoires, tels que logique, grammaire, médecine, arts et métiers divers, économie sociale ; enfin 13 volumes d'œuvres tibétaines sur des sujets techniques.

Un grand nombre d'œuvres sanskrites sont conservées, mais il n'en existe pas de collection ou de Canon.

Dans le présent livre, tous les traités énumérés sous ces quatre chefs sont regardés comme d'authentiques sources de la pensée bouddhique. Le choix a été fait dans le passé par des hommes plus sages que je ne suis, et je n'ai aucune raison pour le contester.

La plus grande partie du présent livre sera consacrée à discuter les croyances et pratiques qui sont l'apanage d'une seule section de la communauté bouddhique, laquelle se divise en moines et laïcs, *Hînayâna* et *Mahâyâna*, et en différentes écoles spéculatives. Cependant, quelques croyances ont été la base commune de l'ensemble du mouvement bouddhique dans toutes ses formes, et c'est par elles que nous devons commencer. Nous avons tout d'abord à dire un mot des croyances qui concernent le Bouddha, et, en liaison avec ce sujet, à discuter le prétendu « athéisme » de la foi bouddhique. Deuxièmement, quelques points de doctrine sont communs à tous les bouddhistes ; ils concernent soit l'essence de la vie spirituelle, et sont alors contenus dans les « quatre saintes vérités » ; ou bien ils concernent la structure et l'évolution du monde, et dérivent de l'hindouisme.

Le Bouddha

Les croyances concernant le Bouddha ne formant pas partie intégrante de notre héritage culturel, elles ne sont rien moins qu'évidentes à la plupart des gens, et exigent une explication attentive. Le Bouddha peut être considéré de trois points de vue :

comme un être humain ;
comme un principe spirituel ;
comme quelque chose d'intermédiaire.

1. En tant qu'être humain, le Bouddha Gautama a vécu probablement entre 560 et 480 av. J.-C., dans le nord-est de l'Inde. Les faits historiques de sa vie ne peuvent être isolés de la légende que tous les bouddhistes acceptent. L'existence de Gautama ou Śâkyamuni (« le Sage de la tribu des Śâkya ») en tant qu'individu est, en tout cas, affaire de faible importance aux yeux de la foi bouddhique. Le Bouddha est un type qui s'est incarné dans cet individu, et c'est

le type qui intéresse la vie religieuse. Il est possible, encore que nullement certain, que des croyants ordinaires aient pensé parfois au Bouddha comme à un être personnel, mais la théologie bouddhique officielle ne fait rien pour encourager une telle croyance. Dans la théorie officielle, le Bouddha, « l'Illuminé », est une sorte d'archétype qui se manifeste dans le monde à différentes périodes chez différentes personnalités, et leurs particularités individuelles n'entrent aucunement en compte.

Il est évident aux bouddhistes, qui croient dans la réincarnation, que Gautama n'est pas venu pour la première fois au monde en 560 av. J.-C. Comme tout autre être, il avait passé par de nombreuses naissances, il avait éprouvé le monde en qualité d'animal, d'être humain, de dieu. Durant ses nombreuses renaissances, il avait partagé le sort commun à tout ce qui vit. Une perfection spirituelle comme celle d'un Bouddha ne peut être le résultat d'une seule vie. Elle doit mûrir lentement à travers les âges. Son voyage a été long, d'une longueur qui déconcerte l'imagination. Il a demandé un peu plus de trois immenses éons (ou *mahâkalpa*) selon le calcul usuel. En années, cela ferait 3×10^{51} ans, ou du moins un nombre de cet ordre de grandeur. Durant tout ce temps, le futur Bouddha a pratiqué toutes les vertus de toutes les manières possibles. La « posture de prendre-à-témoin-la-terre » dans tant de statues du Bouddha symbolise la longue préparation du Bouddha à la Buddhéité. La légende nous parle de la lutte de Śâkyamuni avec Mâra le Mal, le Maître de ce monde, juste avant son Illumination. Śâkyamuni dit à Mâra qu'il a prouvé son mépris du pouvoir mondain, de la grandeur mondaine quand il a sacrifié sa fortune et sa vie tant de fois en tant d'existences. Il désigne la terre pour témoin et la divinité de la terre sort du sol pour confirmer son dire. Elle a porté témoignage également du fait que Śâkyamuni avait accompli toute la discipline, tous les devoirs d'un Bodhisattva. Cette parole cache une profonde vérité spirituelle. Mâra, qui correspond à Satan, est le Maître de ce monde, et de cette terre. Il prétend donc que le Bodhisattva, représentant ce qui est au-delà de ce monde et irrémédiablement hostile à ce monde, n'a pas même droit à la pièce de terrain sur laquelle il est assis en méditation. Le Bodhisattva, d'autre part, affirme que par ses actes innombrables de sacrifice de soi dans ses vies antérieures il a gagné un droit sur ce petit morceau de terre.

2. Si la doctrine de Bouddha n'avait été que la parole de quelque individu, elle eût manqué en autorité, en force compulsive. En fait, elle émane du principe spirituel, de la nature-de-Bouddha qui gît cachée dans ce Śâkyamuni individuel et qui, comme nous dirions, l'a « inspiré » pour comprendre et enseigner la vérité. Quand les bouddhistes considèrent le Bouddha comme un principe spirituel, ils l'appellent le *Tathâgata* ou bien parlent de son *corps-de-Dharma*. Le sens originel du mot « Tathâgata » n'est plus connu. Les commentaires postérieurs expliquent le terme comme un composé de deux mots, *tathâ* « ainsi » et le participe passé *âgata* « venu » ou *gata* « allé ». Autrement dit, le Tathâgata est celui qui est venu ou est allé « ainsi », c'est-à-dire comme les autres Tathâgata sont allés ou venus. Cette explication souligne le fait que le « Bouddha historique » n'est pas un phénomène isolé, qu'il est l'un parmi une série sans fin d'innombrables Tathâgata, apparaissant à travers les âges dans le monde, proclamant toujours la même doctrine. Le Tathâgata est donc essentiellement le membre d'un groupe. Des séries de 7 ou 24 ou 1 000 Tathâgata ont été particulièrement populaires. À Sâñcî et à Bhârhut, par exemple, les sept Tathâgata, c'est-à-dire Śâkyamuni et ses six

prédécesseurs, sont représentés dans l'art par les sept *stûpa* qui ont contenu leurs reliques, ou bien par les sept arbres sous lesquels ils ont atteint l'Illumination. Au Gandhâra, à Mathurâ, à Aja*n*tâ, les sept Bouddha se montrent sous forme humaine, pratiquement indiscernables l'un de l'autre.

3. Il nous faut maintenant considérer le Bouddha dans son « corps glorifié ». Quand il circulait comme un être humain, Śâkyamuni naturellement ressemblait à tout autre être humain. Mais ce corps humain ordinaire du Bouddha n'était rien d'autre qu'une manière de revêtement extérieur qui cachait et enveloppait à la fois sa vraie personnalité, et qui était tout à fait accessoire et quasi négligeable. Ce n'était nullement une expression adéquate de l'être propre du Bouddha. Caché derrière cette coquille extérieure, il y avait une autre espèce de corps, différent à beaucoup d'égards de celui des communs mortels, visible seulement à l'œil de la foi. Les bouddhistes l'ont appelé diversement « corps de jouissance », « corps non adultéré », « corps exprimant la vraie nature propre du Bouddha ». Une liste de 32 « marques du surhomme », complétée souvent par une liste de 80 « marques subsidiaires », décrivait les traits les plus saillants du « corps glorieux » du Bouddha. La liste des 32 marques est commune à toutes les écoles et elle doit être passablement ancienne. Les peintures et statues du Bouddha que nous trouvons dans l'art bouddhique n'ont jamais dépeint le corps humain visible à tous, elles s'efforcent toujours de représenter le « corps glorieux » du Bouddha.

Loin d'avoir été inventée seulement aux étapes récentes de l'histoire bouddhique, l'idée que des signes variés sur le corps, connus du seul sage, indiquent la destinée d'une personne, sa taille et son avenir, est bien plus ancienne que le bouddhisme même. Les 32 signes du surhomme dérivent d'un manuel prébouddhique d'astrologie. Le « corps glorieux » du Bouddha n'a pas souffert des limitations physiques du corps ordinaire. Il peut se mouvoir dans un espace qui n'est pas plus grand qu'un grain de moutarde, et, à une certaine occasion, le Bouddha s'est élevé en trois pas jusqu'au ciel d'Indra, ce qui représente une distance assurément très longue.

Ce nous entraînerait trop loin de discuter en détail tous les signes traditionnels du surhomme, encore que l'intelligence de l'art bouddhique soit tout à fait impossible sans la connaissance intime de ces signes. Le « corps glorieux » du Bouddha avait 18 pieds de haut, et bien des statues du Bouddha ont atteint cette hauteur. Le corps était de couleur dorée. « Entre les sourcils du Maître il y avait une boucle de laine (*ûrnâ*), douce comme du coton, semblable à la fleur de jasmin, à la lune, au coquillage, au filament du lotus, au lait de la vache, à la floraison blanchie de neige. » Une lumière multicolore irradie de cette touffe de poils, qui est aussi blanche que la neige ou l'argent. Les sculptures représentent d'ordinaire l'*ûrnâ* par un simple point ou par un joyau. Aux stades ultérieurs du bouddhisme, le Tantra, sous l'influence du Śivaïsme, a interprété l'*ûrnâ* comme un troisième œil, l'« œil de la sagesse ». Nous avons affaire ici à une tradition qui doit beaucoup aux pratiques du Yoga. Il est usuel pour les Yogin de se concentrer sur un centre invisible au-dessus et entre les sourcils, et la doctrine du Yoga a toujours soutenu qu'un centre de force psychique ou spirituelle se situe dans cette partie du front.

Deux autres traits du « corps glorieux » du Bouddha sont particulièrement remarquables et importants. C'est l'*ushnîsha*, littéralement le « turban », sorte de « capuchon sur la tête », qui est représenté sur les statues comme une excroissance ou protubérance au sommet de la tête. Il est rond au Gandhâra, conique au Cambodge, pointu au Siam et dans les miniatures bengalies du XIe siècle, enfin, au Laos, il a forme de flamme. En outre, une lumière émane sans cesse du corps du Bouddha. Les rayons de lumière sortent de lui, illuminant un vaste espace : « Autour du corps du Bouddha il y a toujours une lumière, large de six pieds en tous sens, qui brille constamment jour et nuit, aussi éclatante que mille soleils, pareille à une montagne de joyaux en marche. » Selon la tradition commune de l'Inde, une sorte d'énergie ardente irradie des corps des grands hommes, et l'habitude de la méditation l'accroît. Très souvent ce pouvoir magique est figuré par des flammes qui émanent d'un halo autour de la figure du Bouddha, et parfois de ses épaules mêmes. À Java, les petites flammes qui s'échappent du halo derrière les statues du Bouddha ont la forme de la syllabe sacrée *OM*, c'est-à-dire la forme d'un point d'interrogation inversé avec une queue en spirale. Autour de la tête du Bouddha il y a un nimbe qui signifie divinité et sainteté. Dans l'art du Gandhâra le nimbe est donné aussi aux dieux et aux rois, et l'art chrétien a adopté ce symbole au IVe siècle.

Partout où le mot Bouddha est employé dans la tradition bouddhique, on a en vue ce triple aspect du Bouddha. Pour l'historien chrétien et l'agnostique, seul est réel le Bouddha humain, le Bouddha spirituel et le Bouddha magique ne sont à ses yeux que des fictions. La perspective du croyant est toute différente. La nature-de-Bouddha et le « corps glorieux » du Bouddha ont très clairement la prééminence, et le corps humain du Bouddha aussi bien que son existence historique apparaissent comme des oripeaux jetés sur cette gloire spirituelle.

Le bouddhisme est-il athée ?

On a souvent laissé entendre que le bouddhisme était un système athéiste, et cette supposition a donné naissance à un grand nombre de discussions. Certains ont prétendu que, le bouddhisme ne connaissant pas de Dieu, il ne pouvait être une religion ; d'autres que, le bouddhisme étant évidemment une religion qui ne connaît pas de Dieu, la croyance en Dieu n'était pas essentielle à la religion. Ces discussions partent de l'hypothèse que *Dieu* est un terme sans ambiguïté, ce qui n'est aucunement le cas. Nous pouvons distinguer au moins trois valeurs du terme : d'abord il y a un *Dieu* personnel qui a créé l'univers ; en second lieu, il y a la *Divinité*, conçue comme impersonnelle ou supra-personnelle ; en troisième, il y a un certain nombre de *dieux*, ou d'anges non clairement distingués d'avec les dieux.

1. Quant à la première valeur, la tradition bouddhique ne nie pas exactement l'existence d'un créateur, mais elle ne s'intéresse pas vraiment à la question de savoir qui a créé l'univers. Le but de la doctrine bouddhique est de relâcher les êtres de la souffrance ; les spéculations concernant l'origine de l'univers sont tenues pour sans importance à cet égard. Elles ne sont pas simplement une perte de temps, mais encore elles risquent de retarder l'abolition de la souffrance en engendrant de la mauvaise volonté en soi-même et en autrui. Si donc les bouddhistes adoptent une attitude d'agnosticisme sur la question d'un créateur personnel, en revanche ils n'ont pas hésité à souligner la supériorité du Bouddha sur Brahman, le dieu qui, selon la théologie brahmanique, a créé l'univers. Ils représentent le dieu Brahman saisi d'orgueil quand il pensait à son propre sujet : « Je suis Brahman, je suis le grand Brahman, le Roi des dieux ; je suis incréé, j'ai créé le

monde, je suis le souverain du monde, je puis créer, modifier, donner naissance; je suis le Père de toutes choses. » Les Écritures ne se lassent pas de signaler que le Tathâgata est dénué d'une si enfantine vanité. Si l'indifférence à un créateur personnel de l'univers est de l'athéisme, alors le bouddhisme est bien athée.

2. Nous sommes pourtant familiers aujourd'hui, ne serait-ce que par les écrits d'Aldous Huxley, avec la différence existant entre Dieu et le Divin, trait essentiel de la *Perennial Philosophy*. Quand nous comparons les attributs du Divin tels qu'ils sont compris par la tradition la plus mystique de la pensée chrétienne, avec ceux du Nirvâ*n*a, nous ne trouvons à peu près aucune différence. Il est bien vrai que le Nirvâ*n*a n'a pas de fonctions cosmologiques, que ce monde-ci n'est pas le monde de Dieu, mais un monde fait de notre cupidité et de notre stupidité. Il est bien vrai que dans toute leur attitude les bouddhistes expriment un rejet plus radical du monde, en tous ses aspects, que celui que nous trouvons parmi les chrétiens. En même temps, ils ont évité un grand nombre d'énigmes théologiques absurdes et n'ont pas été dans la nécessité de combiner, par exemple, l'hypothèse d'un Dieu omnipotent, tout-amour, avec l'existence d'une masse de souffrances et de folies dans ce monde. Les bouddhistes n'ont jamais posé que Dieu est Amour, mais ce peut être dû à leur préoccupation de précision intellectuelle, qui a compris sans doute que le mot « amour » est l'un des termes les moins satisfaisants, les plus ambigus qu'on puisse employer.

D'autre part, on nous dit que le Nirvâ*n*a est permanent, stable, impérissable, immuable, sans âge, sans mort, non né, sans devenir, qu'il est pouvoir, félicité, bonheur, refuge sûr, abri, lieu de sécurité inattaquable; qu'il est le Vrai réel et la suprême Réalité; qu'il est le Bien, le but suprême, le seul et unique parachèvement de notre vie, la Paix éternelle, cachée, incompréhensible.

De la même manière, le Bouddha, qui est comme l'incarnation personnelle du Nirvâ*n*a, devient l'objet de toutes les émotions que nous avons coutume d'appeler religieuses.

Il a existé à travers l'histoire bouddhique une tension entre les modes d'approche bhaktique et gnostique vers la religion, telle que nous la trouvons aussi dans le christianisme. Mais la différence est que dans le bouddhisme la vision gnostique a toujours été tenue pour la plus authentique, tandis que le type bhaktique ou dévotionnel a été envisagé plus ou moins comme une concession au vulgaire (voir p. 189 et suiv.). On constate en général dans la pensée philosophique que les abstractions mêmes se revêtent d'une sorte de chaleur émotive quand elles concernent l'Absolu. Nous n'avons qu'à songer à la description du Premier Moteur chez Aristote. Mais dans le bouddhisme, en outre, un système complet de rituel et d'élévation religieuse s'est associé à un Absolu conçu intellectuellement d'une manière qui n'est pas logiquement très plausible, mais qui a résisté à l'épreuve de la vie pendant un long temps.

3. Nous en venons au sujet épineux du polythéisme. L'enseignement chrétien, qui a imprégné plus ou moins toute notre éducation, nous a porté à croire que le polythéisme appartenait à une période révolue de la race humaine, qu'il a été remplacé par le monothéisme et qu'il ne trouve plus d'écho dans l'âme contemporaine. En vue d'apprécier la tolérance polythéiste des bouddhistes, il nous faut d'abord bien comprendre que le polythéisme est très vivant jusque parmi nous. Mais, là où jadis les noms d'Athéna, de Baal, d'Astarté, d'Isis, de Sarasvatî, de Kwan Yin, etc., excitèrent l'imagination populaire, celle-ci désormais s'enflamme à ceux de *Démocratie*,

Progrès, *Civilisation*, *Égalité*, *Liberté*, *Raison*, *Science*, etc. Une foule d'êtres personnels ont cédé la place à une foule de noms abstraits. En Europe le tournant s'est marqué le jour où les Français déposèrent la Vierge Marie et transférèrent leurs affections à la Déesse Raison. Le motif de ce changement n'est pas à chercher bien loin : les divinités personnelles grandissent sur le sol d'une culture rurale où la majorité de la population est illettrée, alors que les noms abstraits trouvent faveur parmi les populations instruites des villes modernes. Les hommes du Moyen Âge partaient en guerre pour Jésus-Christ, saint Georges et San José. Les croisades modernes vont au secours d'abstractions comme Christianisme, Mode de vie chrétien, Démocratie, Droits de l'homme.

Le fait d'être ou non instruit n'est cependant pas le seul facteur qui différencie notre polythéisme moderne de celui des temps anciens ; un autre facteur est le fait que nous sommes séparés des forces de la nature. Jadis chaque arbre, chaque source, lac ou rivière, chaque sorte d'animal ou presque pouvait produire une divinité. Nous sommes à présent trop écartés de la Nature pour le croire ; en outre, nos prédilections démocratiques nous rendent moins enclins à déifier les grands hommes. Dans l'Inde, les rois étaient tenus pour des dieux et toujours, depuis les temps égyptiens, le despotisme d'un chef divin a été un moyen très efficace pour tenir en main de vastes empires, à Rome, en Chine, en Iran et au Japon. En si haute révérence que bien des gens tiennent Hitler, Staline ou Churchill, ils n'inclinent guère à leur accorder un rang totalement divin. La déification des grands hommes ne se limite pas aux figures politiques. Le polythéisme invétéré de l'esprit humain a éclaté dans l'Islâm et le Christianisme, derrière la croûte d'un monothéisme officiel, sous la forme de l'adoration des saints. C'est en Islâm encore que les saints ont fusionné avec les esprits qui depuis les temps anciens avaient habité diverses localités. Enfin nous devons nous rendre compte que les gens religieux attendent aussi, partout, des avantages immédiats de leur religion. J'ai vu récemment, à l'étalage d'une boutique anglicane à Oxford, que saint Christophe paraît être aujourd'hui le seul saint qui attire ces cercles : ses médailles protègent des accidents de voiture. De même le bouddhiste a attendu de sa religion qu'elle le protège de la maladie et du feu, qu'elle lui donne des enfants et d'autres bienfaits. Il est bien évident que le Dieu unique qui séjourne là-haut, au-delà des étoiles, qui a à surveiller l'univers entier, ne saurait être importuné par de pareilles vétilles. Des besoins particuliers engendrent des divinités particulières pour y pourvoir. À présent nous avons développé en nous la confiance que la Science et l'Industrie pourvoiront à ces besoins, et nos inclinations les plus « superstitieuses » sont réservées aux activités contenant un fort élément de hasard.

Chez les populations qui ont adopté le bouddhisme, presque toutes les activités ont contenu un fort élément de hasard, un grand nombre de divinités ont été invoquées pour la protection et l'aide. Les bouddhistes n'ont jamais fait objection au culte de dieux nombreux parce que l'idée d'un Dieu jaloux leur est très étrangère ; et aussi, parce qu'ils sont imbus de cette conviction que le champ de vision intellectuel de chacun d'entre nous est fort limité, si bien qu'il nous est très difficile de savoir quand nous avons raison, mais pratiquement impossible d'être sûrs que quelqu'un d'autre a tort. Comme les catholiques, les bouddhistes croient qu'une foi ne peut se maintenir vivante que si elle se laisse adapter aux habitudes mentales de l'homme moyen. En conséquence, nous voyons que, dans les anciennes Écritures, les divinités du brahmanisme sont acceptées telles quelles et que, plus tard, les bouddhistes ont adopté les dieux locaux de tout district où ils parvenaient.

Si l'athéisme est la négation de l'existence d'un Dieu, il serait tout à fait erroné de caractériser le bouddhisme comme athée. D'autre part, le monothéisme n'a jamais exercé d'attrait sur l'âme bouddhique. Elle ne s'est jamais intéressée à l'origine de l'univers, sauf une seule exception : aux environs de l'an 1000 de notre ère, les bouddhistes du nord-ouest de l'Inde arrivèrent en contact avec les forces victorieuses de l'Islâm. Dans leur désir d'être tout pour tous les hommes, quelques bouddhistes de cette région parachevèrent leur théologie avec la notion d'un *Âdi-Buddha*, sorte de Bouddha primitif, omnipotent et omniscient, qui par sa méditation a donné naissance à l'univers. Cette conception a été adoptée par quelques sectes du Népal et du Tibet (voir p. 249 et suiv.).

Les Quatre Saintes Vérités

Après le Bouddha, le Dharma. L'essence de la doctrine acceptée par toutes les écoles a été consignée dans les Quatre Saintes Vérités que le Bouddha a prêchées en premier à Bénarès, juste après son Illumination. Je vais donner d'abord la formule de cet enseignement de base, puis le commenter :

« 1. Qu'est donc la Sainte Vérité sur le Mal ? La naissance est le mal, le déclin est le mal, la maladie est le mal, la mort est le mal. Être joint à ce qu'on n'aime pas signifie souffrir. Être séparé de ce qu'on aime signifie souffrir. Ne pas avoir ce qu'on désire signifie aussi souffrir. Bref, tout contact avec (l'un quelconque des) cinq *skandha* (implique) souffrance.

2. Quelle est donc la Sainte Vérité sur l'origine du Mal ? C'est cet appétit qui conduit à renaître, accompagné de plaisir et d'avidité, cherchant son plaisir tantôt ici, tantôt là : à savoir, appétit d'expérience sensible, appétit de se perpétuer, appétit d'extinction.

3. Quelle est donc la Sainte Vérité sur la cessation du Mal ? C'est la cessation totale de cet appétit, le fait de s'en écarter, d'y renoncer, de le rejeter, de s'en libérer, de ne pas s'y attacher.

4. Quelle est donc la Sainte Vérité sur les voies qui mènent à la cessation du Mal ? C'est ce saint Chemin octuple, consistant en : vues correctes, intentions correctes, paroles correctes, conduite correcte, mode de vie correct, effort correct, attention correcte, concentration correcte. »

La méditation systématique sur les Quatre Saintes Vérités, considérées comme faits essentiels de l'existence, est une tâche cruciale de la vie bouddhique. Il me faut me limiter ici à la première Vérité. Passer en revue quelques-unes de ses implications nous aidera grandement à saisir la doctrine bouddhique dans sa perspective propre.

La première partie présente peu de difficultés à l'intelligence, et tout homme y peut adhérer. Elle se borne à énumérer sept aspects bien connus de l'existence qui sont gros de souffrance. Notre résistance intellectuelle ne commencera qu'avec la seconde partie, qui infère l'universalité de la souffrance. Cependant il nous faut compter avec une résistance affective qui agit comme un obstacle puissant à l'appréciation pleine et entière, même de la première partie. La plupart d'entre nous sont enclins par nature à vivre dans un paradis illusoire, à regarder le côté heureux de la vie et à en minimiser les aspects déplaisants ; rester fixés sur la souffrance équivaut normalement à contrarier nos tendances; d'ordinaire nous recouvrons la souffrance de toute espèce de « rideaux affectifs ». La vie serait insupportable à la plupart d'entre nous si nous pouvions la voir telle qu'elle est, si notre perspective mentale mettait en lumière ses traits répugnants au même degré que ses traits agréables. Nous aimons écarter de notre vue les faits malheureux. Cela s'illustre dans l'usage largement répandu des « euphémismes », qui n'est autre que le souci d'éviter les mots qui évoquent des associations désagréables. Une expression vague, une circonlocution, cachent un fait désagréable, un tabou. Il existe dans toutes les langues des centaines d'euphémismes pour « mort, difformité, maladie, sexe, processus digestifs, misères domestiques ». Un homme ne « meurt » pas, il « s'en va, disparaît », « rend le dernier souffle », « s'endort », « quitte ce monde », « rejoint le Créateur », etc. Il faut un effort spécial de méditation pour faire face à la pleine réalité de la mort. Une pratique commune est de fermer les yeux à des faits affligeants, de passer outre, de sous-estimer leur importance ou de les embellir. Les femmes d'un certain âge n'aiment pas qu'on leur rappelle leur âge. Quand les gens voient un cadavre, ils frissonnent souvent, détournent les yeux. Comme sujets de conversation, les aspects malheureux, décourageants de la vie choquent les « gens du monde » et effrayent les autres. De plus, une méditation particulière est nécessaire pour mettre en avant ce qui d'habitude est passé sous silence. Je ne puis montrer ici en détail comment cette fuite hors d'une réalité qui déplaît est causée en partie par un amour de soi fait de narcissisme, et principalement par la peur, jointe au désir de protéger notre personnalité de concepts qui en menacent l'intégrité. Les gens, dans leur écrasante majorité, ne peuvent vivre joyeusement sans adopter une sorte d'attitude d'autruche, quant à l'existence. C'est en ce sens que la première Vérité n'est pas évidente par elle-même. Pour la comprendre, il nous faut faire violence à nos habitudes de pensée invétérées. Dans le souci d'imprimer les aspects déplaisants de la vie sur un esprit qui par nature y répugne, le Yogin bouddhiste méditera donc, de façon réitérée et en grand détail, les sept rubriques de la formule l'une après l'autre.

À la fin de la formule, le Bouddha a posé en fait que toute chose en ce monde est liée à de la souffrance. Nous avons parlé précédemment des *skandha* (p. 19). On nous dit maintenant qu'il est impossible de « toucher » au corps matériel, ou aux sentiments, aux perceptions, aux impulsions, aux actes de conscience, sans être entraînés dans la souffrance. Buddhaghosa explique le sens des paroles du Bouddha par une suite d'images bien choisies : « De même que le feu avec le combustible, les armes avec la cible, les taons, les moustiques, etc., avec le corps de la vache, les moissonneurs avec le champ, les voleurs de village avec le village — de même, la naissance, etc., trouble les cinq *skandha* saisisseurs dans lesquels elle est produite, tout comme l'herbe et les lianes poussent sur la terre, ou comme les fleurs et les fruits croissent sur les arbres. »

L'universalité de la souffrance ne se présente pas au premier abord comme un fait évident. Nous nous accrochons avec ténacité à la croyance qu'on peut trouver du bonheur en ce monde. Seul le saint accompli, seul l'Arhat, peut comprendre pleinement la première Vérité. Comme l'a dit le Bouddha : « Il est difficile de tirer flèche après flèche sur un trou de serrure étroit situé à longue distance, et de ne pas manquer une fois. Il est plus difficile encore de tirer et transpercer avec la pointe d'un cheveu cent fois fendu un fragment de cheveu semblablement fendu.

Il est bien plus difficile encore de pénétrer le fait que : tout ce qui existe est mauvais. »

En fait, l'intuition de l'universalité de la souffrance se propage peu à peu avec notre croissance spirituelle. Il y a beaucoup de souffrance évidente dans le monde ; mais une grande partie en est cachée et seul le sage est en état de la percevoir. La souffrance évidente est reconnaissable aux sentiments déplaisants et douloureux qui y sont associés, ainsi qu'aux réactions de recul et d'aversion. La souffrance cachée gît dans des choses apparemment agréables, mais où le mal est sous-jacent. Il suffira de mentionner quatre sortes de souffrance cachée, dont la compréhension dépend de la maturité de notre intuition spirituelle :

« 1. Une chose, tout en étant agréable, implique la souffrance d'autrui. »

On est d'ordinaire plutôt aveugle à cet aspect du plaisir personnel. À mesure que grandit notre capacité de compassion, elle élargit le champ du chagrin que nous ressentons comme le nôtre propre. Le canard rôti est agréable tant qu'on ignore les sentiments du canard. Notre esprit à l'état inconscient a un sentiment plus vif de la solidarité avec autrui que nous ne l'imaginons souvent. Quand nous achetons du plaisir en privant de plaisir quelqu'un d'autre, nous sommes aptes à ressentir ce plaisir comme une manière de privilège qui s'accouple avec une impression inconsciente de culpabilité. Cela s'illustre bien par l'attitude des gens riches vis-à-vis de leur richesse. Peu d'entre les gens riches que j'ai rencontrés ont été exempts de la peur de devenir pauvres. Ils se sentent indignes de leur richesse, comme on le voit aux efforts qu'ils font pour prouver qu'ils la méritent. Comme ils ont acquis leur richesse aux dépens du pauvre, ils souhaitent écarter les pauvres de leur champ visuel, les acheter ou encore les fouler aux pieds mentalement en contemplant leur indignité.

La compassion refoulée aboutit à un sentiment inconscient de culpabilité. On se compare volontiers à une personne malade, pauvre ou difforme, on se met souvent à sa place ; certains d'entre nous pensent qu'ils n'ont rien fait pour mériter d'être en meilleure situation que leurs infortunés compagnons. Ou au contraire, nous pouvons éprouver que nous méritons largement d'être punis et qu'il n'y a rien qui doive nous protéger d'un semblable destin. On évite l'angoisse mentale aiguë en interceptant l'expérience pénible. Nous devons aussi nous représenter que notre conscience sociale n'est jamais tout à fait éteinte. Ceux qui sont en meilleure condition inclinent toujours à se blâmer pour la misère des autres. Ils inventent alors une peinture du monde social où la misère est minimisée, justifiée ou embellie : « Nul ne peut être sans nourriture en Angleterre. » « Chacun peut trouver du travail pourvu qu'il le veuille. » « Les mendiants ne sont que des paresseux, et souvent ils sont très riches. N'avez-vous pas vu le cas dans le journal, récemment ?... » « Les pauvres seraient en meilleure posture s'ils ne buvaient pas tant, s'ils fumaient moins de cigarettes. » Tout cela peut être parfaitement vrai, mais à quoi bon cette superstructure élaborée, s'il n'y a pas à la base un sentiment de culpabilité ?

« 2. Une chose, tout en étant agréable, est liée à l'angoisse, parce qu'on a peur de la perdre. »

Les bouddhistes appellent cela « souffrance de renversement » ; la plupart des choses, sinon toutes, sont susceptibles d'en donner. Angoisse et inquiétude sont inséparables de l'attachement. Ce fait ne devient pleinement évident que si l'on ose se libérer de l'attachement et goûter la félicité et la sécurité qui en résultent.

« 3. Une chose, tout en étant agréable, nous attache

davantage à des conditions qui sont la base rendant inévitable une grande quantité de souffrance. »

À quelles terreurs ne sommes-nous pas exposés par le simple fait que nous avons un corps ! Bien des plaisirs sont suivis de conséquences karmiques mauvaises (punitions) et de nouvelles envies qui nous ligotent à ce monde. Il y a une souffrance inhérente au simple fait que notre existence est conditionnée. Nous sommes d'habitude hors d'état de le voir et nos yeux ne s'ouvrent que dans la mesure où par une méditation prolongée nous acquérons quelque intelligence de l'Inconditionné comme étant notre patrie originelle (voir p. 252 et suiv.).

« 4. Les plaisirs dérivant de quelque cause que ce soit comprise parmi les *skandha* sont sans valeur pour satisfaire les aspirations les plus intimes de nos cœurs. »

Ils sont de courte vie, bourrés d'angoisse, grossiers, vulgaires. Il est absurde de tenter de bâtir un bonheur réel sur quelque chose d'aussi mouvant, banal et insignifiant que ce que ce monde a à nous offrir. Cela devient de plus en plus clair à mesure qu'on acquiert une expérience de la félicité spirituelle. En comparaison de celle-ci, les plaisirs des sens paraissent peu satisfaisants et même pernicieux, parce qu'ils éliminent la tranquillité qui provient du rejet et de l'extinction du désir.

La joie des plaisirs dans le monde,
Et la grande joie du ciel,
Comparées à la joie de la destruction du désir
N'en valent pas la seizième partie.
Triste est celui dont le fardeau est lourd,
Et heureux celui qui s'en est déchargé ;
Dès qu'il s'est déchargé de son fardeau,
Il cherchera à n'en être plus jamais chargé.

Quant aux seconde et troisième Vérités, le sens en est bien clair. Elles affirment que le désir est la cause de la souffrance, que l'abolition du désir abolira la souffrance. Le mécanisme qui enchaîne inévitablement souffrance et désir a été exposé dans un corollaire important aux Quatre Saintes Vérités, connu sous le nom de formule de la *Coproduction conditionnée*. Elle énumère, en commençant par l'ignorance, un groupe de 12 conditions qui se terminent par déclin-et-mort et comprennent tout ce qui se produit dans ce monde. La découverte des 12 chaînons de la Coproduction conditionnée a été saluée comme l'acte le plus grand du Tathâgata. Il y a un verset qui résume le Credo de toutes les écoles bouddhiques ; on le trouve partout dans les temples, sur les pierres, les statues, les stèles, les manuscrits, à travers tout l'espace d'influence bouddhique : « Le Tathâgata a exposé la cause de tous les *dharma* qui émanent d'une cause, ainsi que leur cessation. C'est là l'enseignement du Grand Ascète. » Mais l'interprétation effective des 12 chaînons diffère grandement dans les diverses écoles. Les détails sortent du cadre de ce livre ; on discutera en détail dans les chapitres suivants les pratiques comprises dans le Chemin octuple. Il suffira de noter ici que *Vues correctes* signifie les « Quatre Saintes Vérités » ; *Intentions correctes* sont le désir de l'extinction du soi et celui du bien-être d'autrui, paraphrasés par Buddhaghosa dans les trois termes « Renoncement, Absence de mauvais vouloir, Absence d'agressivité »; enfin *Effort correct* vise les tentatives qu'on fait pour abandonner tous les *dharma* malfaisants et pour gagner, accroître et développer à la place des états qui sont salutaires.

La cosmologie

Les Quatre Saintes Vérités donnent l'essence de la doctrine spécifiquement religieuse du bouddhisme. En revanche, dans leurs vues sur la structure et l'évolution de l'univers, les bouddhistes se sont bornés à emprunter aux traditions de l'hindouisme contemporain. La cosmologie hindoue est surtout mythologique, et diffère grandement de la nôtre ; il nous faut dire quelques mots sur certains de ses traits essentiels. Nous nous limiterons à expliquer la notion d'*Éons* et de *Systèmes du monde* d'une part, celle des six *Conditions de l'Existence* d'autre part.

Avant la révolution de Copernic et l'invention du télescope, l'esprit européen était confiné dans un univers de petites dimensions. Galilée, quand il fut devenu aveugle en 1638, écrivit à son ami Diodati : « Hélas, votre cher ami et serviteur Galilée est irrémédiablement aveugle depuis un mois ; en sorte que ce ciel, cette terre, cet univers, que, par de merveilleuses découvertes et de claires démonstrations, j'ai agrandis cent mille fois au-delà de ce que croyaient les sages des siècles passés, ont désormais pour moi rapetissé dans l'espace minime que peuvent emplir mes sensations corporelles. » Les Européens au XVIIe siècle ne se rendaient pas compte du tout que « les sages des siècles passés » dans l'Inde avaient déjà depuis longtemps rendu justice à l'immensité du temps et de l'espace, non pas, il est vrai, « par de merveilleuses découvertes et de claires démonstrations », mais par les intuitions de leur imagination cosmique.

Tout d'abord, en ce qui concerne l'extension dans le *temps*, ils avaient mesuré le temps cosmique non en années, mais en *kalpa's* ou éons. Un *kalpa* est la durée de temps qui s'écoule entre l'origine et la destruction d'un système du monde. La longueur d'un *kalpa* est ou suggérée par le moyen d'une image ou calculée par le moyen d'un nombre. Supposons qu'il existe une montagne, faite d'un roc très dur, beaucoup plus haute que l'Himâlaya ; et supposons qu'un homme effleure cette montagne tout juste une fois par siècle avec une pièce du tissu le plus fin de Bénarès — le temps qu'il lui faudra pour user la montagne entière représenterait la durée d'un éon. Quant aux chiffres, certains disent qu'un *kalpa* ne dure que 1 344 000 ans, d'autres comptent 1 280 000 000 ans ; on n'est pas arrivé à un accord général. En tout cas on a eu dans l'esprit une longueur de temps extrêmement grande et quasi impossible à compter.

Durant le cours d'un seul *kalpa*, un système du monde achève son évolution, depuis la condensation initiale jusqu'à la conflagration terminale. Un système du monde succède à un autre, sans commencement ni fin, de manière tout à fait illimitée. Un *Système du monde* est un conglomérat de soleils, de lunes, etc. D'innombrables systèmes s'étendent dans l'espace, incommensurablement loin. En un certain sens l'astronomie moderne a des conceptions analogues quand elle parle d'« univers-îles », dont plus d'un million sont déjà connus, dont beaucoup sont distants de un à deux millions d'années-lumière. Chacune de ces « nébuleuses en spirale » consiste en milliers de millions d'étoiles tournant autour d'un centre commun. Leur forme est souvent celle d'une roue de moulin, tout comme les bouddhistes l'ont décrite. La terre fait partie du « système galactique » qui correspondrait à ce que les bouddhistes ont appelé « ce monde Saha ».

En ce qui concerne l'étendue de l'univers, les thèses bouddhiques ont été confirmées par les découvertes récentes, et leur vaste perspective cosmique ne peut manquer d'être salutaire au progrès spirituel. Il serait néanmoins futile de prétendre que la description détaillée que les Écritures bouddhiques donnent de la constitution et de la composition d'un système du monde puisse s'harmoniser avec les conclusions de la science moderne. Presque toutes les propositions traditionnelles doivent nous paraître fabuleuses. Nous entendons beaucoup parler, en particulier, des « cieux » et des « enfers » rattachés à chaque système cosmique, et l'exposé de la géographie terrestre est très éloigné du tableau que présente un atlas moderne. Les bouddhistes assument, comme une chose toute naturelle, cela soit dit en passant, que la vie n'est pas confinée à cette terre, que des êtres vivants habitent dans de nombreuses étoiles ; le bouddhisme postérieur, celui du Mahâyâna, a fort insisté sur les Bouddha et les Bodhisattva qui ont travaillé à libérer les êtres souffrants dans des systèmes cosmiques différents du nôtre (voir p. 202 et suiv.).

Voici maintenant les classes d'êtres vivants. Nous distinguons aujourd'hui trois sortes d'êtres doués de vie : humains, animaux et plantes ; la tradition bouddhique en compte six : les six « plans de vie » sont les dieux, les Asura, les humains, les esprits, les animaux et les enfers. Certains auteurs ne comptent que cinq « mondes », omettant les Asura. Il y avait dans le détail bien des discordances, mais le schéma général était accepté par toutes les écoles. Les êtres innombrables qui sont dans le monde rentrent tous dans l'une de ces six ou de ces cinq catégories. Le mérite qu'on a acquis dans le passé décide de la place où l'on peut choisir sa renaissance.

Les « dieux » (*deva's*) sont « au-dessus » de nous en ce sens que leur constitution matérielle est plus raffinée que la nôtre, que leurs émotions sont moins grossières, leur durée de vie bien plus longue, qu'ils sont moins sujets à souffrir que nous le sommes. Ils ressemblent aux dieux olympiens, mais avec cette importante différence qu'ils ne sont pas « immortels ». En un sens ce sont plutôt des « anges » que des « dieux ». La tradition bouddhique donne une classification élaborée des dieux ; nous pouvons l'omettre ici. Les *Asura* aussi sont des êtres célestes ; ce sont des génies furieux qui luttent sans cesse avec les dieux. Certains auteurs les comptent au nombre des dieux, d'autres au nombre des esprits.

Le monde animal, le monde des esprits et les enfers sont les trois « Destinées sombres » ou « Empires du malheur ». Le terme d'esprits (*preta*) se référait à l'origine aux « âmes des trépassés », mais la théorie bouddhique plus développée a tenté de systématiser sous cette rubrique une grande partie du folklore courant dans l'Inde. Les « enfers » sont très nombreux, et divisés d'ordinaire en enfers chauds et enfers froids. Comme la vie dans l'enfer s'achève un jour ou l'autre, ils ressemblent plutôt au purgatoire de l'Église catholique qu'à l'enfer de la chrétienté indivise.

La souffrance est le sort commun de la vie sous toutes ses formes. Les dieux souffrent parce qu'ils sont destinés, le temps venu, à déchoir de leur condition élevée. Les hommes ont beaucoup de souci et peu de joie, et souvent ils tombent dans une renaissance pire. Les *preta* sont tourmentés sans cesse par la faim et la soif, et les peines des êtres dans l'enfer sont presque inimaginables. En face de ce vaste océan de douleurs, celui qui est élevé dans la doctrine éprouvera de la compassion et se dira : « Même si je donnais à ces êtres le plus grand bonheur qui soit au monde, ce bonheur s'achèverait en souffrance. Ce n'est que par l'éternelle béatitude du Nirvâ*n*a que je puis faire du bien à tous. Il me faut donc gagner d'abord la sagesse véritable, ensuite je pourrai œuvrer le bien des autres êtres. » Mais la renaissance en qualité d'*être humain* est essentielle pour l'appréciation du Dharma. Les dieux sont trop heureux pour éprouver de la dissatisfaction à l'égard des choses conditionnées ; ils vivent trop longtemps pour en sentir l'impermanence. Les animaux, les esprits, les damnés, manquent de clarté d'esprit. Une fois qu'il a atteint un certain niveau de spiritualité, l'homme ne peut jamais plus renaître dans les « empires du malheur ». Ce qu'il peut toutefois, selon toutes les écoles bouddhiques, c'est chercher volontairement à y renaître, en vue d'aider les êtres par l'enseignement du *dharma*. C'est par là qu'il réjouit et réconforte ces êtres, tout en accroissant son dégoût pour l'existence, ainsi que sa patience.

CHAPITRE II

Le bouddhisme monastique

Le Sangha

La première division parmi les bouddhistes, la plus fondamentale, a été celle entre moines et maîtres de maison. Dans ce chapitre j'ai l'intention de décrire les vertus essentielles de la vie monastique ; dans le chapitre suivant, de procéder à une revue du bouddhisme populaire ; puis de consacrer le reste du livre à une esquisse des diverses écoles de la pensée bouddhique.

Le noyau du mouvement bouddhique consistait en moines. La vie monastique seule fournit normalement les conditions favorables pour une vie spirituelle tournée vers le but suprême. Les moines vivaient soit en communautés, soit, comme ermites, dans la solitude. La « fraternité » totale des moines et des ermites s'appelle le *Sangha*. Le Sangha n'a jamais formé, comme il est naturel, qu'une petite minorité dans la communauté bouddhique. La proportion par rapport aux maîtres de maison a varié grandement avec les conditions sociales suivant les époques. La Chine par exemple a connu 77 258 moines et nonnes en 450 de notre ère, et 2 000 000 soixante-quinze ans plus tard, en 525. Ceylan avait en 450 de notre ère 50 000 moines, mais seulement 2 500 en 1850, puis

7 300 en 1901. Au Japon il y avait en 1931 58 400 prêtres contre 40 000 000 de laïcs. Au Tibet, pendant un temps, le tiers de toute la population mâle vivait dans les monastères.

Les moines sont l'élite du bouddhisme. Ce sont les seuls bouddhistes au sens propre du mot. La vie du maître de maison est à peu près incompatible avec les niveaux élevés de la vie spirituelle. Cela a été une conviction commune aux bouddhistes de tout temps ; ils n'ont différé que dans la rigidité avec laquelle ils y ont adhéré. Le Hînayâna a été dans l'ensemble peu disposé à admettre des exceptions. Les *Questions du roi Milinda*, il est vrai, concèdent non sans répugnance (p. 265) qu'un laïc même peut gagner le Nirvâ*n*a, mais on ajoute aussitôt qu'il lui faut ou bien entrer dans l'Ordre ou bien mourir. En tout cas, un laïc ne pourrait atteindre le Nirvâ*n*a dans cette vie que s'il avait mené une vie monastique dans quelque existence antérieure (p. 353). Le Mahâyâna est allé plus loin et a accordé que les maîtres de maison pouvaient être des Bodhisattva, c'est-à-dire des bouddhistes du premier rang. Vimalakîrti en est un exemple fameux en littérature. Le Bodhisattva, pour n'être pas contaminé par la maison et la famille, doit conserver une attitude correcte et vigilante à l'égard des plaisirs des sens. Il doit ressentir du dégoût pour eux et les redouter « juste comme quelqu'un, au milieu d'une contrée sauvage infestée de brigands, qui mangerait sa nourriture en tremblant et avec l'espoir toujours renaissant de sortir de cet endroit terrifiant ».

La continuité de l'organisation monastique a été le seul facteur constant dans l'histoire du bouddhisme. La vie monastique était réglée par les prescriptions du *Vinaya*. Le mot dérive de *vi-nayati* « mener à l'écart (du mal), discipliner ». Les moines étaient capables d'attacher une importance extraordinaire aux observances des règles du Vinaya. La discipline monastique a été codifiée dans les règles du *Prâtimoksha*. Diverses sectes comptent entre 227 et 253 de ces règles ; elles sont fort semblables dans toutes les sources et doivent par suite être fort anciennes, plus anciennes que le développement indépendant des écoles. Le mot *prâtimoksha* signifie « abandon du péché » ou bien il peut signifier « équipement, armure ». Les règles sont à réciter deux fois par mois dans une assemblée du chapitre.

La pauvreté

La pauvreté, le célibat, la non-violence, ont été les trois traits essentiels de la vie monastique. Le moine ne possédait à peu près aucun bien à titre personnel. Il lui était permis d'avoir ses robes, un bol à aumônes, une aiguille, un rosaire, un rasoir pour se raser la tête chaque quinzaine, et un filtre qui servait à écarter les animalcules de son eau de boisson. À l'origine, le costume consistait en haillons qui étaient pris au tas de rebuts dans les villages, cousus ensemble et teintés en une couleur safran uniforme ; plus tard, le tissu pour les robes a été d'ordinaire offert par le fidèle. En théorie et en intention un moine devait être sans demeure ni abri permanent. La vie du moine est décrite comme la *vie-sans-maison*, et pour y entrer il doit « quitter la maison, plein de foi ». La rigueur originelle des règles monastiques semble avoir exigé qu'un moine vive dans la forêt, à ciel ouvert, au pied d'un arbre. Le *Vinaya* parle de la résidence dans les couvents, les sanctuaires, les temples, les maisons et les grottes comme d'un luxe, tolérable certes, mais qui ne laisse pas d'être plein de dangers. La nourriture est à obtenir en mendiant.

En fait, le moine doit pratiquement s'en remettre

aux aumônes pour tout ce dont il a besoin. Un grand nombre de moines, qui souhaitaient vivre une vie particulièrement stricte, se sont conformés à cette règle. D'autres semblent, depuis des temps très reculés, avoir accepté des invitations dans les maisons des fidèles. La possession d'argent a été interdite pendant fort longtemps. Cent ans environ après la fondation de l'Ordre, des moines de Vaiśâlî essayèrent de rompre cette règle ; leur conduite amena la première crise véritable dans l'Ordre. Le « second concile de Vaiśâlî » décida en faveur de la stricte observance des règlements, mais aux époques postérieures il s'introduisit une laxité considérable concernant la possession d'argent, de terres et d'autres biens.

Le bol à aumônes était le signe de souveraineté du Bouddha. De nombreuses sculptures nous montrent le Bouddha tenant son bol à aumônes, indiquant qu'il l'a eu comme récompense pour avoir rejeté la situation d'un chef temporel. Les maîtres souvent donnèrent leur bol à leur successeur comme marque de la transmission de l'autorité. Il faut naturellement se souvenir que dans les pays asiatiques la mendicité a toujours été un moyen reconnu de gagner sa subsistance. Nous sommes trop disposés à oublier que, durant le Moyen Âge, à travers toute l'Europe, les ordres monastiques se sont maintenus par la mendicité ; en fait, c'est seulement le système économique de l'industrialisme naissant qui a jugé cette pratique incompatible avec son besoin de travailleurs industriels, et qui a adopté les lois contre le vagabondage comme une de ses premières mesures. Quand nous considérons l'histoire, nous voyons que toutes les formes évoluées de sociétés semblent avoir eu une masse de richesses excédentaires à dépenser. Les Égyptiens l'ont utilisée à construire des pyramides. À présent, une trop grande partie va à la guerre, à la vanité féminine, aux drogues, c'est-à-dire bière, tabac, cinéma, roman. Dans les pays bouddhiques elle est consacrée à entretenir le Sangha, à manufacturer d'innombrables objets du culte tels que des *stûpa* et des statues. Les bouddhistes considéraient la pratique de l'aumône comme un élément fécondateur de maintes vertus. Le moine n'avait pas de sentiment d'infériorité touchant ce mode de subsistance. Il n'avait aucunement l'impression d'être désœuvré, il menait une vie active, refrénant ses désirs et développant ses méditations. La générosité étant l'une des vertus cardinales, les moines sentaient qu'en acceptant des aumônes ils donnaient au maître de maison une occasion de gagner du mérite. Aujourd'hui la société incline à regarder les contemplatifs comme des parasites. Du point de vue bouddhique, l'existence de contemplatifs est la seule justification de la société humaine.

Dans leurs tournées d'aumônes, les moines se heurtaient souvent à des épreuves humiliantes. On les appelait « têtes chauves » et autres noms analogues ; on compte parmi les avantages de l'aumône l'abaissement de l'orgueil. En outre, on apprend à avoir peu de désirs, à se contenter facilement, à maîtriser les sentiments de colère et de désappointement. Les résultats de l'aumône sont incertains et on s'entraîne à vivre pour un temps sans avoir même l'indispensable. L'indifférence des moines mendiants aux avantages mondains, leur conduite calme et digne, aident à convertir ceux qui ne croient pas et à fortifier la foi de ceux qui croient.

La pratique de l'aumône fournit d'amples occasions pour « bien veiller sur le corps, contrôler les sens et réprimer les pensées ». Le moine doit aller de maison en maison, sans faire de distinction entre la demeure du pauvre et celle du riche. Il ne doit accorder aucune attention à ce qu'il obtient, il ne doit être ni satisfait ni mécontent. Si une femme lui tend sa nourriture, « il ne doit pas lui parler ou la regarder, remarquer sa beauté ou sa laideur ». La nourriture donnée aux moines n'était pas toujours abondante ou délicate, voire simplement saine. Les troubles gastriques étaient la maladie professionnelle des communautés monastiques. Les expériences des moines bouddhiques étaient en quelque mesure parallèles à celles de saint François d'Assise qui avait été une fois un homme opulent et avait été « gâté dans la maison de son père ». Après son grand renoncement à toute propriété, il prit un bol et mendia des bribes de nourriture de porte en porte. Comme le dit la légende : « Quand il avait eu à manger cette mixture de mets variés, tout d'abord il avait reculé d'effroi, car il n'avait jamais été accoutumé à voir, à plus forte raison, à manger, semblables déchets. À la longue, se maîtrisant, il commença à manger ; et il lui sembla en mangeant que jamais riche sirop ne lui avait paru de loin si succulent. »

Enfin l'absence de liens, la grande indépendance, la commodité d'aller et de venir librement, étaient l'un des plus grands avantages de l'aumône. Comparée à la vie du moine errant, la vie domestique du maître de maison semblait confinée, suffocante. Même la vie plus sédentaire des communautés monastiques contenait bien « des afflictions et des distractions », qui dissipent l'esprit et « entravent la pratique de la Voie ; on doit obéir aux lois du monastère, interrompre ses méditations pour recevoir des hôtes, aider à administrer les affaires de la communauté, accepter des charges et remplir des fonctions ».

Le Hînayâna traite de la mendicité surtout comme une école de discipline. Le Mahâyâna, qui a abandonné dans une large mesure cette pratique, en a souligné les aspects altruistes. Cet exemple confirme, il me semble, l'observation générale que la profession de sentiments altruistes est souvent un moyen de dissimuler quelque avantage personnel. Le Mahâyâniste en tout cas doit employer sa tournée d'aumônes à cultiver son amour pour son prochain.

Dans le cours des temps, particulièrement hors de l'Inde, la pratique de l'aumône a été interrompue. Les raisons que donne Asanga dans son *Yogaśâstra* pour l'abrogation de l'ancienne pauvreté sont très nobles et altruistes ; on les entend exprimer fréquemment aujourd'hui parmi les chrétiens riches. D'après Asanga, les moines peuvent posséder des richesses et des propriétés, voire de l'or, de l'argent, des vêtements de soie, parce que ces possessions leur permettent d'être plus utiles aux autres et de les aider. À présent, l'habitude de mendier a totalement disparu de la Chine, de la Corée, du Viet-nam. En Chine, sous la dynastie des T'ang, une secte spéciale, celle du Vinaya, a été fondée dans le but de faire revivre l'ancienne pratique et de renforcer en général les règles strictes du *Vinaya*. Sous la dynastie des Sung, les moines Ch'an pratiquaient la mendicité et cette pratique persiste parmi les moines Zen au Japon. Toutefois, au Japon, ce n'est pas la source principale de subsistance mais seulement un exercice disciplinaire pour les novices, ou une manière de collecter des dons à des occasions particulières et pour des fins charitables.

Le célibat monastique

Le célibat a été une autre pierre angulaire de la vie monastique. Des prescriptions innombrables, méticuleuses, réglaient la conduite du moine envers les femmes qu'il rencontrait lors de ses tournées d'aumône ou envers celles qu'il avait à instruire comme moniales. La non-chasteté était une offense qui automatiquement menait à l'expulsion de l'Ordre. La chasteté, appelée *brahmacarya* ou « conduite digne d'un brâhmane ou saint homme », était un grand idéal dont le moine ne devait pas se départir même au prix de sa vie. Les orthodoxes censuraient le commerce sexuel comme une habitude « bovine » ou « bestiale », ils entretenaient un certain mépris des femmes. Ce mépris se laisse naturellement comprendre sans peine comme un mécanisme de défense, car les femmes sont une source de danger perpétuel pour tous les ascètes voués au célibat, surtout dans les climats chauds. Le moine était avisé à être perpétuellement sur ses gardes, et un bref dialogue résume admirablement l'attitude des premiers bouddhistes :

Ânanda : « Comment devons-nous nous comporter avec les femmes ? » Le Maître : « Ne pas les voir ! » Ânanda : « Et si nous avons à les voir ? » Le Maître : « Ne pas leur parler ! » Ânanda : « Et si nous avons à leur parler ? » Le Maître : « Tenir vos pensées sévèrement contrôlées ! »

Les motifs de ce rejet de l'impulsion sexuelle ne sont pas à chercher bien loin. Une philosophie qui voit la source de tout mal dans le désir de la volupté ne pouvait vouloir multiplier les occasions de s'y complaire : « Aussi longtemps que la pensée de la luxure, fût-ce la plus légère, d'un homme vis-à-vis des femmes demeure intacte, aussi longtemps son esprit est ligoté, comme le veau qui tète est attaché à sa mère. » Il est très difficile d'avoir des relations sexuelles avec les femmes sans s'éprendre de l'une ou l'autre d'entre elles. Pareil attachement est fatal à la liberté de l'homme. Dans le développement ultérieur, dans le Tantra, l'initié était invité à s'exposer à ce danger et à se laisser aller au commerce charnel sans y polluer son esprit. Durant plus de mille ans une telle audace aurait paru aux moines une folie quasi blasphématoire. En outre, les relations sexuelles peuvent conduire à avoir des enfants, et les enfants constituent un lien terrible pour qui souhaite vivre hors de la société en une indépendance libre de soucis. Mais il y a une raison bien plus profonde pour laquelle les saints de tout temps ont regardé l'impulsion sexuelle avec une suspicion particulière. Le commerce sexuel est apte à engendrer un calme, un relâchement extatiques. On sait que les névropathes en usent afin d'écarter pour un temps leurs conflits mentaux. À cet égard, le mieux est l'ennemi du bien. Dans sa pratique de la Transe, le moine possédait une méthode autrement plus efficace pour produire la quiétude intérieure. La méditation et le commerce sexuel ont en commun le but et l'énergie employée. Pour la bonne raison qu'on ne peut employer la même énergie deux fois, la suppression complète des relations sexuelles est indispensable au succès de la méditation.

Les psychologues ont souvent observé la similitude existant entre les états mystiques et les expériences de notre vie sexuelle. La mise en scène sexuelle chez certains écrivains mystiques a fait l'objet de longues discussions. Au total, les psychologues inclinent à faire dériver le spirituel du sexuel, à regarder la méditation comme une sorte de sexualité sublimée ou atténuée, comme une sexualité inhibée dans son but et dans son objet ; en d'autres termes, comme une version amoindrie de quelque chose d'autre. D'autre part un pratiquant de la mystique serait enclin à dire que nous sommes aussi fidèles à nous-mêmes dans la méditation que dans le commerce sexuel, sinon même davantage. Il tomberait d'accord quant à la similitude entre illumination et union sexuelle, mais, avec Plotin, il regarderait l'activité spirituelle comme primaire, la sexuelle comme secondaire et dérivée. Il est instructif de citer Plotin à ce sujet, quand il dit : « Dans l'union extatique il n'y a pas d'espace entre l'âme et le suprême. Il n'y a plus désormais deux êtres, mais tous deux sont unis en un seul. Ils ne peuvent être séparés l'un de l'autre aussi longtemps que l'un existe. Cette union est imitée dans notre monde par les amants et les êtres aimés quand ils cherchent à s'unir en un seul être. » Si l'on suit cette argumentation, le transfert de la force de méditation à l'activité sexuelle aboutit à une chute, à une dégradation, à un émoussement de cette énergie. En se complaisant au sexe on fait de celle-ci un usage absurde et indigne. Le sexe est une tentative « bovine » et avortée d'acquérir l'union de l'Illumination et des satisfactions affectives, mais dans son essence elle est un échec, un mauvais emploi de l'aspiration qui porte l'être à se réunir avec l'Absolu.

Pendant plus de mille ans, ces vues sont demeurées prédominantes dans l'Ordre. Puis une section de la Communauté, poussée par d'autres considérations, vint à croire que la vie sexuelle n'était pas incompatible avec le monachisme. On mentionne des moines mariés au Kashmîr vers 500 de notre ère, et à partir d'environ 800 le Tantra sanctionne le mariage des moines dans les secteurs qui furent soumis à son influence. Dans le Tantra de « main-gauche », comme nous le verrons (chap. VIII), le commerce charnel n'était nullement conçu comme honteux ; au contraire, c'était un des moyens d'atteindre l'Illumination. Padma Sambhava, le « Né-du-Lotus », qui vers 770 a établi le bouddhisme au Tibet et est considéré comme un second Bouddha, accepta du roi tibétain le don de l'une de ses cinq femmes, et de nombreuses peintures représentent Padma Sambhava flanqué de ses deux épouses principales, Mandaravâ et Yé-ses-rgyal. Marpa le Traducteur (né en 1011), l'un des plus grands maîtres du Tibet, se maria à l'âge de quarante-deux ans, et lui aussi eut « huit autres disciples femmes, qui furent ses épouses spirituelles ». Toute différente est la justification donnée par l'école Shin au Japon (fondée vers 1200). Ses adhérents affirment qu'ils sont si « bas et inférieurs » qu'on ne peut attendre d'eux qu'ils suivent les préceptes du Bouddha. C'est ainsi qu'ils mènent d'ordinaire une vie mariée et mangent de la viande. Le bonze Kenryo Kawasaki a exprimé brièvement les mobiles de cette école : « Il n'est nullement nécessaire de se retirer du monde et de pratiquer des austérités spéciales pour devenir un parfait bouddhiste. Notre fondateur, le Shonin Shinran, était marié et vivait comme le veut le monde. C'est notre devoir de vivre selon le code moral de notre entourage, de notre famille, de notre profession ou de notre nation, de ne pas nous distinguer nous-mêmes des autres gens par des actes ou des manifestations extérieures. » Nous aurons l'occasion de revenir sur cette argumentation. Il suffit ici d'avoir expliqué l'attitude que la majorité des moines ont adoptée vis-à-vis du célibat, et en même temps d'avoir illustré le fait, étonnant pour l'esprit occidental, que sur certains points la religion bouddhique ne parle pas la même langue. En face de ce problème et d'autres faits d'importance vitale, le bouddhisme, tel un vrai visage de Janus, a regardé de manière constante vers deux directions opposées. Il a tenté d'arriver à la vérité, non en excluant son contraire sous prétexte de fausseté, mais en l'incluant comme une autre forme de la même vérité.

La non-violence

Vers 500 avant notre ère, deux religions qui étaient au premier plan dans l'Inde ont placé la *non-violence* au centre même de leur doctrine — l'une était le jainisme et l'autre le bouddhisme. Cette insistance spéciale à prohiber le mal fait à tout être vivant a été sans doute une réaction contre la violence accrue qui avait marqué les relations humaines à la suite de la découverte du bronze et du fer. Dans l'Inde cette réaction n'était pas dirigée seulement contre les massacres accompagnant les guerres tribales, mais encore contre l'énorme meurtre d'animaux que comportait le sacrifice védique, et, dans une certaine mesure, contre la cruauté qui distingue l'attitude des paysans envers les animaux. La doctrine des Jaina et des Bouddhistes est fondée sur deux principes :

1. La croyance en la parenté de tout ce qui est doué de vie, croyance renforcée par la doctrine de la réincarnation, suivant laquelle le même être est aujourd'hui un homme, demain un lapin, ensuite une teigne, enfin un cheval. En maltraitant un animal on pourrait se trouver dans la situation pénible de maltraiter sa propre mère défunte ou son meilleur ami.

2. Le second principe est énoncé dans l'*Udâna*, où le Bouddha dit : « Ma pensée a voyagé dans toutes les directions à travers le monde. Je n'ai jamais rencontré quelque chose qui fût plus cher à l'individu que son propre soi. Étant donné que leur soi est cher aux autres, qu'à chacun l'est son propre soi, eh bien, que celui qui désire son propre bonheur ne fasse pas violence à un autre ! » Autrement dit, nous devons cultiver nos émotions au point de ressentir au sujet des autres comme s'il s'agissait de nous-mêmes. Si nous laissons croître en nous la vertu de compassion, il ne nous viendra pas à l'idée de faire du mal à quelqu'un d'autre, pas plus que nous ne ferions volontairement du mal à nous-mêmes. On constatera que par ce procédé nous diminuons notre sentiment et amour de soi en élargissant les frontières de ce que nous tenons pour nôtre. En invitant, pour ainsi dire, le soi de chacun à entrer dans notre propre person-

nalité, nous supprimons les barrières qui nous séparent d'autrui.

Par cette attitude, on peut dire que le bouddhisme a eu un immense effet humanisateur sur toute l'histoire de l'Asie. C'est la bonté de chaque être qui frappe les observateurs dans les pays saturés de bouddhisme, tels que la Birmanie. Le roi Aśoka fut converti à la foi bouddhique en se repentant du massacre qui lui avait fait gagner son empire ; c'est lui qui fit du bouddhisme une religion universelle. Le livre de sir Charles Bell sur la *Religion du Tibet* montre à maintes reprises comment le bouddhisme a adouci les rudes races guerrières du Tibet et de la Mongolie, comment il a effacé à peu près toutes les traces de leur brutalité originelle.

À cet égard il nous faut considérer deux problèmes apparentés, l'attitude du bouddhisme envers le végétarianisme et son attitude envers la persécution religieuse. Puisqu'il est impossible de manger des animaux sans leur faire violence, le bouddhiste doit être végétarien. Mais s'il est un moine, qui mendie sa nourriture en faisant le tour d'un village de maison en maison, et si ce village est habité par des non-végétariens, il rencontre de sérieuses difficultés. Afin de montrer qu'il n'est pas attaché à la nourriture, il est invité à manger tout ce qui est versé dans son bol ; le Vénérable Pi*nd*ola a été donné en exemple à l'admiration de la postérité pour avoir tranquillement mangé le pouce d'un lépreux qui était tombé dans son bol. La discipline monastique serait sapée si les moines se mettaient à picorer des aliments choisis. Là-dessus, on est arrivé à un compromis et, dans la pratique réelle, les bouddhistes qui prennent leur religion avec sérieux évitent de manger de la viande, à moins qu'ils ne soient contraints à le faire.

On argue souvent contre le végétarianisme bouddhique qu'il est tout à fait futile, car, alors qu'on préserve en vie quelques poules et vaches qui autrement auraient été tuées, la poursuite normale de notre vie ordinaire ne laisse pas d'entraîner une quantité considérable de destructions de vies qui ne peut être évitée tant que nous vivons. Par le simple fait que nous nous lavons les mains, nous tuons autant de créatures vivantes qu'il y a d'êtres humains dans toute l'Espagne. Nous sommes ainsi en face de cette alternative : ou bien nous tuer nous-mêmes pour sauver les autres, ou tuer les autres pour nous sauver. Enlever la vie paraît inséparable de la vie elle-même. Les bouddhistes ont toujours été pleinement conscients de la gravité de cette objection. Ils nous conseillent, tout au moins, de diminuer ce massacre involontaire, en faisant attention par exemple à ce sur quoi nous marchons quand nous nous promenons en forêt. En outre, les bouddhistes croient qu'il est très salutaire pour nous de nous rendre compte quelle calamité implique le simple fait que nous soyons vivants ; réfléchir à l'étendue de cette calamité devrait nous persuader d'être plus énergiques dans nos efforts pour échapper à une condition, suivant laquelle notre propre souffrance ne peut se perpétuer qu'en infligeant aussi une grande masse de souffrances aux autres créatures. Quand Calderon disait un jour que le plus grand péché de tous les péchés est que nous sommes nés, il exprimait une pensée typiquement bouddhique. Certaines gens ne voient dans une telle maxime que ce qu'ils nomment « pessimisme », mais elle implique aussi le souvenir du côté noble de notre nature, déplorant la façon insensée dont nous écrasons sans cesse d'autres êtres à seule fin de perpétuer notre misérable existence.

Il va sans dire qu'il y avait peu de place dans le bouddhisme pour des persécutions religieuses — croisades, inquisitions. Si le Bouddha était insulté, un bouddhiste voyait là peu de motif pour torturer ou tuer celui qui l'avait « insulté ». « Pourquoi s'indigner quand les Bouddha sont insultés ? Les Bouddha ne sont pas touchés par les blasphèmes. » Il paraîtrait absurde à un bouddhiste de convaincre quelqu'un de la qualité supérieure de sa grande bonté en le brûlant vivant. Sans doute il serait exagéré de prétendre que les écrits bouddhiques soient entièrement dénués d'invectives et de vitupérations. Même dans certains des écrits les plus sacrés, tels que la *Prajñâpâramitâ* et le *Lotus de la Bonne Loi*, nous trouvons une tendance assez déplorable chez les auteurs à vouer aux enfers, pour une longue période de temps, des confrères en bouddhisme qui pensent autrement qu'eux. Mais ce qui a empêché cette exubérance naturelle de malice théologique de se durcir en intolérance délibérée, ce fut le sentiment très vif des différences individuelles, idiosyncrasiques, dont les bouddhistes sont normalement fort imbus. Le Dharma n'est pas réellement un dogme, c'est essentiellement une voie. Si le dogme est mis au centre de la religion, si l'on croit qu'une affirmation est vraie ou fausse, que le salut de l'homme dépend de son acceptation pour vraie d'une affirmation vraie, alors la bienveillance de l'individu peut aisément aboutir à détruire le corps d'autres personnes afin de sauver leurs âmes. Mais, suivant les bouddhistes, il est très difficile, sinon impossible, de formuler une énonciation positive qui ne soit pas fausse et inadéquate par le simple fait d'être formulée (voir p. 176). Toutes les affirmations exprimées sont, au mieux, des demi-vérités, et leur seule valeur réside dans le fait qu'elles nous incitent à adopter une certaine voie d'action. De même qu'on nous dit dans la Bible qu'il y a beaucoup de demeures dans la Maison de Notre Père, de même il n'est pas invraisemblable que plus d'un chemin conduise à la cité céleste. Selon leurs dispositions, des gens différents ont des besoins différents ; ce qui est nourriture pour l'un est poison pour un autre ; et ce serait une présomption presque insensée de prétendre être tout à fait sûr des besoins des autres. Par suite de cette conviction, l'histoire de la pensée bouddhique est marquée par une expérimentation hardie, presque illimitée, de méthodes spirituelles qui ont été éprouvées d'une manière purement pragmatique, simplement d'après les résultats obtenus. Au Tibet il y a un proverbe disant que tout Lama a sa propre religion, et qu'il y a autant de bouddhistes qu'il y a de Lamas. On a dit que cette tolérance illimitée était responsable du déclin du bouddhisme. En fait le bouddhisme a duré plus longtemps que la plupart des institutions historiques. En tout cas, on gagnerait peu à perpétuer les formes de son culte aux dépens de son esprit.

Nous verrons que le patronage royal a été l'une des causes principales de l'extension du bouddhisme. Le pouvoir royal est évidemment fondé sur la brutalité et la violence, et non moins évidemment la conversion des princes a été parfois incomplète. Il serait donc exagéré de dire que les monarques bouddhiques n'ont jamais usé de violence pour promouvoir la cause de la religion. Dès que, par l'amitié des empereurs et des rois, les moines furent investis d'un pouvoir social et politique, ils ont été accessibles à certaines contaminations du pouvoir. Enfin nous nous attendons que, dans un pays où le bouddhisme fournit toute la terminologie relative à la culture, des révoltes populaires tirent parti de ses idées pour exprimer leurs aspirations sociales, tout comme les Lollards et les paysans allemands le firent avec le christianisme.

Dans leur désir de critiquer le christianisme, bien des auteurs ont enjolivé à l'excès leur peinture du bouddhisme. Il faut avouer qu'à l'occasion les bouddhistes étaient capables d'un comportement que nous regardons d'ordinaire comme chrétien. Au Tibet, par exemple, il y eut un méchant roi Lang Dar-ma, qui vers 900 de notre ère persécuta les moines. Un moine bouddhiste l'assassina. L'histoire tibétaine officielle le loua de sa « compassion pour le roi qui avait accumulé des péchés en persécutant le bouddhisme », et les générations qui suivirent, loin de le désapprouver, ont canonisé le moine. Presque toutes les histoires européennes célèbrent l'église Jaune qui domina le Tibet durant les trois cents dernières années. Elles laissent entendre que l'ascendant de cette secte sur les sectes Rouges plus anciennes était dû au grand savoir de Tsong-kha-pa, à la moralité plus pure de ses adhérents et à leur relatif affranchissement de la magie et de la superstition. Ce peut être vrai dans une certaine mesure, mais plusieurs des succès du *Ge-lug-pa* ont été dus à l'appui militaire des Mongols qui, durant le XVIIe siècle, dévastèrent fréquemment les monastères des sectes Rouges rivales et soutinrent de bout en bout le Dalaï Lama, chef de l'église Jaune. En Birmanie, le roi Anuruddha, au XIe siècle, fit la guerre au royaume voisin de Thaton afin de saisir un exemplaire des Saintes Écritures, que le roi de Thaton refusait de faire copier. Dans un pays guerrier comme le Japon, les monastères au Moyen Âge furent une source de troubles constants; les moines avaient coutume d'envahir Kyoto en grandes hordes armées, depuis leurs retraites dans les montagnes. Les Boxers ont été un exemple de mouvement populaire appuyé sur la violence et employant la terminologie bouddhique. Cette fusion du mécontentement populaire et des croyances bouddhiques est assez ancienne en Chine, et les prédécesseurs des Boxers tels que la secte du Lotus Blanc ont eu une influence puissante sur l'histoire chinoise. En Birmanie, les Anglais ont offensé les sentiments religieux des Birmans, par exemple en autorisant et favorisant la vente des liqueurs; ils ont également détruit la discipline monastique en supprimant la hiérarchie de l'Église. En conséquence, il s'est propagé de plus en plus une sorte de bouddhisme politique, car rien n'était là pour lui barrer la route. Par exemple, un chef populaire, Saya San, lançait en 1930 une proclamation qui, d'après M. Collis (*Trials in Burma*, p. 206), est rédigée dans les termes suivants : « Au nom de Notre Seigneur et pour la plus grande gloire de l'Église, moi, Thupannaka Galon Raja, je déclare la guerre à ces païens d'Anglais qui ont fait de nous des esclaves. »

Ces exemples pourraient être multipliés indéfiniment. Dans l'ensemble les bouddhistes déploreraient de pareils incidents comme autant de chutes de la grâce, dues à la corruption inhérente à la nature humaine. Dans l'Inde même, les moines n'offrirent pas de résistance quand les Huns Hephtalites et plus tard les Musulmans saccagèrent les monastères, tuèrent leurs habitants, brûlèrent les bibliothèques et détruisirent les images sacrées. Comme suite de cette persécution, le bouddhisme organisé s'éteignit d'abord au Gandhâra, puis dans tout le nord de l'Inde. Mais l'essence de la doctrine telle qu'elle s'exprime dans la *Prajñâpâramitâ* et chez Nâgârjuna, a survécu dans l'Inde jusqu'à ce jour ; sous le nom de *Vedânta*, c'est encore la doctrine officielle de l'hindouisme à son niveau le plus élevé.

Les courants principaux de la pensée monastique

Le développement de la *pensée* monastique ou métaphysique de spiritualité sera décrit plus loin aux chapitres IV à IX. Les grandes lignes de partage se voient sur le diagramme donné en appendice, en explication duquel je vais dire quelques mots ici.

La division de base est celle entre *Hînayâna* et *Mahâyâna*. Dans le Hînayâna il y a d'abord l'*Ancienne École de Sagesse* qui, deux cents ans environ après le Nirvâ*n*a du Bouddha, se scinda en deux branches : dans l'est de l'Inde les *Theravâdin*, qui à présent dominent encore Ceylan, la Birmanie et le Siam, à l'ouest les Sarvâstivâdin, qui ont fleuri pendant quinze cents ans, avec Mathurâ, le Gandhâra et le Kashmîr pour centres. En outre il y avait une série d'*autres écoles* sur lesquelles à peu près aucune relation n'a été conservée. Les *Mahâsanghika*, dans le Magadha et dans le sud autour d'Amarâvatî, organisèrent depuis environ 250 av. J.-C. les éléments schismatiques venus de l'Ancienne École de Sagesse en une secte séparée qui ne devait périr que lors de la destruction du bouddhisme dans l'Inde.

La branche Mahâsanghika, plus libérale, de la tradition bouddhique se développa rapidement en une nouvelle tendance appelée *Mahâyâna*. Le Mahâyâna se répartit lui-même en différentes écoles, non point immédiatement mais après environ quatre cents ans. Chaque école mit l'accent sur l'un des nombreux moyens de libération. Les *Mâdhyamika*, fondés vers 150 ap. J.-C. par Nâgârjuna, attendaient le salut de l'exercice de la sagesse compris comme une contemplation de la vacuité. Comme ils formulaient leur doctrine en contraste accusé avec celle de l'Ancienne École de Sagesse, on parle de la « Nouvelle École de Sagesse ». Une autre branche, étroitement liée au Mâdhyamika, instaurait la foi aux Bouddha et aux Bodhisattva et la dévotion en eux. Mais la systématisation exercée par les Mâdhyamika avait négligé quelques-unes des idées courantes dans le Mahâyâna ancien, qui plus tard devaient recevoir une plus grande portée des développements parallèles dans l'hindouisme. L'influence de la philosophie Sânkhya-Yoga apparaît dans l'école *Yogâcâra*, fondée vers

400 de notre ère par Asanga, qui faisait reposer le salut sur une méditation à base d'introspection appelée Yoga. Après 500 de notre ère environ, le développement du Tantra dans l'hindouisme favorisa la croissance d'une forme magique du bouddhisme appelée *Tantra*, qui attendait de pratiques magiques l'Illumination totale. Le Tantra prit beaucoup d'influence au Népal, au Tibet, en Chine, au Japon, à Java et à Sumatra. Hors de l'Inde, un petit nombre d'écoles authentiquement nouvelles se développèrent par la fusion du Mahâyâna avec des éléments indigènes. Les plus remarquables sont en Chine et au Japon l'école *Ch'an* (méditation) et l'*amidisine*, au Tibet le *Rnyin-ma-pa*, qui absorba beaucoup du shamanisme indigène.

L'élan créateur de la pensée bouddhique s'arrêta environ quinze cents ans après le Nirvâ*n*a du Bouddha. Durant ces mille dernières années, aucune école nouvelle de quelque importance n'a surgi, et les bouddhistes se sont bornés à conserver du mieux qu'ils pouvaient le grand héritage du passé. On peut estimer que le Lotus de la doctrine s'était épanoui pleinement au bout de quinze cents ans; peut-être n'y a-t-il plus rien à venir. Les conditions de notre civilisation industrielle comportent pourtant un défi qui pourrait conduire à une nouvelle synthèse. À moins que notre civilisation actuelle ne périsse bientôt de sa propre violence, le bouddhisme devra chercher quelque accommodement avec elle. Le Dharma ne peut être entendu dans un monde dominé par la science moderne et le progrès technique. Il y a besoin d'une grande part d'adaptation, un grand changement est destiné à prendre place dans l'exposé de la doctrine. Jusqu'à présent les vagues débuts d'un tel changement sont discernables dans différentes parties du monde, mais ils ne sont pas encore assez définis pour mériter d'être inclus dans ce traité historique.

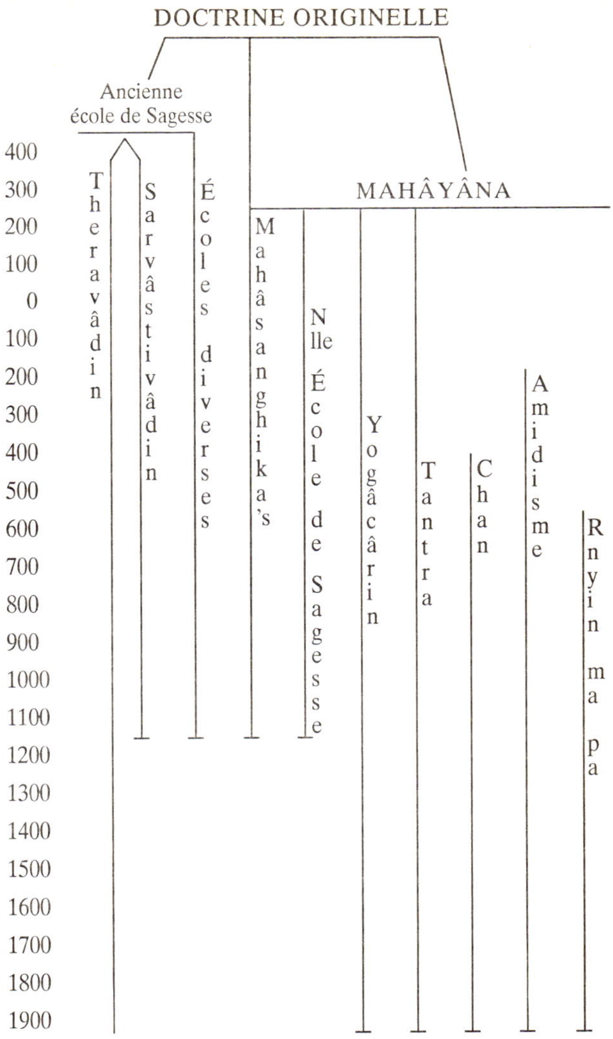
DOCTRINE ORIGINELLE
Ancienne école de Sagesse
MAHÂYÂNA
Theravâdin
Sarvâstivâdin
Écoles diverses
Mahâsanghika's
Nlle École de Sagesse
Yogâcârin
Tantra
Chan
Amidisme
Rnyin ma pa
400
300
200
100
0
100
200
300
400
500
600
700
800
900
1000
1100
1200
1300
1400
1500
1600
1700
1800
1900

CHAPITRE III

Le bouddhisme populaire

Le rôle des laïcs

Dans son essence et son noyau, le bouddhisme était et est un mouvement d'ascètes monastiques. Pourtant un groupe de laïcs lui est indispensable. Quand le bouddhisme grandit de l'état de secte à celui d'une Église largement répandue, les sectateurs laïcs prirent une importance croissante. Les moines et les ascètes qui constituaient le noyau du mouvement bouddhique ne gagnaient pas leur subsistance, comme nous l'avons vu. Pour leur entretien matériel ils dépendaient de la bonne volonté des laïcs. En outre, dès le début, le Bouddha et les moines se sentaient responsables du bien-être du peuple en général. Les Jâtaka racontent comment Sumedha — le Bouddha Śâkyamuni dans une vie antérieure — renonça à la possibilité de se libérer de la passion et au Nirvâ*n*a. Le Tathâgata était alors Dîpankara. Quand Dîpankara vint à la ville de Ramna, « Sumedha se jeta joyeusement dans la boue devant lui pour lui servir de pont ». Et comme, gisant dans la boue, il considérait la majesté-de-Bouddha qui était celle de Dîpankara, il résolut d'acquérir « la connaissance suprême de la vérité, de manière à permettre à l'humanité d'entrer dans le navire du *dharma*, de la mener ainsi à travers l'Océan de l'existence, et quand ceci sera fait, d'atteindre ensuite le Nirvâ*n*a ». Le *dharma* était quelque chose dont il fallait faire part aux autres. La poussée missionnaire a toujours été forte dans le bouddhisme ; le roi Aśoka est un bel exemple d'un monarque qui s'efforça de rendre son peuple heureux par le Dharma et qui dépêcha des missionnaires pour le faire connaître aux pays voisins. Si un monachisme concentré sur lui-même se développait dans quelque région, il était aussitôt corrigé par l'idéal du Bodhisattva (voir chap. V).

Le zèle avec lequel les bouddhistes de toutes écoles portèrent leur évangile à travers toute l'Asie, et les qualités qui les mettaient en état de le faire, est bien illustré par l'histoire de Pûr*n*a, l'un des premiers apôtres du *dharma*. Il demanda au Bouddha la permission d'aller comme missionnaire dans un pays barbare appelé Śro*n*âparânta. Le Bouddha essaya de l'en dissuader et le dialogue suivant s'engagea :

Le Bouddha : « Les hommes du Śro*n*âparânta sont emportés, violents et cruels. Ils adressent des paroles méchantes, grossières, insolentes. S'ils t'adressent des paroles méchantes, grossières, insolentes, que penseras-tu de cela ? »

Pûr*n*a : « Je penserai que les hommes du Śro*n*âparânta sont en réalité des hommes bons et doux, puisqu'ils ne me frappent ni de la main ni à coups de pierres. »

Le Bouddha : « Mais s'ils te frappent de la main ou à coups de pierres, que penseras-tu de cela ? »

Pûr*n*a : « Je penserai qu'ils sont des hommes doux et bons, puisqu'ils ne me frappent ni du bâton ni de l'épée. »

Le Bouddha : « Mais s'ils te frappent du bâton ou de l'épée, que penseras-tu de cela ? »

Pûr*n*a : « Je penserai qu'ils sont des hommes doux et bons, puisqu'ils ne me privent pas de la vie. »

Le Bouddha : « Mais s'ils te tuent, Pûr*n*a, que penseras-tu de cela ? »

Pûr*n*a : « Je penserai qu'ils sont des hommes doux et bons, puisqu'ils me délivrent de cette carcasse pourrie du corps sans trop de difficulté. Je sais qu'il y a des moines qui ont honte de leur corps, en sont tourmentés et dégoûtés, qui sont tués avec des armes, prennent du poison, sont pendus avec des cordes ou jetés dans des précipices. »

Le Bouddha : « Pûr*n*a, tu possèdes la bonté, la patience la plus haute. Tu peux vivre chez les Śro*n*âparânta, y fixer ton séjour. Va et enseigne-leur comment être libre, toi qui es libre toi-même. »

On affirme souvent que le Hînayâna a eu moins de zèle missionnaire que le Mahâyâna. Ce n'est pas exact. Comme le Mahâyâna, le Hînayâna s'est transporté à Ceylan, en Birmanie, au Tibet, en Chine, à Java et à Sumatra. Si le Mahâyâna seul a survécu au Tibet et en Chine, c'est parce qu'il était mieux adapté que le Hînayâna aux populations non indiennes. Par exemple le roi du Tibet invita vers 750 la secte Hînayâna des Sarvâstivâdin — qui fleurissait à cette époque au Kashmîr et dans l'Asie centrale — à s'établir au Tibet. Mais les masses populaires désiraient une religion imprégnée de magie, et pour cette raison, les Sarvâstivâdin s'éteignirent rapidement au Tibet. Ainsi les bouddhistes de toute nuance étaient toujours prêts à répandre la bonne nouvelle sur le Dharma.

En même temps, partout où le Dharma a été une réalité sociale vivante, la théorie bouddhique a combiné une haute métaphysique avec l'acceptation complaisante des croyances magiques et mythologiques propres aux paysans guerriers et marchands parmi lesquels elle prenait racine. Les moines, s'ils voulaient être fidèles à leur idéal de compassion, devaient gagner des adeptes ; s'ils voulaient subsister, ils avaient besoin d'aumônes, soit de leurs frères laïcs, soit des princes. Deux questions sont donc à considérer : 1) Que faisaient les moines pour les masses de leurs adhérents ou pour leurs patrons royaux ? et 2) Comment l'intérêt pris aux besoins des laïcs influençait-il à son tour la pensée bouddhique ?

Le bouddhisme et le pouvoir temporel

1. Sans l'appui des rois et des empereurs, l'extension triomphante du Dharma à travers l'Asie aurait été impossible. C'est l'un des plus grands monarques de l'Inde, le roi Aśoka (274-236 av. J.-C.), qui le premier fit du bouddhisme une religion universelle, la répandit de part en part dans l'Inde, la mena à Ceylan, au Kashmîr et au Gandhâra, et envoya même des missions aux princes grecs de son temps, Antiochus II de Syrie, Ptolémée Philadelphe et Antigonos Gonatas de Macédoine. Après Aśoka, les bouddhistes bénéficièrent d'un autre grand conquérant, le Scythe Kanishka (78-103 ap. J.-C.) qui régna sur le nord de l'Inde, de Harshavardhana (606-647), et de la dynastie Pâla (750-1150) qui régna sur le Bengale. Hors de l'Inde, les empereurs et les impératrices en Chine se convertirent souvent au bouddhisme ainsi que les Khans Mongols, ainsi qu'au Japon un homme d'État de l'envergure de Shotoku Taishi (572-621). Dans l'Inde postérieure, nous trouvons une abondance de dynasties bouddhiques à diverses époques.

Bien peu parmi ces monarques ont été des bouddhistes à l'exclusion d'autres adhésions religieuses. Les Pâla et les maîtres de Ceylan et de Birmanie ont été des exceptions. Le bouddhisme ne réclame pas l'allégeance exclusive de ses adhérents. Kadphises Ier, roi Kushâ*n*a (25-60 ap. J.-C.), s'appelle lui-même « un adepte résolu du vrai Dharma ». Les monnaies qu'il frappe montrent d'un côté un Bouddha assis, de l'autre le Zeus de la cité de Kâpiśa. Kaniskha ornait ses monnaies de dieux iraniens — Verethraghna, Ardokhcho, Pharso — avec le Śiva hindou et avec le Bouddha — représenté soit debout, soit sur un siège de lotus avec son nom en caractères grecs, Boddo ou Boudo. Les rois Gupta favorisaient à la fois le vish*n*uisme et le bouddhisme, les rois de Valabhî (depuis 490), bien que « dévots de Śiva » protégeaient le bouddhisme, Harshavardhana combinait la piété bouddhique avec un culte du Soleil, etc. De même au-dehors de l'Inde, le grand Khan Mongka (vers 1250) favorisait nestoriens, bouddhistes et taoïstes, dans la conviction, comme il le disait au franciscain Guillaume de Rubrouck, que « toutes les religions sont comme les doigts d'une même main » — alors qu'aux bouddhistes il disait que le bouddhisme était comme la paume de la main, les autres religions étant les doigts. Kublai Khan combinait des inclinations vers le bouddhisme avec un penchant pour le nestorianisme.

Étant donné que le but des rois est de régner, il est invraisemblable que leur sentiment de la valeur spirituelle de la doctrine bouddhique ait été le seul motif ou même le principal motif pour la protection qu'ils accordaient à la religion bouddhique. De quelle manière la doctrine, apparemment anarchique, tournée vers l'autre monde, du bouddhisme, pouvait-elle donc accroître la sécurité du pouvoir du chef sur son peuple ? Elle n'apporte pas seulement la paix de l'esprit à ceux qui sont tournés vers l'autre monde, mais elle remet le monde aussi à ceux qui veulent le prendre. En outre, la croyance que ce monde est irrémédiablement mauvais, qu'on ne peut trouver en lui aucun bonheur, est de nature à étouffer toute critique contre le gouvernement. L'oppression de la part des autorités de l'État apparaît en partie comme un élément nécessaire de ce monde de-naissance-et-de-mort, en partie comme un châtiment pour les péchés révolus. L'accent que met le bouddhisme sur la non-violence tend à pacifier un pays et à rendre plus sûre la position de ses maîtres. De plus, si le peuple regarde ce monde comme une chose sans trop d'importance, sa bonne humeur ne sera pas contrariée par le manque de possessions, et mieux vaut régner sur un peuple heureux que sur un peuple morose. Dans la société bouddhique, une vie simple est sentie comme la mieux accordée à la doctrine religieuse, et les gens souhaitent être « pauvres » au sens où les Birmans étaient pauvres. M. Collis (*Trials in Burma*, p. 214) commente avec pertinence le mépris des Anglais pour les Birmans en raison de la pauvreté de ceux-ci :

« Un Birman qui avait, comme nombre de villageois, sa maison à lui, ses terres à lui, une femme, une série d'enfants, un poulain et une actrice favorite, une bouteille de vin et un livre de vers, des bœufs rapides, une charrette en bois de teck sculpté, un jeu d'échecs et un jeu de dés, se sentait au sommet de la félicité, et refusait d'accepter l'opinion anglaise suivant laquelle il était un homme pauvre parce que ses revenus en argent liquide étaient d'environ dix livres par an. »

Le bouddhisme décourageait partout l'accumulation de biens matériels aux mains des individus ; il encourageait les gens, bien plutôt, à abandonner toute richesse et à l'investir en œuvres pies, comme il a été fait durant tant de siècles en Birmanie et au Tibet. Si nous considérons que le fait d'encourager le goût des possessions matérielles et d'un « standard de vie » plus élevé parmi les masses européennes a non seulement détruit toutes les formes despotiques de gouvernement, mais a ruiné toute autorité gouvernementale solide et permanente en Europe, nous pouvons comprendre pourquoi le bouddhisme devait apparaître comme une bénédiction pour les princes de l'Asie, qui sont communément des despotes.

Depuis l'âge néolithique, les chefs d'État, particulièrement là où ils avaient affaire à de vastes empires hétérogènes, ont été plus ou moins déifiés. Cette idée de la divinité des rois est très familière à l'Égypte, à la Chine et au Japon. Elle a joué un rôle à Rome et à Byzance; ce n'est qu'à une date toute récente qu'elle a été remplacée par des idées démocratiques, et elle attesta encore une surprenante vigueur dans l'attitude qu'un grand nombre d'Allemands ont adoptée vis-à-vis de Hitler ou dans certaines déclarations faites au sujet de Joseph Staline en Union soviétique. Dans l'Inde, la divinisation des Rajahs, quelque exigu que fût leur domaine, a toujours été un lieu commun de croyance populaire. L'autorité morale d'un roi croissait immensément si sa volonté pouvait apparaître comme la volonté même de Dieu. C'est surtout auprès des grands conquérants que le bouddhisme a trouvé faveur. Les bouddhistes ont accru intensément le prestige d'un pareil monarque par leur théorie du *Roi tournant la Roue*, en sanskrit *Cakravartin*. Les Écritures donnent un portrait quelque peu idéalisé du *cakravartin*; voici la description du *Divyâvadâna* (548-9) : « Il est victorieux à la tête de ses troupes, juste (*dhârmika* = dikaios), roi de *dharma*, doué des 7 trésors — char, éléphant, cheval, joyau, épouse, ministre et général. Il aura 100 fils, de braves et beaux héros, destructeurs des armées ennemies. Il conquerra toute la vaste terre jusqu'aux limites de l'océan, puis il en éloignera toutes les causes de tyrannie et de misère. Il régnera sans punir, sans se servir de l'épée, par le Dharma et la pacification. »

Il y avait une convention chez les bouddhistes, suivant laquelle les princes qui les favorisaient mettaient plus ou moins en pratique cette conception idéale. Quand, plus tard, le Mahâyâna eut élaboré un nouveau panthéon de divinités, les rois bouddhiques eurent en partage un reflet de cette gloire. Les monarques à Java, au Cambodge et aussi à Ceylan, au Xe siècle, furent regardés comme des Bodhisattva. Au Cambodge, à la fin du XIIe siècle, Jayavarman VII consacra une statue de sa mère comme Prajñâpâramitâ, *Mère du Bouddha*. Au XXe siècle, le roi de Siam est encore le *Saint Maître Bouddha* (Phra Phutticchao). Dans une inscription ouigour de 1326, Chengis Khan est appelé un *Bodhisattva dans sa dernière naissance*. Kublai Khan devint dans la tradition mongole un *Cakravartin*, un sage et un saint (*Hutuktu*). Les voyageurs parlent souvent des princes de Mongolie ou du Tibet comme de « Bouddha vivants ». Cela est une mauvaise appellation et ne rend pas l'esprit dans lequel le Dalaï Lama est regardé comme une incarnation du Bodhisattva Avalokiteśvara, ou le Hutuktu d'Urga comme une manifestation d'Amitâyus. L'idée bouddhique est que les Bouddha et les Bodhisattva suscitent des personnages fantomatiques qu'ils envoient dans différentes parties du monde, et que les hauts dignitaires ne sont autres que ces personnages. Quel que soit le sens exact de ces suggestions, leur valeur de prestige est indéniable ; elles n'accroissent pas seulement la docilité de la population, mais encore elles poussent les moines à agir en qualité de policiers spirituels pour le gouvernement. C'est l'une des curiosités de l'histoire que, au-dehors de l'Inde, de véritables théocraties de type égyptien se soient édifiées sous l'influence bouddhique en Indochine, à Java, au Tibet.

Dans toutes les sociétés pré-industrielles on croyait que la prospérité et le bien-être de l'État dépendait de l'harmonie avec les forces invisibles et célestes qui étaient les vraies maîtresses de l'univers. À chaque pas, dans l'*Odyssée*, le destin d'Ulysse est fixé par une décision prise dans l'Olympe. En étant en termes amicaux avec les moines bouddhistes, le prince cherchait à rester en bons rapports avec les forces invisibles ; un moine qui pouvait revendiquer une familiarité particulière avec elles était apte à assumer une charge élevée comme conseiller responsable. Nous lisons ainsi dans la relation de Wei Shou (environ 550 de notre ère) sur le bouddhisme en Chine qu'un certain moine kashmîrien d'environ 400 de notre ère était « habile aux prédictions, à la magie préventive ; qu'il parlait en détail de la destinée des autres États, et beaucoup de ce qu'il disait s'avérait exact. Mêng-Hsün le consultait souvent dans les affaires de l'État ».

Les motifs que nous avons exposés jusqu'ici devaient naturellement conduire les princes à soutenir non seulement le bouddhisme, mais toute autre religion qui renforcerait leur autorité. Mais il y eut deux facteurs qui favorisèrent le bouddhisme en particulier. Dans bien des cas, ce n'était pas le bouddhisme seul qui s'introduisait dans des pays comme le Japon ou le Tibet ; la religion nouvelle s'adjoignait les avantages nombreux d'une civilisation supérieure. Dans le cas du Japon, par exemple, l'appareil entier de la civilisation chinoise traversa la mer au temps où Shotoku Taishi décida d'adopter la foi bouddhique. Les Tibétains, en même temps que le *dharma* bouddhique, empruntèrent aussi les sciences séculières de l'Inde, telles que grammaire, médecine, astronomie et astrologie. Deuxièmement, il y a dans le bouddhisme quelque chose de cosmopolite, d'international, qui le recommandait aux monarques désireux d'unifier de vastes territoires. Il n'y a rien, ou presque rien, dans l'interprétation bouddhique de la vérité spirituelle qui l'attache à tel terrain, ou à tel climat, à telle race ou tribu. L'hindouisme, comparé à lui, est plein de tabous tribaux. Dans le bouddhisme il n'est rien qui ne puisse aisément se transporter d'une partie du monde à une autre. Il peut s'adapter aussi aisément aux sommets neigeux de l'Himâlaya qu'aux plaines brûlées de l'Inde, au climat tropical de Java, à la chaleur modérée du Japon et au froid morne de la Mongolie extérieure. Les Indiens, les Mongols et les Nordiques aux yeux bleus de l'Asie centrale pouvaient l'ajuster chacun à ses besoins propres. Bien que le bouddhisme soit essentiellement hostile à l'industrialisme, il réussit au Japon, durant les quarante dernières années, à s'adapter aux conditions industrielles même les plus adverses à son génie. Une religion aussi flexible et adaptable est précieuse pour les hommes qui ont à gouverner de vastes empires, parce qu'elle aide à unifier des populations hétérogènes en leur donnant des croyances et des pratiques communes, grâce aussi au contact mutuel qu'entretiennent les moines de diverses régions. En ce qui concerne l'expansion du bouddhisme indien dans les pays non indiens, les marchands et les commerçants y ont joué en tout cas un rôle prééminent. Les strictes règles de caste de l'hindouisme rendaient difficile aux Hindous orthodoxes de quitter le pays; les voyages par mer étaient mal vus, considérés comme impurs, en sorte que les voyageurs à leur retour avaient à se purifier. Par suite, une grande partie du commerce extérieur de l'Inde durant le Moyen Âge fut entre les mains des bouddhistes, qui emmenaient leur religion partout où ils allaient.

Après avoir envisagé la question des services rendus par le bouddhisme au pouvoir temporel, nous pouvons maintenant nous demander ce qu'il a fait pour les masses et pour ses adeptes laïcs.

Les services du Sangha

Les relations que nous avons sur les premières années de l'Ordre indiquent que le Bouddha faisait preuve d'une grande sagacité dans ses arrangements avec les laïcs, qu'il était toujours prêt à aller au-devant de leurs besoins, de leurs sujets de plainte légitimes. Il fallait bien que la petite élite de moines, pour conserver la religion vivante pendant plus de deux mille cinq cents ans, fît pour les adeptes laïcs quelque chose que ceux-ci puissent apprécier. Les besoins des laïcs dont le bouddhisme prenait charge étaient triples, il me semble : *spirituels*, *mythologiques* et *magiques*.

Ceux mêmes qui en général n'accordent aucune attention aux valeurs spirituelles sont affectés, de manière intermittente, par un sentiment de la futilité de la vie qu'ils mènent. Ils sentent que leur condition actuelle ne leur permet pas d'exprimer convenablement leur soi véritable, que la fuite hors du monde devrait les conduire, vers leur être propre. Aux gens dégoûtés du monde, les moines pouvaient offrir un exposé cohérent sur l'origine et la destinée de l'homme, sur sa place dans le monde, sur le sens de sa vie et les moyens d'obtenir une vie meilleure. De telle sorte, la doctrine une fois prêchée était une fenêtre donnant au-delà du monde. Et dans leur vie bien des moines montraient des exemples de cette bonté, de cette possession de soi-même, de ce détachement des contingences, dont les gens sentaient qu'il les leur fallait pour se retirer du siècle. Ils étaient heureux, bien qu'ils tinssent pour rien les choses qui préoccupent tout le temps les autres gens.

2. Dans le chapitre Ier (p. 56 et suiv.) nous avons montré comment la mythologie semble satisfaire certains besoins profondément enracinés de l'âme humaine. Le monde, comme nous l'avons vu, est trop petit pour contenir tout l'amour, toute la foi qui

sont dans le cœur de l'homme. Selon la théorie bouddhique, la foi est l'échelle qui mène au bouddhisme, et pour les laïcs la foi est destinée à couvrir plus ou moins la somme totale de leurs aspirations religieuses. La *Foi*, dans cette perspective, n'est pas l'acceptation de dogmes définis, mais son essence consiste en un certain degré de détachement du monde, en un éloignement partiel du visible pour aller à l'invisible, sans toutefois l'atteindre tout à fait. En quoi donc consiste la *Foi* du laïc bouddhiste ?

Il aura respect pour le Bouddha, pour sa doctrine (le Dharma) et pour la communauté des moines. Il sera convaincu que ces *Trois Trésors* lui ont été secourables, que la bonne ou la mauvaise fortune d'une personne dépend de ses actes et qu'acquérir des mérites compte plus que n'importe quoi d'autre. Il apparaît donc en effet que les instincts poussant les hommes à acquérir ont été délibérément canalisés vers l'acquisition de *Mérite*. Le mérite s'obtient, par exemple, en faisant des dons, particulièrement aux prêtres et aux saints, en menant une vie pure, en demeurant patient quand on est insulté, amical envers autrui.

Les Occidentaux paraissent souvent avoir des difficultés à comprendre ce que les bouddhistes entendent par « mérite ». L'avantage du « mérite » est censé consister en ce qu'il vous donne ou bien une vie plus heureuse ou plus confortable dans l'avenir, ou bien, ce qui importe davantage, une vie plus abondante en occasions spirituelles et en réalisations spirituelles. Renaître dans un monde meilleur peut être regardé soit comme une bonne chose en soi, comme un moyen d'obtenir des conditions plus favorables pour atteindre l'Illumination dans une vie future. Par exemple, une personne très mauvaise renaîtra comme poisson, et parmi les poissons la religion du Bouddha est complètement inconnue.

Dans la perspective du maître de maison, le Nirvâ*n*a était trop éloigné pour être un but dans cette vie. Le fardeau de ses actes passés était trop lourd pour qu'il pût monter si haut. Personne parmi ceux qui croient en une individualité distincte — et qui pourrait être un maître de maison s'il n'y croyait pas ? — ne peut gagner le Nirvâ*n*a ; mais la croyance en l'individualité n'empêche pas, est-il expressément enseigné, la renaissance dans le ciel. Nos relations montrent que l'espoir de renaître aux cieux, en tant que récompense d'une vie de pureté et de dévotion, a animé de grandes quantités de laïcs bouddhistes durant nombre de siècles.

La *Foi* est l'aspiration pour les choses qui ne sont pas de ce monde ; elle s'exprime dans l'adoration. Les bouddhistes ont l'habitude d'adorer les Reliques et les empreintes qui étaient les traces visibles de la présence du Bouddha sur terre. Ils adorent aussi ce qui est connu sous le nom technique de *Caitya. Caitya* est un terme général pour désigner tout sanctuaire ou reliquaire. Il est toujours en liaison avec la personne du Bouddha lui-même, bien que la relation puisse être tout indirecte. Le *caitya* peut contenir une relique du corps physique du Bouddha, une dent, un os quelconque ; il peut contenir un objet que le Bouddha avait porté sur lui ou dont il s'était servi, comme sa robe qui était conservée à Hadda, ou son bol à aumônes, qu'on montrait à Peshâvar ; ou bien il peut contenir certaines parties du corps-de-Dharma du Bouddha, autrement dit des Écritures. Il y a quelques années, des manuscrits bouddhiques très anciens furent trouvés à Gilgit, au Kashmîr, où ils avaient été déposés sous un monticule de pierres ou *stûpa* pendant mille cinq cents ans. Mais dans certains cas le *caitya* ne fait que commémorer un épisode de la vie du Bouddha. Par exemple, Bodhgayâ, le lieu le plus sacré du bouddhisme universel, a son centre autour de l'arbre sous lequel le Bouddha reçut l'Illumination.

Par quelle action et dans quel esprit les objets sacrés étaient-ils donc *adorés* par les bouddhistes ? L'*adoration* (*pûjâ*) requiert des offrandes de nourriture, de guirlandes de fleurs, de parasols (symboles de la royauté) et parfois d'argent. En même temps l'attitude d'hommage est soulignée par la *Circumambulation* : on fait le tour de l'image ou du temple, qu'on garde toujours à sa droite.

Les images étaient d'importants objets de contemplation, des sources fécondes de mérite. Produire et multiplier les images sacrées étaient tenus pour hautement méritoire, et aux périodes de foi intense, la manufacture des images assumait presque l'exubérance d'une force de la nature. En même temps, on croit que la prospérité d'une nation dépend de l'hommage qu'on rend aux images. Sans doute il ne viendrait jamais à l'esprit d'un bouddhiste qu'une image fût la divinité même. Les missionnaires protestants croient souvent que les païens prennent à tort leurs idoles pour des dieux, mais chez les païens cette supposition n'a nullement été démontrée. L'image est :

1. Un symbole très imparfait de la force divine, et un secours inadéquat pour permettre de la contempler ;

2. Un objet chargé de pouvoir magique. L'image vise à évoquer la force spirituelle représentée par un Bouddha ou un Bodhisattva, mais elle ne prétend pas posséder une ressemblance matérielle ou sensible avec eux. Pendant cinq cents ans les bouddhistes se sont abstenus de représenter le Bouddha après son Illumination sous une forme humaine, parce que, strictement parlant, il avait transcendé toute humanité. Ils se contentaient, dans les scènes de sa vie qui étaient sculptées dans la pierre, de rappeler sa pré-

sence au spectateur par le moyen d'un arbre, d'une roue (symbole du *dharma*), d'un trône, d'un *stûpa* contenant ses reliques. Nous ne connaissons pas encore les raisons qui les ont poussés à changer cette convention et à sculpter ou peindre le Bouddha sous forme humaine.

Tandis que les images symbolisaient les forces spirituelles, on les regardait aussi comme une sorte de station de pouvoir magique. La force magique qui leur était inhérente devenait manifeste aux fidèles par les miracles qui se produisaient habituellement en liaison avec les *caitya*, les *stûpa* ou les images. La théorie, d'après le Hînayâna, voulait que ces miracles n'aient pas été produits par le Bouddha ou par les reliques, mais qu'ils fussent le résultat ou de la grâce des Arhat et des divinités, ou de la foi résolue des dévots. C'est ce qui est dit dans les *Questions du roi Milinda*. D'autre part, le Mahâyâna soutient que le pouvoir surnaturel de la grâce du Bouddha continue d'agir dans ses reliques et dans les lieux où elles sont déposées. Mais le Hînayâna comme le Mahâyâna croient que la sainteté d'un objet quelconque était dans une large mesure engendrée par la foi et l'adoration qu'on lui portait. Une histoire bien connue peut servir d'illustration : une vieille femme en Chine entendit dire qu'un de ses amis partait pour un voyage d'affaires dans l'Inde, et elle lui demanda de lui rapporter une des dents du Bouddha. Le commerçant partit pour l'Inde, mais oublia entièrement la requête de la vieille femme, qui ne lui revint en mémoire que lorsqu'il était à peu près rentré chez lui. Il vit un chien mort couché au bord de la route, arracha une dent et la donna à la vieille femme comme un présent de l'Inde. La vieille femme fut au comble de la joie, bâtit un sanctuaire pour la dent, qu'elle-même et ses amis adorèrent quotidiennement. Après quelque temps la dent devint lumineuse et émit une étrange lueur. Même quand le marchand eut expliqué que ce n'était qu'une dent de chien, le halo qui entourait la dent persista, tant étaient fortes la foi et la dévotion de cette vieille femme.

Il ne serait jamais venu à l'idée des bouddhistes, ceci soit dit en passant, qu'ils pussent plaire au Bouddha en adorant ses reliques. Les dieux de l'Olympe insistaient pour avoir leurs hécatombes, Jéhovah pour être traité avec respect. Mais le Bouddha ne désire pas être adoré, « de la même manière qu'un feu éteint ne réclame ni ne souhaite aucun combustible ». Le but de l'adoration consistait à promouvoir chez l'adorateur une disposition mentale favorable au progrès spirituel. Car « la Foi est la semence, la Foi est la richesse ici-bas la meilleure pour l'homme ».

3. Il nous faut maintenant dire quelques mots sur les fonctions *magiques* du bouddhisme. Il n'est pas très facile pour nous aujourd'hui de voir les convictions magiques de nos ancêtres dans la lumière qui était la leur. Une révolution historique complète sépare le lecteur, et en quelque mesure aussi l'historien, des idées sur la magie qui ont dominé la pensée humaine pour au moins vingt mille ans, peut-être pour deux cent mille ans. L'urbanisation, le succès pratique impressionnant des méthodes scientifiques dans l'industrie et la médecine, ont aboli la croyance en la magie chez la plupart des gens cultivés. La science à tous égards nous apparaît comme bien plus plausible que la magie, parce qu'elle est bien plus efficace. Partout où les résultats pratiques de la magie peuvent être vérifiés avec précision et comparés à ceux de la science — qu'il s'agisse de faire pousser des céréales, d'élever du bétail, de faire la guerre, de combattre la maladie, que ce soit en chimie ou en météorologie —, la magie semble entrer très défavorablement en comparaison avec la science. Pour le public cultivé, à l'intention duquel notre livre est

écrit, la valeur de la magie paraît se symboliser une fois pour toutes dans les efforts des paysans birmans, qui en 1930 « avançaient vers les mitrailleuses en chantant des formules sacrées. Des amulettes à la main, ils couraient sus aux troupes régulières. Ils pointaient leurs doigts vers les avions et s'attendaient à voir ceux-ci tomber » (M. Collis, *Trials in Burma*, p. 209). Il nous semble ridicule, ni plus ni moins, de croire qu'on puisse se rendre invulnérable aux boulets de canon en se servant de pilules et d'onguents, ou à l'aide de formules chantées, de lettres tatouées sur le corps.

Ce mépris de la magie peut agir comme un sérieux obstacle à notre intelligence historique du passé. Pour vivre, pour maintenir ses pieds sur terre, une religion doit dans une certaine mesure servir les préoccupations matérielles de l'homme moyen. Elle doit être en état de s'insérer dans le rythme de la vie communale qui dans le passé a été partout imprégnée, dominée par la magie. Alors comme aujourd'hui, l'homme moyen était profondément absorbé par les problèmes de la vie quotidienne qui concernaient ses moissons ou son bétail, le cycle de naissance, de mariage et de mort dans la famille. Dans une certaine mesure il attendait d'une religion la paix de l'esprit qui résulte d'une foi vigoureuse et d'une vie pure, qui est le prix d'une vie de renoncement. Mais, avec une étrange absence de cohérence logique, il attendait aussi que la même religion, fondée sur le renoncement à toutes les choses du monde, le pourvût de ce contrôle sur les forces magiques invisibles autour de lui, qui lui garantirait la possession sûre des choses du monde ou du moins l'y aiderait.

Comme toutes les autres religions du passé, le bouddhisme fournissait la protection magique et le pouvoir magique. Le succès des moissons dépendait, dans la croyance populaire, pour une large mesure des cérémonies que les prêtres bouddhiques accomplissaient ; et l'on pensait que quelque force mauvaise détruirait les moissons si ces cérémonies étaient omises. La fertilité du sol et la santé de la communauté dépendaient des moines. En même temps on ne négligeait pas les désirs particuliers des individus. Dans les pays de Mahâyâna, on croyait que les Bodhisattva s'intéressaient aussi aux destins terrestres des fidèles ; ils pouvaient délivrer du feu et de l'eau, protéger bateaux et bétail, donner des enfants. Les Écritures de l'école tantrique tardive donnent un avis détaillé sur la manière dont on peut exaucer tous ses désirs en propitiant les pouvoirs invisibles. C'est un témoignage de la compassion omniprésente de la religion bouddhique, qu'elle envisage réellement tout ce que l'homme peut souhaiter — depuis la pleine Illumination jusqu'au don d'éloquence et à la séduction de telle ou telle femme dont on s'est épris. Dans des pays comme la Chine et le Japon, le bouddhisme a atteint un haut degré de stabilité sociale en acquérant une sorte de monopole sur tout ce qui concerne la mort. En Chine, la mort et les funérailles sont les prérogatives des prêtres bouddhiques qui, par contre, ne songeraient jamais à officier à un mariage. Au Japon, le bouddhisme a trouvé commode de fusionner avec le système indigène de magie appelé Shinto, avec son hommage aux ancêtres.

Nous verrons plus de détails (chap. VIII) sur le côté magique du bouddhisme. Le présent livre est un ouvrage d'histoire et il me suffit de souligner l'importance de la magie dans la pratique réelle du bouddhisme historique. Tout essai pour rendre ces croyances plausibles prendrait beaucoup trop de place. Mais les lecteurs qui regardent la magie, les miracles, l'occultisme, comme autant de superstitions surannées, doivent se garder d'imaginer que les bouddhistes les plus éclairés participaient aux pratiques magiques comme à une sorte de geste de complaisance envers l'époque, une concession matériellement nécessaire à des croyances qu'ils ne partageaient point. Les lecteurs protestants, en particulier, rencontrent ici la même difficulté que celle à laquelle ils se heurtent dans la vie de l'Église catholique, où la croyance à l'occulte, au magique, aux miracles a toujours été partagée par tous, des plus intellectuels aux moins instruits. Dans le bouddhisme nous avons, par exemple, le cas de Hiuen-Tsiang, un des maîtres esprits du bouddhisme chinois. Magnifiquement éduqué, ayant voyagé au loin, profondément versé dans la philosophie, il n'en fut pas moins continuellement en présence d'événements miraculeux au cours de son voyage dans l'Inde. Historiquement, le déploiement de pouvoirs surnaturels et l'accomplissement de miracles ont été parmi les causes les plus puissantes de la conversion de tribus et d'individus au bouddhisme. Pour un bouddhiste, si raffiné, si intellectuel qu'il pût être, l'impossibilité des miracles n'est pas évidente. Il ne voit pas pourquoi le spirituel doit nécessairement être impuissant dans le monde matériel. En fait, il serait enclin à penser qu'une croyance aux miracles est indispensable à la survivance de la vie spirituelle. En Europe, depuis le XVIIIe siècle, la conviction que les forces spirituelles peuvent agir efficacement sur les événements matériels a cédé la place à une croyance en la nécessité inexorable de la loi naturelle. Le résultat a été que l'expérience du spirituel est devenue de moins en moins accessible à la société moderne. Aucune religion connue n'est venue à maturité sans embrasser à la fois le spirituel et le magique. Si elle rejette le spirituel, la religion devient simplement une arme pour dominer le monde, incapable de réformer ou même de refréner les hommes qui le dominent. Tel a été le cas du nazisme et du Japon moderne. Si au contraire la religion rejette le côté magique de l'existence, elle se retranche des forces vives du monde à telles enseignes qu'elle ne peut plus même porter à maturité l'aspect spirituel de l'homme.

Il a donc été un trait essentiel du bouddhisme de combiner une métaphysique élevée avec une adhésion aux superstitions de l'humanité les plus communément reçues. Même dans une Écriture aussi noble et transcendantale que la *Prajñâpâramitâ*, les traces de cette synthèse sont clairement visibles. Le principal message des livres de *Prajñâpâramitâ* est que la sagesse parfaite ne peut s'obtenir que par l'extinction complète et totale de tout intérêt pris à soi-même, dans une vacuité où tout ce que nous voyons autour de nous a disparu comme un rêve sans signification. Mais, côte à côte avec cet ultime enseignement spirituel, nous trouvons la même perfection de sagesse recommandée comme une sorte de talisman magique ou d'amulette porte-bonheur; les avantages tangibles et visibles que confère la parfaite sagesse en cette vie même sont exposés çà et là avec des détails aimables : la perfection de sagesse protège des attaques d'autrui, de la maladie, de la mort violente, de tous les « maux mondains » ; les divinités bénéfiques veilleront sur le croyant, et les mauvais esprits n'auront pas de chance contre lui : « Quand on porte en l'esprit cette perfection de sagesse et qu'on part en guerre, on ne perdra pas la vie. Les épées et les bâtons ne sauraient toucher le corps du croyant. » Parmi tous les paradoxes que nous présente l'histoire du bouddhisme, cette combinaison d'une affirmation spirituelle du désintéressement de soi et d'une soumission magique aux intérêts propres du fidèle est peut-être l'un des plus frappants. Si illogique que ce puisse sembler, une bonne part de la vie réelle de la religion bouddhique s'explique par là.

L'influence des laïcs

Nous venons de voir les services — spirituels, mythologiques, magiques — que le Sangha a rendus aux laïcs. Notre exposé sur le bouddhisme populaire serait incomplet sans une esquisse des conséquences que le patronage d'Aśoka (env. 250 av. J.-C.) paraît avoir eues sur l'attitude des moines envers les laïcs.

À l'origine, les moines semblent avoir laissé fort peu de champ libre aux laïcs. Il y avait à coup sûr des discours et des conseils sur les problèmes spirituels. Il y avait quelque satisfaction donnée aux besoins dévotieux par l'adoration des *caitya* et des *stûpa* et par le pèlerinage aux lieux saints. Il n'y avait presque aucun rituel, aucune cérémonie où les laïcs pussent participer. Le contact avec les propriétés magiques des reliques du Bouddha et de ses disciples les plus éminents donnait un sentiment de force aux laïcs, auxquels était réservé le culte des reliques, car pour les moines il était considéré comme une perte de temps et d'efforts. Au surplus, les bouddhistes adoraient les divinités hindoues comme tout le monde dans l'Inde, et ils utilisaient les incantations d'origine hindoue pour servir leurs desseins. Comme, au total, l'Indien trouve plus commode d'adorer ses dieux que de faire leurs volontés, les moines rappelaient continuellement aux laïcs qu'on honore mieux le Bouddha en faisant les tâches prescrites qu'en l'adorant. Les devoirs minima du maître de maison sont résumés dans la formule traditionnellement appelée les *Trois Trésors* ou *Joyaux* et dans l'observance des cinq Préceptes. Cette formule, qui a été récitée pendant plus de deux mille cinq cents ans, a la teneur suivante :

Je vais au Bouddha comme refuge.
Je vais au Dharma comme refuge.
Je vais au Sangha comme refuge.
Pour la seconde fois je vais au Bouddha comme refuge.
Pour la seconde fois je vais au Dharma comme refuge.
Pour la seconde fois je vais au Sangha comme refuge.
Pour la troisième fois je vais au Bouddha comme refuge.
Pour la troisième fois je vais au Dharma comme refuge.
Pour la troisième fois je vais au Sangha comme refuge.

Quant aux cinq commandements, la formule reçue est :

1. S'abstenir de prendre la vie.
2. S'abstenir de prendre ce qui n'est pas donné.
3. S'abstenir de mal agir au sujet des plaisirs sensuels.
4. S'abstenir de fausses paroles.
5. S'abstenir de produits intoxiquants qui tendent à obnubiler l'esprit.

Ces commandements sont susceptibles de maintes interprétations, mais leur signification essentielle est parfaitement claire.

Le patronage d'Aśoka paraît avoir amené un changement considérable dans l'attitude vis-à-vis des laïcs. Certaines sections de l'Ordre firent, semble-t-il, un plus grand effort pour gagner la popularité. Il nous faut mentionner particulièrement la secte des *Mahâsanghika* qui, depuis le début de son existence séparée, avait cherché à rendre l'ordre des moines plus ouvert en relâchant les règles du *Vinaya* qui, par leur extrême sévérité, excluaient beaucoup de membres influents. Engagés comme ils l'étaient pendant un siècle environ à combattre l'exclusivisme quelque peu figé de certaines autres sectes, ils luttèrent, après Aśoka, afin d'élargir la place des laïcs ; et les autres sectes collaborèrent avec plus ou moins de bonne volonté dans la nouvelle politique. La conséquence fut que le bouddhisme devint, plus qu'il n'avait été auparavant, une religion globale. Le Bouddha devint une sorte de dieu, le dieu le plus haut de tous. L'adoration du Bouddha fut rendue plus concrète par la représentation du Bouddha en forme humaine qui se développa un ou deux siècles après Aśoka. L'enseignement, au lieu de donner principalement sur le Nirvâ*n*a, les Dharma, les « Concentrations » et sujets analogues, qui étaient sans attraits pour les laïcs, insista davantage sur les doctrines du *karman* et de la renaissance qui semblent concerner l'homme moyen beaucoup plus étroitement. Il se développa une vaste littérature populaire pour l'édification des laïcs. Cette littérature consiste en histoires des vies antérieures du Bouddha, qui sont conservées pour nous soit comme *Jâtaka* (histoires de naissances), soit comme *Avadâna* (voir p. 38). Dans beaucoup de temples des sculptures ont illustré ces histoires. Cette nouvelle littérature ne contient rien sur les moines et leur vie dans les monastères. Elle a peu à faire avec les préceptes fondamentaux du bouddhisme. Elle concerne juste les vertus morales de caractère général et l'inexorable loi du *karman* suivant laquelle nous récoltons ce que nous avons semé, quel que soit le nombre de vies qu'il faille à la récompense ou au châtiment pour venir à maturité. Nous avons affaire ici à un nouvel évangile — un évangile pour le maître de maison occupé — qui cherche à stimuler son imagination et sa dévotion et à les attacher loyalement à l'ordre bouddhique.

Ce souci des besoins du laïc a gagné, en importance

dans la suite des temps, et il a abouti au développement du Mahâyâna (voir chap. V). Il suffira ici de donner quelques-unes des raisons pour lesquelles le patronage d'Aśoka aurait créé dans l'Ordre une sorte de crise. Le patronage royal avait été généreux mais de courte durée ; il avait consisté en ce qu'une partie des revenus de la couronne fût employée à l'entretien des moines. Beaucoup de personnes s'étaient jointes à la communauté sans aucune vocation réelle, simplement parce qu'elle offrait une vie relativement facile. La simplicité primitive de la condition monastique avait disparu en grande partie. Les moines ne se contentaient plus de vieux chiffons pour leur costume, mais ils en étaient venus à attendre des dons de robes ; beaucoup d'entre eux ne voulaient plus mendier pour la nourriture ; ils avaient des repas réguliers préparés dans leurs monastères. Les Écritures étant désormais transcrites, les moines s'accoutumaient aux accessoires de l'étude et l'étude elle-même s'avérait aussi désavantageuse aux vœux de pauvreté que dans le cas des premiers dominicains et franciscains. Au cours de cette évolution les moines avaient donné des gages et étaient devenus plus que jamais tributaires d'un appui extérieur.

Il faut se rappeler en même temps qu'un certain éloignement des affaires mondaines comme résultat des pratiques bouddhiques pouvait aisément valoir contre la survivance de la religion. En fait, il est remarquable de voir à quel point la communauté monastique était étroitement entremêlée à la vie des clans du Magadha dans les premières décennies de l'histoire bouddhique. Ce contact intime avec les villageois s'est trouvé dissous dans bien des cas, quand le trésor royal eut pris en charge la responsabilité de l'entretien des moines. Lorsque l'appui d'Aśoka leur fut retiré, il y eut grande nécessité de renforcer les liens des moines avec le monde extérieur et de gagner la bonne volonté des maîtres de maison. Le Mahâyâna avec sa plus grande sollicitude pour le salut collectif a eu son origine dans ces circonstances; ce fut un moyen efficace de faire face à la crise.

CHAPITRE IV

L'Ancienne École de Sagesse

Les sectes

Vers 480 av. J.-C., quand le Bouddha mourut, un grand nombre de communautés monastiques bouddhiques semblent avoir été en existence dans le nord-est de l'Inde. La perte de la présence physique du Bouddha et de son autorité fut ressentie comme un coup sévère. Aucun successeur n'était désigné ; selon les termes des Écritures, seule la doctrine du Bouddha (Dharma) restait pour guider sa communauté. Cette doctrine n'existait naturellement pas sous forme écrite. Pendant quatre siècles les Écritures n'avaient pas été rédigées et n'avaient eu d'existence que dans la mémoire des moines. Comme les brâhmanes, les bouddhistes avaient une forte aversion à consigner par écrit le savoir religieux. Dans les temps anciens nous retrouvons cette même attitude très loin en Occident jusqu'en Gaule, où selon Jules César (*De Bello Gall.* VI, 14) les druides « ne pensaient pas qu'il fût convenable de confier ces énoncés (sur la philosophie) à l'écriture. Je crois qu'ils avaient adopté cette pratique pour deux raisons : ils ne voulaient pas que la règle (discipline) devînt propriété commune, ni que ceux qui apprennent la règle se fient à l'Écriture et négligent ainsi de cultiver la mémoire. Et en fait il arrive communément que le secours de l'Écriture tende à relâcher le zèle de l'étudiant et l'action de la mémoire ». Soit dit incidemment, c'est à cause de cette aversion pour les documents écrits que notre connaissance de la plus ancienne histoire du bouddhisme est si fragmentaire et si peu satisfaisante.

Pourtant il est évident que, durant ces siècles, quand les textes sacrés se maintenaient vivants pour être récités ou chantés en commun, une grande diversité de traditions devait se développer en différentes localités, particulièrement là où la religion se diffusait. On croit en général qu'immédiatement après le décès du Bouddha un concile de cinq cents Arhat récita les Écritures telles qu'Ânanda se les rappelait. Mais à cette époque même il y eut un autre moine pour dire que les paroles du Maître telles qu'il se les rappelait étaient tout à fait différentes, et on le laissa aller en paix.

Parmi les écoles et les sectes qui se développèrent par suite des différences dans la tradition scripturaire, dans l'interprétation des Écritures et dans les coutumes locales (voir p. 105 et suiv.), il nous faut tout d'abord examiner les sectes qu'on peut grouper sous le nom d'*Ancienne École de Sagesse*.

Śâriputra

On a souvent observé que ce n'est pas le fondateur lui-même, mais un de ses successeurs qui façonne la politique des mouvements religieux et monastiques dans la première génération de leur existence. La forme spécifique de l'organisation de l'Ordre franciscain a été l'œuvre d'Élie de Cortone plus que de saint François lui-même, celle de l'Ordre des jésuites doit à Laynez plus qu'à saint Ignace de Loyola. Ce qu'est saint Paul par rapport à Jésus, Abu Bekr par rapport à Mahomet, Xénocrate à Platon, Staline à Lénine, Śâriputra l'est aussi par rapport au Bouddha.

Il est facile de voir pourquoi un successeur relativement subordonné exerce une influence plus décisive que le fondateur. Le fondateur est naturellement la source vivante de l'inspiration animatrice qui inaugure le mouvement, mais une grande partie de ses enseignements est hors de la portée de la masse. Avec moins de génie le successeur procure une sorte d'édition portative de l'évangile, qui s'accorde davantage aux besoins de l'homme moyen et à sa faculté de compréhension. La remarque de Robin s'applique à tous les cas précédemment cités quand il dit de Xénocrate successeur de Platon qu'il « enferma la pensée vivante de Platon dans le cadre rigide d'une doctrine livresque, aménagée pour répondre aux besoins quotidiens de l'enseignement ». Il est vrai que Śâriputra mourut six mois avant le Bouddha, et ne put par conséquent prendre en main l'organisation après sa mort. L'influence qu'il exerça était due à la forme qu'il donna à l'enseignement, qui détermina non seulement l'entraînement des moines pour un long temps mais encore décida quels aspects de la doctrine du Bouddha devaient être soulignés, quels autres relégués à l'arrière-plan.

La version de Śâriputra et sa façon de comprendre la doctrine du Bouddha dominèrent la communauté bouddhique pendant quinze à vingt générations environ. Elles la dominèrent en ce sens qu'une partie de la communauté adopta son interprétation, et qu'une autre partie forma ses thèses en opposition consciente et directe à la précédente.

Śâriputra, « le fils de Śâri », était né à Magadha d'une famille de brâhmanes. Il entra de bonne heure dans la vie religieuse sous Sañjaya, un sceptique intégral. Dans les quinze jours qui suivirent son entrée dans l'Ordre bouddhique, il atteignit la pleine Illumination, et depuis lors, passa son temps à enseigner et à instruire les moines plus jeunes. Son intelligence était surtout analytique. Il aimait à organiser le savoir en sorte qu'on pût aisément apprendre et se souvenir, étudier et enseigner ; il y a autour de lui une certaine retenue et sécheresse.

Pour les Theravâdin et les Sarvâstivâdin, Śâriputra apparaissait comme une sorte de second fondateur de la religion. Tout comme le Bouddha est le roi du Dharma, Śâriputra est son général en chef. Il dépassait tous les autres disciples en « Sagesse » et en érudition : « Excepté le Sauveur du monde, personne ne possède même un seizième de la sagesse de Śâriputra. » Nous devons avoir présent à l'esprit que le mot de sagesse ici est pris dans un sens très spécial, comme une sorte de contemplation méthodique fondée sur les règles de l'*Abhidharma* (voir p. 140 et suiv.).

Il y avait cependant d'autres courants dans l'Ordre. Bien des moines ont pu trouver que l'*Abhidharma* n'était pas trop de leur goût. Dans leur souvenir, d'autres disciples apparaissaient comme plus importants que Śâriputra, par exemple Mahâmogallâna qui excellait dans le pouvoir psychique, ou bien Ânanda, l'assistant personnel du Bouddha pendant vingt ans. le plus aimable des grands disciples, mais qui, pour les Abhidharmistes orthodoxes, était un objet constant de commentaires défavorables, une sorte de bouc émissaire pour toutes les infortunes qui frappaient l'Église.

Parmi les adversaires de l'interprétation de Śâriputra, les Sautrântika étaient le groupe qui avait le plus d'influence.

Environ quatre cents ans après la mort du Bouddha, la littérature du Mahâyâna (voir chap. V) commença à se développer ; le nom de Śâriputra continua à repré-

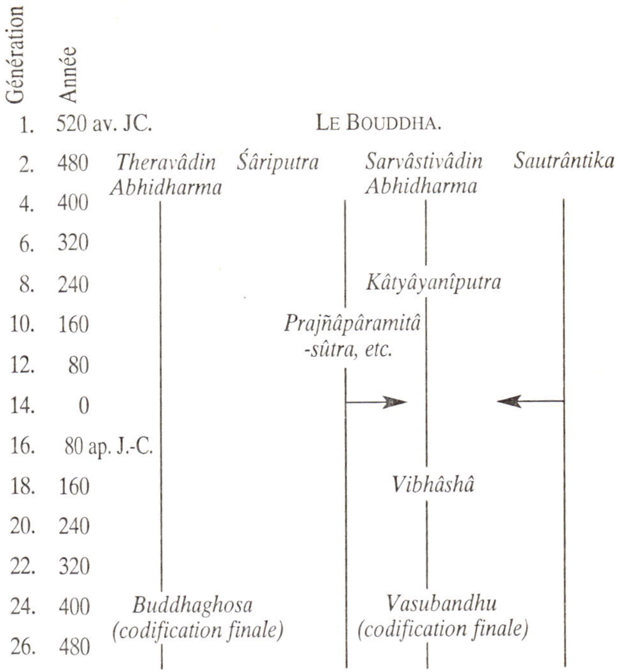

Les deux flèches indiquent que la pensée du Mahâyâna et des Sautrântika s'est développée en réaction à l'Abhidharma des Sarvâstivâdin.

senter un programme. Dans des œuvres comme les *Prajñâpâramitâ-Sûtra*, le *Lotus de la Bonne Loi* et l'*Avatamsaka-Sâtra*, Śâriputra se présente perpétuellement comme le tenant d'un type inférieur de sagesse, qui a encore beaucoup à apprendre, et comme une personne à l'intellect lent et faible, incapable de comprendre l'enseignement réel du Bouddha — si bien que le Bouddha avait enseigné à son usage une forme inférieure de sa doctrine connue sous le nom de Hînayâna.

Avant d'exposer les principaux préceptes de l'école émanant de Śâriputra, il me faut dire un mot d'explication du terme *Ancienne École de Sagesse*, dont je la désigne à travers tout ce livre. On l'appelle École de *Sagesse* parce que la « Sagesse », dans les Écritures de l'école de Śâriputra, est tenue pour la plus haute des cinq vertus cardinales, qui sont la Foi, la Vigueur, la Présence d'esprit, la Concentration et la Sagesse. Seul parmi elles, le développement de la Sagesse peut assurer le salut final. L'École de Śâriputra est appelée *Ancienne* pour la distinguer de la *Nouvelle* École de Sagesse qui se développa par réaction, postérieurement à 100 avant notre ère environ (voir chap. V).

Les Arhat

Il n'y a pas de meilleur moyen pour comprendre l'esprit de l'Ancienne École de Sagesse que de considérer le type d'homme qu'elle souhaitait produire, et l'idée de perfection qui s'est établie pour l'émulation des disciples. L'homme idéal, le saint ou sage au stade le plus haut du développement s'appelle « Arhat ». Les bouddhistes eux-mêmes dérivent le mot *arhat* des deux mots *ari* qui signifie « ennemi » et *han* qui veut dire « tuer », si bien qu'un *arhat* serait « un tueur de l'ennemi », l'ennemi étant les passions. Les savants modernes préfèrent tirer le mot de *arhati*, « être digne de », le sens étant « qui mérite », entendez l'adoration et les dons. Il semble qu'à l'origine, à l'apparition du bouddhisme, le terme d'« Arhat » s'appliquait populairement à tous les ascètes. Mais dans le bouddhisme, on le restreint, comme terme technique, aux saints parfaits, qui ont été pleinement et définitivement délivrés. Le Bouddha lui-même est habituellement appelé Arhat.

Dans l'art bouddhique, nombre de portraits idéalisés des Arhat sont parvenus jusqu'à nous. L'Arhat est dépeint normalement comme un être plein de dignité, sans cheveux, d'une certaine sévérité. Les Écritures de l'Ancienne École de Sagesse définissent ou décrivent l'Arhat en une formule type, qui se répète très fréquemment. L'Arhat est une personne « chez qui les "écoulements" (c'est-à-dire le désir des sens, le devenir, l'ignorance, les vues erronées) sont taris, qui a vécu noblement, qui a fait ce qu'elle devait faire, qui a laissé tomber le fardeau, qui a atteint son but, qui n'est plus destinée à "devenir", qui est libérée, ayant correctement appris à connaître ». L'Arhat a secoué tout attachement au moi et au mien, il est retranché des hommes, zélé, sérieux, intérieurement libre, pleinement maîtrisé, contrôlé, maître de soi-même, refréné, dépassionné et austère.

L'*Avadâna Śataka* (II, 348) donne une description un peu plus complète de l'Arhat : « Il s'est exercé, a lutté et combattu, et ainsi il a compris que ce cercle de "Naissance-et-Mort" avec ses "Cinq Constituants" (*skandha*) est en constante mouvance. Il a rejeté toutes les situations de l'existence qui sont amenées par un complexe de conditions, car il est dans leur nature de déchoir et de se désagréger, de changer et de s'abolir. Il a abandonné toutes les "souillures" et gagné l'état d'Arhat. En devenant un Arhat, il a perdu tout l'attachement qu'il avait pour le "Triple Monde" (c'est-à-dire le monde du désir des sens, le monde de la forme, le monde sans forme). Il juge de même valeur l'or et le bloc de terre. Le ciel et la paume de la main sont identiques à ses yeux. Il est resté froid (dans le danger) comme le bois de santal parfumé vis-à-vis de la hache qui le fend. Par sa Gnose il a écrasé la "coquille de l'œuf de l'ignorance"

Il a atteint la Gnose, les "Super-savoirs" et les "Pouvoirs de la vision analytique". Il s'est détourné des gains et honneurs du monde, il est devenu digne d'être honoré, salué, révéré par les *deva* (dieux), y compris Indra, Vish*n*u et K*r*sh*n*a. »

À l'exception des Bouddha, nul être ne saurait avoir la perfection d'un Arhat. Il était logique d'assumer qu'un Bouddha possédât un certain nombre de perfections supplémentaires par rapport à l'Arhat (*Dial.*, II, 1-3 ; III, 6). Toutefois, aux premiers temps, peu d'attention fut donnée à ce problème qui semblait dépourvu de toute importance pratique. Ce n'est qu'au bout de trois ou quatre siècles, quand l'idéal de l'Arhat eut perdu son pouvoir sur une partie de la communauté bouddhique (voir p. 152 et suiv.), que la question de la différence entre Arhat's et Bouddha's commença à exercer la curiosité des penseurs bouddhiques. Les mystiques de tous âges ne se sont jamais lassés de dessiner les degrés de l'échelle spirituelle. Avant qu'un homme pût devenir un Arhat, il lui fallait passer par un certain nombre de stades reconnus. Il n'est pas nécessaire de donner ici tous les détails, mais il est essentiel pour comprendre ce qui suit de se faire quelque idée précise sur le tournant dans la carrière d'un homme. Tous les gens appartiennent, nous est-il dit, à l'une de ces deux classes : ils sont ou bien des *hommes ordinaires*, ou bien des *saints*. Les saints s'appellent les *Ârya*.

En sanskrit, *Âryen* signifie « noble », « droit » ou « bon ». Les gens du commun vivent entièrement dans le monde des sens ; le monde spirituel qui est au-delà ou leur est indifférent, ou représente une aspiration vague et impuissante. Le monde supra-sensible de la réalité permanente est connu dans la théorie bouddhique, soit sous le nom de *Nirvâna* — l'état final et ultime de quiétude —, soit sous celui de *Che-*

min. Le Chemin est la même chose que le Nirvâ*na*, considéré en tant qu'il se manifeste à nous durant certaines étapes de notre progrès spirituel. À la suite des pratiques spirituelles qui vont être décrites, nous atteignons avec le temps une expérience qui nous transforme de l'état de « gens du commun » à celui de « saints ». Cela s'appelle techniquement l'*Entrée dans le courant*, et correspond dans une certaine mesure à ce que les chrétiens appellent « conversion ». À cette occasion, la vision du *Chemin supra-mondain* éclate en nous, et suivant les termes de Buddhaghosa nous voyons le « Chemin » comme on voit la pleine lune briller à travers une fissure dans les nuages — les nuages symbolisant nos attachements sensoriels. Une fois que le courant est gagné, il demeure encore une longue lutte. Quelquefois plusieurs vies sont nécessaires pour se défaire de ses attachements aux objets des sens et de l'amour de soi. Mais le cap a été tourné.

Les pratiques

Dans le bouddhisme, les pratiques de la méditation sont la fontaine d'où jaillit tout ce qui est vivant en lui. Le développement historique du bouddhisme est essentiellement l'élaboration de méthodes de salut toujours nouvelles. Pourtant, il n'est pas facile de donner un exposé intelligible de ces pratiques, parce que ce sont là des méthodes qui ont toutes pour but le renoncement au monde, et la plupart des gens aujourd'hui ne s'intéressent pas réellement à un tel but. Il n'y a que deux points par lesquels ces méthodes touchent le domaine intellectuel de l'homme moyen — leur commencement et leur terme. Le point de départ de tous les efforts bouddhiques est la dissatisfaction que donne le monde où nous sommes ; bien des gens éprouvent assez souvent cette dissatisfaction, encore qu'ils sachent rarement quoi en faire. À la fin les luttes bouddhiques produisent le fruit de l'équanimité que chacun aimerait beaucoup posséder, si seulement il savait comment l'acquérir. Mais, dans l'intervalle entre le commencement et le terme de la méthode, il y a un dur labeur, et les gens d'ordinaire préfèrent l'éviter.

Il est dans la nature des choses qu'une connaissance intime du Chemin soit donnée à ceux-là seuls qui y progressent. Néanmoins nous allons exposer les méthodes qui ont été utilisées dans l'Ancienne École de Sagesse pour entraîner les Arhat. Ces méthodes rentrent traditionnellement sous trois rubriques, à savoir *Discipline morale*, *Transe*, *Sagesse*. Nous avons la chance d'avoir un excellent manuel traitant de ces pratiques, le *Visuddhimagga* de Buddhaghosa, qui a été traduit, d'une manière d'ailleurs très imparfaite, sous le titre de *Chemin de la pureté*.

La discipline morale

Nous avons déjà parlé du côté monastique de la discipline bouddhique (voir chap. II). Les bouddhistes croient que la connaissance ou l'intuition est maîtrisée, non pas quand nous l'identifions en tant qu'expression verbale, mais seulement quand nous l'avons imprimée sur notre corps malgré lui. On gagne peu de chose à posséder une conviction abstraite de l'insignifiance des plaisirs des sens, de la répulsion et de l'aversion inhérentes à ce qui les excite, si cette conviction de la langue et du cerveau est contredite par les muscles, les glandes ou la peau. Ces parties de notre corps agissent comme l'incarnation de désirs qui sont devenus à peu près automatiques. Si nous sommes avides de nourriture, si nous regardons toutes les filles que nous rencontrons dans les rues et sommes malheureux quand nous avons froid ou faim ou quand nous n'avons pas nos aises, alors nos convictions intellectuelles touchant l'insignifiance des choses de ce monde ne saisissent qu'une fraction de notre personnalité, elles sont réfutées en action par le reste. C'est ce qu'illustre très bien l'histoire hindoue du maître qui demande à son disciple ce qu'il apprécie le mieux au monde. Le disciple répond avec le sentiment du devoir : « Brahman, ou l'Esprit suprême. » Là-dessus le maître emmène son disciple vers un étang, lui enfonce la tête sous l'eau pendant deux minutes et demande ensuite au disciple ce qu'il a désiré le plus à la fin de ces deux minutes. Le disciple ne put s'empêcher de répondre que c'était l'air qu'il désirait par-dessus toute autre chose, et que l'Esprit suprême lui était apparu étrangement hors de propos à cet instant. Tant que nous sommes dans l'état d'esprit de ce disciple, à quoi nous sert la Doctrine Sainte ?

Une attitude vigilante et disciplinée vis-à-vis du corps est la base même de l'entraînement bouddhique. La démarche qui nous libère plus décisivement qu'aucune autre des illusions de l'individualité est le rejet de notre attachement infatué et narcissiste au corps. Le corps physique a toujours été au centre même de l'attention : « C'est à l'intérieur de ce corps même, tout mortel qu'il est et de six pieds de long seulement, que sont, je vous le déclare, le monde et l'origine du monde et la fin du monde, et pareillement le Chemin qui mène à cette cessation. »

L'esprit humain a coutume d'opérer à l'aide d'oppositions. Quand nous regardons des œuvres d'art bouddhiques, sculptures ou peintures, nous voyons que la forme humaine est traitée avec une grande sensualité, à Amarâvatî et à Aja*n*tâ, et qu'elle s'idéalise en un raffinement éthéré dans l'art de la Chine et du Tibet. Une grande partie de l'entraînement du moine consistait à obtenir exactement le contraire. Sans cesse il est instruit à considérer ce corps matériel comme un objet de répulsion, de dégoût et de totale aversion : « Ensuite le disciple contemple ce corps, de la pointe des pieds au sommet de la tête, du sommet de la tête à la pointe des pieds, avec la peau qui s'étale sur lui, et les nombreuses impuretés qui l'emplissent. Il y a dans ce corps :

cheveux, poils, ongles, dents, peau ;
muscles, tendons, os, moelle, reins ;
cœur, foie, membranes séreuses, rate, poumons ;
intestins, mésentère, estomac, excréments, cerveau ;
bile, sucs digestifs, pus, sang, huile, graisse ;
larmes, sueur, salive, mucus, fluide des jointures, urine.

Quand une pareille vision ou image des « trente-deux parties du corps » se surimpose à la vue d'une femme séduisante, elle ne laisse pas, à coup sûr, d'avoir un effet désintégrant sur les passions sexuelles qui peuvent se produire. En outre, les bouddhistes, comme les Jaina, sont instruits à concentrer leur attention sur les *Neuf ouvertures* d'où s'écoulent sans cesse des substances sales et répugnantes — les deux yeux, les deux oreilles, les deux narines, la bouche, l'urètre et l'anus. Non content de cela, le moine est incité à visiter les cimetières ou les lieux de crémation afin de voir à quoi son corps ressemble dans les divers stades de la décomposition. En tout cela, la pratique bouddhique va délibérément contre les habitudes de la société civilisée, qui frappe d'interdit les aspects mêmes de l'existence sur lesquels les bouddhistes insistent le plus. Le but de la société civilisée est juste le contraire de celui du Dharma, et la moyenne de ses membres est rebutée par toute considération qui pourrait mettre en danger sa joie de vivre quelque peu précaire.

Comme tant de chrétiens, le bouddhiste est censé ne pas tirer vanité de son corps, il doit éprouver honte et dégoût de lui. Nous ne devons jamais oublier que dans ce système de pensée c'est par un acte de volonté de notre part que nous sommes associés nous-mêmes à ce corps, que c'est un admirable instrument de nos préférences et de nos désirs. Quand nous voyons la précarité de notre corps, comme il est exposé à toutes sortes de dangers et de fragilités, répugnant dans ses fonctions essentielles, nous devrions éprouver de la honte et de l'horreur devant les conditions dans lesquelles notre Soi divin s'est investi — placé de manière aléatoire entre les deux membranes qui, comme nous dirions dans le jargon moderne, se sont développées en partant respectivement de l'ectoderme et de l'endoderme. Assurément notre Soi n'est pas au mieux de sa forme dans de pareilles conditions. Assurément il ne peut être libre et à l'aise dans des conditions qui, créées par la cupidité, conduisent à plus de cupidité encore. À cet égard, la tradition bouddhique s'accorde avec le poème bien connu d'Andrew Marvell, quand il dit :

> Ô qui fera sortir de son donjon
> Cette âme asservie de tant de manières,
> Avec ses chaînes faites d'os, qui se tient
> Avec ses entraves aux pieds, ses menottes ;
> Tantôt aveugle avec son œil et tantôt
> Sourde avec le bourdonnement de son oreille !

On est heureux de trouver des mots qui convainquent les autres de la vacuité de toutes les choses conditionnées ; on estime plus essentiel encore d'enseigner cette leçon à son propre corps. Les organes des sens sont isolés pour être livrés à une vigilance spéciale ; ils sont sujets à un contrôle rigoureux. Le terme technique est *indriyagutti*, littéralement *protection des organes des sens*. Quand un moine marche, il doit regarder droit devant lui, ne pas jeter les yeux tout le temps sur tout ce qui est à sa droite et à sa gauche :

> Que le regard n'erre pas comme le singe de la forêt
> Ou la tremblante gazelle des bois, ou l'enfant apeuré.
> Les yeux doivent être dirigés vers la terre, ils doivent regarder
> À la distance d'un joug ; il ne doit pas se soumettre
> Au pouvoir de ses pensées, tel un singe agité.

Vient ensuite ce qu'on appelle *protection des portes des sens*. On peut distinguer deux éléments constituants dans l'expérience sensible. L'un est l'aperception sensible d'un stimulant extérieur, l'autre est notre réaction volontaire vis-à-vis de lui.

Le contact de nos organes des sens, avec leurs stimulants spécifiques, est une « occasion » (comme disent les formules bouddhiques) pour « que les états convoiteux, tristes, mauvais et malsains coulent par-dessus nous, aussi longtemps que nous vivons sans maîtrise de nous-mêmes » en ce qui concerne les organes des sens. Il nous faut donc apprendre à entraver notre désir insatiable d'objets à voir, à entendre, etc., qui nous aliène réellement de nous-mêmes ; il nous faut apprendre à empêcher notre esprit, nos pensées, notre cœur d'être ensorcelés par les objets que nos sens rencontrent. Il nous faut apprendre à examiner chaque stimulant, au moment où il entre dans la citadelle de notre esprit, de telle sorte que nos passions malsaines ne se cristallisent pas autour, ne se fortifient pas en trouvant sans cesse un nouveau centre. Quiconque a tenté d'exécuter les instructions du Bouddha sur la protection des sens sait qu'il lui faut infliger à son esprit un énorme degré de violence pour le tenir tranquille, fût-ce une ou deux minutes. Comment pouvons-nous déceler la vraie nature de l'esprit si nous ne savons pas le protéger d'une perpétuelle invasion par ce qui lui est extérieur et le regarder tel qu'il l'est dans la pureté de son essence ?

La transe

Le second groupe de méthodes bouddhiques est traditionnellement connu sous le nom de *Concentration.* Le mot sanskrit est *samâdhi*, qui étymologiquement correspond au grec « synthesis ». « Se concentrer » consiste à rétrécir le champ de l'attention selon un mode et pour une durée déterminés par la volonté. Le résultat est que l'esprit devient fixe, comme la flamme d'une lampe à huile en l'absence de vent. En termes affectifs, la concentration aboutit à un état de calme paisible, parce qu'on s'est retiré pour un temps donné de tout ce qui peut causer du trouble. Trois sortes de pratiques sont traditionnellement incluses sous le nom de « concentration » :

1. Les 8 dhyâna ;
2. Les 4 Illimités ;
3. Les Pouvoirs occultes.

Ces trois thèmes ont été le germe de bien des développements attestés dans le bouddhisme ultérieur. La pratique des *dhyâna* a pris une importance décisive dans le système Yogâcâra ; les Illimités ont été un des germes du Mahâyâna ancien ; et les Pouvoirs occultes ont été destinés à devenir le noyau du Tantra. Nous avons maintenant à exposer ces thèmes l'un après l'autre.

1. Les *dhyâna*, en pāli *jhâna*, sont des moyens pour transcender le choc des stimulants sensoriels et de nos réactions normales à ce choc. On commence l'exercice en se concentrant sur un stimulant sensoriel, par exemple sur un cercle fait de sable rougeâtre, ou de fleurs bleues, sur un bol d'eau ou sur une image du Bouddha. La première étape s'achève quand on est en état d'annuler pour un temps donné ses tendances malsaines, c'est-à-dire le désir des sens, la mauvaise volonté, l'indolence et la torpeur, l'excitation et la perplexité. On apprend à s'en détacher et on se met en mesure de diriger toutes ses pensées vers l'objet choisi. Au second stade, on va au-delà des pensées qui ont circulé vers et autour de l'objet. On cesse d'être discursif, on adopte une attitude de confiance plus unifiée, pacifique, assurée, que les textes appellent *Foi.* Cette attitude de tâtonnement ou d'expansion vers quelque chose qu'on ne connaît pas discursivement mais qu'on sait devoir être plus satisfaisant que tout ce qui est discursivement connu aboutit à une exaltation et un délice faits d'enthousiasme. À vrai dire cette exaltation est encore une tache et une souillure, elle doit à son tour être dépassée. Cette tache s'achève dans les deux stades qui suivent, si bien qu'au quatrième *dhyâna* on cesse d'être conscient de l'aise et du mal-aise, du bien-être et du mal-être, de l'exaltation et de la dépression, de la promotion ou de l'obstacle par rapport à soi-même. Les préférences personnelles sont devenues si peu intéressantes qu'elles en sont imperceptibles ; ce qui demeure est un état de réceptivité limpide, transparent, alerte, « en extrême pureté d'attention et d'équanimité ». Audessus, il y a quatre *dhyâna* « sans forme », qui représentent des stades où sont dépassés les vestiges de l'objet. Aussi longtemps que nous adhérons nous-mêmes à un objet, si raffiné soit-il, nous ne pouvons glisser dans le Nirvâ*n*a. On voit d'abord toute chose

comme un « espace sans bornes », puis comme « conscience illimitée », ensuite comme « vacuité », enfin, en délaissant l'acte même qui a saisi le néant, on atteint une étape où il n'y a plus « ni perception ni non-perception ». Conscience et non-conscience sont ici au bord même de la disparition.

Au-dessus est la « cessation de la perception et des sensations », état où, dit-on, on « touche le Nirvâ*n*a avec son corps ». Vu de l'extérieur cela ressemble au coma ; mouvement, parole et pensée sont absents ; seules demeurent la vie et la chaleur ; même les tendances inconscientes passent pour être endormies. De l'intérieur, cela semble correspondre à ce que d'autres traditions mystiques appellent l'ineffable conscience de la *Contemplation Nue*, une avance résolue, « nue », dans la Réalité, l'union du rien avec le rien, ou de l'Un avec l'Un, une demeure dans l'*Abîme divin* ou le *Désert du divin*.

Suivant la doctrine orthodoxe, ces états, si sublimes qu'ils puissent être, ne garantissent pas le salut final. Il y faut encore l'oblitération totale du soi individuel, alors que ces expériences extatiques ne peuvent accomplir plus qu'une extinction temporaire du soi. L'esprit devient progressivement plus simple, plus renonçant, plus calme, mais c'est seulement pour la durée du *dhyâna* que ce soi est oublié. La Sagesse seule peut pénétrer dans la « Grande Vacuité ». Seule elle peut pénétrer dans le Nirvâ*n*a qui remplace de façon permanente, définitive, le choc des stimulants sensoriels comme force dirigeant notre esprit, aussi longtemps qu'il y a un esprit à diriger.

2. Les Illimités (*Apramâna*) sont des méthodes pour cultiver les émotions. Ils comportent quatre stades : Amitié (*mettâ*), Compassion, Joie sympathisante et Équanimité. Le but essentiel de ces exercices consiste à réduire les lignes de démarcation entre soi et autrui — qu'autrui soit très cher, indifférent ou

hostile. On essaie de se sentir également amical envers soi-même, ses amis, les étrangers et les ennemis. L'*Amitié* est regardée comme une vertu. Elle se définit comme une attitude par laquelle on veut du bien aux autres, on désire promouvoir leur bien-être, on tente de découvrir derrière un extérieur souvent déplaisant ou rebutant les aspects aimables de leur nature. Ce n'est pas le lieu d'exposer ici les détails techniques de ces méditations. L'esprit en apparaîtra clairement d'après ce bref passage du *Mettâ Sutta* :

« Puissent toutes les créatures être heureuses et à leur aise ! Puissent-elles être joyeuses et vivre en sécurité ! Toutes les créatures, faibles ou fortes — sans en omettre une seule — dans les royaumes hauts, moyens ou bas de l'existence, petites ou grandes, visibles ou invisibles, proches ou éloignées. nées ou à naître — puissent-elles toutes être heureuses et à leur aise ! Que nulle ne trompe une autre, ou ne méprise aucun être en aucun état ; que nulle par colère ou mauvais vouloir ne veuille faire violence à aucune autre ! Comme une mère surveille et garde son enfant, son seul enfant, ainsi doit-on d'un esprit sans limite chérir tous les êtres vivants, faisant irradier l'amitié sur le monde entier, en haut, en bas, tout autour, sans bornes ; qu'on cultive donc une bonne volonté sans limites vis-à-vis du monde entier, sans restriction, sans mauvais vouloir ou inimitié ! »

Suit la *Compassion*, bien plus difficile à développer. C'est une attitude dans laquelle on se concentre sur les souffrances des autres, on souffre avec eux et on désire écarter cette souffrance. En troisième lieu, après avoir appris à susciter la compassion à volonté, on doit pratiquer la *Joie sympathisante* : on se concentre alors sur la condition prospère des autres, on en est heureux, on entre en sympathie joyeuse avec leur bonheur. Enfin vient l'*Équanimité*, à laquelle, suivant la tradition, nous ne pouvons aspirer avec succès que si nous avons atteint à plusieurs reprises le troisième *dhyâna* concernant les trois premiers états affectifs. Par suite, on ne l'atteint que rarement et nous n'avons qu'à la mentionner ici.

On n'est pas seulement invité à développer ces attitudes affectives, mais à les rendre *Illimitées* en ce sens qu'il faut apprendre à traiter tout le monde de la même manière, à diminuer résolument ses préférences et antipathies personnelles. Quiconque a essayé d'exécuter les prescriptions de Buddhaghosa pour faire ces exercices aura remarqué que, dans notre état normal de dissipation, nous sommes incapables d'aller bien loin. On estime que l'esprit doit acquérir le raffinement et le détachement que seule la pratique des *dhyâna* peut lui donner, pour amener les *Illimités* jusqu'à un point qui ressemble à une heureuse conclusion.

3. Il y a tant de choses éminemment rationnelles dans le bouddhisme que l'importance de l'occulte chez lui a souvent été sous-estimée, spécialement par les auteurs modernes en Europe. Cette tendance méconnaît deux facteurs décisifs, les circonstances historiques dans lesquelles la religion bouddhique s'est développée et les lois de la vie spirituelle. Elle rend absurdes les derniers stades de la pensée bouddhique qui apparaissent comme une dégénérescence, comme une chute à partir des hauteurs primitives. Le bouddhisme a eu à vivre parmi des populations qui ont cru à la magie aussi sincèrement que les citadins modernes croient à la science. Les reliques du Bouddha ont été appréciées pour leur pouvoir magique. Les cieux, les fleuves, les forêts avec leurs arbres, les sources, la Nature presque tout entière était emplie d'esprits. La fabrication thaumaturgique est un lieu commun de la vie indienne, et elle a été employée régulièrement par tous les corps religieux

pour la conversion des infidèles. À travers tout le monde bouddhique, les représentations de miracles sont des sujets favoris de l'art. Même si l'occulte n'avait pas fait partie de la Doctrine Sacrée, il aurait été imposé à l'Église par son entourage social.

Mais il y a plus. L'expérience de tous les pays a montré qu'on ne peut absolument pas cultiver une vie spirituelle sans évoquer en même temps des pouvoirs psychiques, sans aiguiser ses sens psychiques. Le fait ne peut surprendre que là où les pratiques spirituelles sont virtuellement inconnues. En conséquence de leur pratique de l'extase, le Bouddha et ses disciples sont arrivés en possession de toutes sortes de pouvoirs miraculeux ou magiques appelés R*ddhi* ou *Iddhi*; certains d'entre eux sont ce que nous appelons maintenant *psychiques* — clairvoyance, clairaudience, souvenir des naissances antérieures, connaissance des pensées d'autrui; d'autres sont plutôt physiques. Les disciples pouvaient « passer à volonté à travers un mur, une barrière, une montagne comme à travers l'air libre; ils pouvaient entrer dans la terre ferme et en sortir, marcher sur la surface des eaux ou se mouvoir dans les airs ». Par l'action magique ils pouvaient prolonger la vie dans ce corps; ou bien projeter ou évoquer un double d'eux-mêmes, et le faire durer. Ils pouvaient donner à leur corps la forme d'un garçon, d'un serpent, etc.

Les Évangiles chrétiens ont été en quelque mesure influencés par les doctrines bouddhiques, qui étaient connues à Alexandrie et dans d'autres parties du monde méditerranéen. Le côté miraculeux du bouddhisme en particulier semble avoir attiré les premiers chrétiens. Saint Pierre, en marchant sur les eaux, a suivi la voie de bien des saints bouddhistes. Un des miracles favoris des bouddhistes était le *Miracle des Jumeaux*. Du feu s'écoulait de la partie supérieure du corps de Tathâgata, et « de la partie inférieure s'écoule un torrent d'eau ». Dans Jean, VII, 38, nous trouvons cette curieuse donnée : « Celui qui croit en moi comme l'a dit l'Écriture, de son ventre jailliront des fleuves d'eau vivante. » Comme troisième exemple, nous pouvons mentionner le fait que le Tathâgata pouvait, s'il le désirait, continuer d'exister pour un éon juste comme le Christ « a existé durant un éon ».

Bien que les capacités psychiques soient inséparables d'un certain stade de développement spirituel, elles ne sont pas toujours avantageuses au caractère ou à la spiritualité de la personne chez qui elles se manifestent. Il y a pas mal de danger dans les manifestations psychiques : l'orgueil peut en être accru, on peut rechercher la puissance et perdre le royaume et la gloire ; on peut s'exposer au contact de forces démoralisantes. Dans l'ensemble, l'attitude de l'Église bouddhique pendant le premier millénaire de son existence semble avoir consisté à penser que l'occulte et le psychique sont très bien aussi longtemps qu'on n'y fait pas trop attention, qu'on les présente comme des sortes de tours de force à bon compte pour la populace. Un jour le Bouddha rencontra un ascète qui se trouvait sur le bord d'une rivière et qui avait pratiqué des austérités pendant vingt-cinq ans. Le Bouddha lui demanda ce qu'il avait obtenu avec tout ce labeur. L'ascète répondit fièrement que maintenant il était capable tout au moins de traverser la rivière en marchant sur l'eau. Le Bouddha lui laissa entendre que c'était là un faible profit pour tant de peine, car pour quelques sous le bac la lui ferait passer.

La Sagesse

La *Sagesse* est la vertu la plus haute de toutes. Il est usuel de traduire le terme sanskrit de *pra-jñâ* (pāli *paññâ*) par « sagesse », et il n'y a pas là d'inexactitude positive. Mais, quand nous avons affaire à la tradition bouddhique, il faut nous souvenir que la Sagesse y est prise dans un sens spécial, véritablement unique dans l'histoire de la pensée humaine. La « Sagesse » est comprise par les bouddhistes comme la « contemplation méthodique des Dharma ». Cela se voit clairement dans la définition solennelle et académique que donne Buddhaghosa du terme : « La Sagesse a pour caractéristique de pénétrer dans les *dharma* tels qu'ils sont ; elle a pour fonction de détruire les ténèbres de l'illusion qui recouvre l'être propre des *dharma* ; elle a pour manifestation de n'être pas sujette à l'illusion. Parce qu'il a été dit : celui qui est concentré sait, voit ce qui existe en réalité — la concentration en est la cause la plus directe. »

Les méthodes par lesquelles la Sagesse se développe ont été décrites dans les livres d'*Abhidharma*. Ces livres sont manifestement plus récents que les autres parties du Canon (voir p. 38). Quelques écoles, comme les Sautrântika, ont soutenu qu'ils n'étaient pas la parole authentique du Bouddha, qu'il fallait par suite les rejeter. Le sens du mot *abhidharma* n'est pas tout à fait certain. *Abhidharma* peut signifier *dharma ultérieur* ou *dharma suprême*. Il est difficile de savoir à quel moment les livres d'*Abhidharma* ont été composés. On ne s'éloigne sans doute pas trop de la vérité en les attribuant aux premiers siècles après la mort du Bouddha.

Deux recensions des textes d'*Abhidharma* sont venues jusqu'à nous : une collection de sept en pāli et une autre collection de sept conservés en chinois mais composés à l'origine en sanskrit. Les textes pālis représentent la tradition des Theravâdin, les textes sanskrits celle des Sarvâstivâdin. Sept siècles environ après la composition originelle des livres d'*Ab-*

hidharma, les enseignements des deux traditions ont été finalement codifiés, probablement entre 400 et 450 après J.-C. Ce travail a été exécuté pour les Theravâdin à Ceylan par Buddhaghosa et pour les Sarvâstivâdin par Vasubandhu. dans le nord de l'Inde. Après 450 il n'y a guère eu (ou même il n'y a point eu du tout) de développement ultérieur des doctrines d'*Abhidharma*.

Il faut avouer que le style des livres d'*Abhidharma* est extrêmement sec et dénué d'attraits. Le traitement des divers sujets ressemble à ce qu'on attendrait d'un traité de comptabilité, d'un manuel de mécanique ou de physique. Les grâces du style ne sont pas absolument absentes de la littérature bouddhique quand elle était destinée à la propagande et tentait de gagner l'adhésion des non-convertis ou d'édifier les sentiments des fidèles. Mais les livres d'*Abhidharma* étaient faits pour le noyau même de l'élite bouddhique ; on posait en fait que la Sagesse acquise par leur lecture serait une récompense suffisante et une incitation à l'étude.

L'objet principal du bouddhisme est l'extinction de l'individualité séparée, laquelle est réalisée quand nous cessons d'*identifier* une chose quelconque avec nous-mêmes. Une longue habitude nous a rendu naturel de penser à nos expériences en termes de « moi » et de « mien ». Même quand nous sommes persuadés qu'à strictement parler ces mots sont trop nébuleux pour être maintenus, que leur emploi irréfléchi conduit au malheur dans nos vies quotidiennes, nous n'en laissons pas moins de les employer. Les motifs en sont multiples : l'un d'eux est que nous ne voyons pas d'autre alternative pour expliquer nos expériences à nous-mêmes sinon par des assertions qui incluent les mots de « moi » et « mien ». C'est le grand mérite de l'*Abhidharma* d'avoir tenté de construire une autre méthode pour rendre compte de nos expériences, une méthode où le « moi » et le « mien » sont complètement omis, où tous les agents invoqués sont des *dharma* impersonnels. L'*Abhidharma* est la plus ancienne psychologie qui nous soit conservée. Et je crois qu'elle est encore valable pour l'objet qui lui a été assigné.

Quelle est donc notre individualité en terme de *dharma* ? La personne, avec toutes ses appartenances possibles, peut selon la tradition bouddhique s'analyser en cinq *agrégats*, techniquement appelés *skandha*. Tout ce que la personne peut considérer comme sien, tout ce qu'elle peut s'approprier, à quoi elle peut s'attacher, rentre nécessairement dans ces cinq groupes. Ce sont :

1. Les choses matérielles.
(notre corps physique et nos possessions matérielles).
2. Une sensation.
3. Une perception.
4. Une impulsion.
5. Un acte de conscience.

La fausse croyance en l'individualité ou en la personnalité est censée naître de l'invention d'un « Soi » au-dessus et par-delà des cinq agrégats. Soit, en forme de diagramme :

RÉALITÉ		FICTION
FORME *(= matière)* SENTIMENT *(agréable, désagréable, neutre)* PERCEPTIONS *(vue, etc.)* IMPULSIONS *(avidité, haine, foi, sagesse, etc.)* CONSCIENCE	} ——→	« Soi »

L'insertion d'un soi fictif dans la réalité de notre expérience se laisse reconnaître partout où je pose que quelque chose est mien, que je suis quelque chose ou que quelque chose est moi-même. En vue de rendre cet enseignement un peu plus tangible, je vais reprendre notre exemple du mal de dents (p. 25). Normalement on dit simplement « j'ai mal aux dents ». Cela aurait semblé à Śâriputra une manière de parler très peu scientifique. Ni *je*, ni *ai*, ni *mal aux dents* ne comptent parmi les faits ultimes de l'existence (*dharma*). Dans l'*Abhidharma*, les expressions personnelles sont remplacées par des expressions impersonnelles. Impersonnellement, en termes d'événements ultimes, cette expérience se divise en :

1. Voici la *forme*, c'est-à-dire la dent comme matière ;
2. Il y a une *sensation* douloureuse ;
3. Il y a une *perception* visuelle, tactile et douloureuse de la dent ;
4. Il y a à titre de *réactions de la volonté* : du ressentiment à la souffrance, de la crainte de conséquences possibles pour le futur bien-être, de l'aspiration au bien-être physique ;
5. Il y a *conscience* — fait d'être conscient de tout cela.

Le « moi » du langage commun a disparu : il ne fait pas partie de cette analyse ; il n'est point l'un des événements ultimes. On pourrait naturellement répliquer qu'un « moi » supposé fait partie de l'expérience réelle. En ce cas il serait enregistré soit sous le *skandha* de la conscience (correspondant au Soi comme sujet), soit comme l'un des 54 articles inclus dans le *skandha* des réactions volitives, appelé la « fausse croyance en soi ».

Cette analyse est donnée comme un exemple de

l'enseignement d'*Abhidharma* et on ne garantit pas qu'en elle-même elle réduise appréciablement les souffrances que nous pouvons ressentir dans le mal de dents. L'analyse peut s'appliquer à tout objet quel qu'il soit de notre expérience. Les textes d'*Abhidharma* nous fournissent une liste comprenant entre 79 et 174 facteurs qu'ils appellent *Ultimes*; ils les considèrent comme plus réels que les *objets* du monde vulgaire qui peuvent s'analyser par eux. En même temps ils nous donnent des règles pour combiner ces facteurs sous la forme d'une liste classifiée des relations possibles entre *Ultimes*. Les cinq *skandha* ne sont autres que les cinq premiers de ces facteurs. Le lecteur doit savoir qu'afin que cette méthode agisse il faut combiner une grande quantité de connaissances techniques sur le contenu des manuels d'*Abhidharma* avec une grande discipline mentale et une longue persévérance en une introspection zélée. Autrement on ne doit attendre ni habileté dans la méditation ni bénéfice de cette méditation.

L'idée centrale n'en est pas moins bien claire. Les expériences doivent s'analyser en un jeu réciproque de forces impersonnelles. Quand on a révélé les événements ultimes derrière l'apparence en surface de toute donnée qui peut se présenter au-dedans ou au-dehors de notre soi-disant personnalité, alors, si nous en croyons l'*Abhidharma*, on a rendu compte de ces faits comme ils sont en réalité, ou bien on les a vus comme la Sagesse les voit. Toutefois, l'esprit occidental doit se garder de croire que la théorie des *dharma* s'offre comme une explication métaphysique du monde, propre à être discutée et commentée. Elle est au contraire présentée comme une méthode pratique pour détruire par la méditation les aspects de l'univers du sens commun qui assujettit notre esprit. La valeur en est conçue comme thérapeutique, non pas théorique. Si elle est appliquée proprement, la méthode doit avoir une puissance formidable pour désintégrer l'expérience malsaine. La méditation sur les *dharma* ne peut évidemment à elle seule déraciner tout le mal qui est dans nos cœurs. Elle n'est pas une panacée, mais un des médicaments dans la trousse du *Grand Médecin*. Elle est destinée à contribuer à notre santé mentale jusqu'à imposer, si elle est répétée assez souvent, l'habitude de considérer toute chose impersonnellement. Le fardeau du monde devrait en être allégé de manière correspondante. Sri Aurobindo dans ses *Bases of Yoga* a bien décrit l'effet que la méditation sur les *dharma* peut avoir sur notre comportement :

« Dans l'esprit calme, c'est la substance de l'être mental qui est tranquille, si tranquille que rien ne la trouble. Si des pensées ou des activités se produisent, elles ne surgissent pas du tout de l'esprit, mais elles viennent du dehors et traversent l'esprit comme un vol d'oiseau traverse le ciel dans un espace sans vent. Il passe, ne trouble rien, ne laissant aucune trace. Même si un millier d'images ou les événements les plus violents la traversent, la tranquillité demeure comme si la texture même de l'esprit était une substance de paix éternelle et indestructible. Un esprit qui a atteint ce calme peut commencer à agir, et même avec intensité et puissance, mais il conservera sa tranquillité fondamentale — ne produisant rien de lui-même, mais recevant de Là-haut et lui donnant une forme mentale sans ajouter quoi que ce soit du sien, calmement, sans passion, bien qu'avec la joie de la Vérité, le pouvoir heureux et la lumière de son passage. »

Nous avons vu que notre mauvaise santé mentale remonte à l'habitude de nous identifier avec ce que nous sommes. Notre personnalité adapte toutes sortes d'éléments de l'univers en objets qu'on peut voir ou toucher. Dans ces *appartenances* notre vrai soi s'aliène et pour tout attachement que nous constituons nous payons le châtiment d'une crainte correspondante, dont nous sommes plus ou moins conscients. Le Bouddha enseigne que nous ne pouvons aller bien, que nous ne pouvons échapper à ce cercle terrible de Naissance-et-de-Mort qu'en nous débarrassant de ces accrétions.

La prise qu'ont sur nous les appartenances s'affaiblit jusqu'à un certain point par la pratique de règles saines de conduite morale. Le bouddhiste est invité à posséder aussi peu de chose que possible, à quitter maison et famille, à aimer la pauvreté plutôt que la richesse, à mieux aimer donner qu'avoir, etc. L'expérience de la transe travaille dans la même direction. Bien que l'état de transe soit relativement de courte durée, néanmoins son souvenir continuera à ébranler la croyance en l'ultime réalité du monde sensible. Le résultat inévitable de la pratique habituelle de la transe est que les objets de notre monde du sens commun apparaissent illusoires, décevants, lointains, semblables à des rêves, qu'ils sont privés du caractère de solidité et d'authenticité qui leur est d'ordinaire attribué. On croit cependant que la moralité et la transe ne peuvent par elles-mêmes déraciner et détruire complètement les fondements de notre croyance en l'individualité. Suivant la doctrine de l'Ancienne École de Sagesse, la Sagesse seule est capable de chasser l'illusion de l'individualité de nos pensées où elle a persisté par une habitude invétérée. Ni l'action ni la transe, mais la pensée seule peut tuer l'illusion qui réside dans la pensée.

Si toutes nos souffrances sont attribuables au fait que nous nous identifions nous-mêmes avec des appartenances inauthentiques qui ne sont pas réellement nôtres, cela implique que nous serions en réalité en bien meilleur état sans ces appartenances. Cette inférence simple et parfaitement évidente peut se formuler d'une manière plus métaphysique en disant que ce que nous sommes en réalité est identique à l'Absolu. On affirme premièrement qu'il y a une réalité ultime et secondement qu'il y a un point en nous-mêmes par lequel nous touchons cette réalité ultime. La réalité ultime, aussi appelée Dharma par les bouddhistes ou encore Nirvâ*n*a, se définit comme la chose qui se tient complètement au-dehors du monde sensible de l'illusion et de l'ignorance, monde inextricablement entrelacé de désirs et de cupidité. Arriver en quelque manière à cette ultime réalité est le but suprêmement souhaité de la vie bouddhique. L'idée bouddhique de l'ultime réalité est très voisine de la notion philosophique de l'Absolu; elle ne se distingue pas aisément de la notion de Dieu parmi les théologiens mystiques comme Denys l'Aréopagite et Eckhart. Le Nirvâ*n*a est posé comme *absolument* bon, le Dharma *absolument* vrai, en ce sens qu'ils sont bons et vrais sans discussion, sans argumentation, en toute circonstance.

Ces convictions forment la base d'une grande partie de la méditation et de la contemplation bouddhiques. On distingue un monde inconditionné du monde des choses conditionnées. On souffre parce qu'on s'identifie aux choses conditionnées, et qu'on agit comme si ce qui leur arrive nous arrivait à nous-mêmes. Au moyen d'une méditation, d'une mortification continues, il nous faut rejeter et renoncer à tout ce qui n'est pas le plus haut, à savoir le seul Inconditionné. En d'autres termes, nous avons à nous désidentifier de tout ce qui est conditionné. On tient pour acquis que si nous nous employons à agir de la sorte, de manière habituelle et complète, notre soi individuel s'éteindra et le Nirvâ*n*a prendra sa place automatiquement. Ce mode d'accès exige, naturellement, que nous prenions une vue très haute de nous-mêmes. En un sens nous devrions avoir honte que notre être réel manquât à atteindre l'Inconditionné. Un degré élevé d'audace est également requis, parce que nous devons consentir à rejeter tout ce que nous apprécions, dans la conviction que cela nous empêche de regagner notre nature première inconditionnée. Comme le dit Buddhaghosa : « Le moine passe en revue toutes ses expériences conditionnées comme étant dangereuses, il est repoussé par elles, il est irrité contre elles, il n'a aucune joie en elles. Tout comme un cygne d'or qui trouve sa joie dans un beau lac au pied de la montagne de l'Éperon Splendide dans l'Himâlaya est dégoûté de vivre dans une mare sordide et fangeuse à la porte d'un village de hors-castes, de même le Yogin ne trouve pas sa joie dans les choses composites et conditionnées, mais seulement dans la voie tranquille. » Notre aptitude à nous rappeler l'image divine que nous avions avant de tomber dans ce monde est regardée comme l'un des premiers pas qui mènent au chemin de la parfaite sagesse.

Par sa définition même, l'Absolu n'a de relation avec rien. En même temps l'idée du salut implique qu'il y ait une certaine sorte de contact ou de fusion entre l'Inconditionné et le Conditionné. Cette idée est logiquement insoutenable, et quand ils y ont réfléchi, les bouddhistes ont découvert un grand nombre de paradoxes et de contradictions (voir chap. V). Si l'Absolu en tant que tel n'a pas de relation avec ce monde, il n'est pas correct de dire qu'il est transcendant, pas davantage qu'il est immanent. L'école Ch'an des bouddhistes a mis ce fait comme base de sa méditation, en demandant au disciple de répondre à cette question : « Est-ce que la nature de Bouddha existe dans le chien que voici ? » La nature de Bouddha est, naturellement, inconditionnée et le chien est pris comme l'exemple — point particulièrement relevé — d'un objet conditionné. La réponse correcte est « Noui », c'est-à-dire « Ou bien oui et non » ou « Ni oui et non ».

Dans la mesure où il s'agit de l'Absolu lui-même, rien n'en peut être dit, rien non plus n'en peut être fait. Tout effort qu'on déploie en faveur de l'Inconditionné aboutit à une fatigue en pure perte. Toute idée que nous nous formons de l'Absolu est fausse *ipso facto*. Néanmoins, durant une partie considérable du chemin qui mène au salut, une certaine idée de l'Absolu est utile, quand on s'en sert comme de forme ou de modèle par quoi mesurer la valeur et l'étendue de nos expériences. Cet « Absolu », qui fait l'objet d'une pensée provisoire et, en définitive, fausse, s'observe alors dans la pratique religieuse, côte à côte avec le monde conditionné, considéré comme soit au-dedans de lui, soit au-dehors de lui. C'est une caractéristique de l'Ancienne École de Sagesse qu'elle insiste partout sur la transcendance de l'Absolu, sur sa différence radicale avec tout ce que nous faisons ou pouvons éprouver en nous ou autour de nous. Les bouddhistes postérieurs, ceux du Mahâyâna, ont corrigé ce soulignement quelque peu unilatéral, en accentuant l'immanence de l'Inconditionné. L'Ancienne École de Sagesse approche la réalité ultime par la Via Negativa, qui dans l'Inde avait été exposée par le grand « Yâjñavalkya dans les *Upanishad* (env. 600 av. J.-C.) et que Denys l'Aréopagite introduisit plus tard en Occident. Nous ne devons pourtant jamais perdre de vue le fait que, en définitive, le Nirvâ*n*a est impensable et incompréhensible. Ce n'est qu'en tant que concept thérapeutiquement valable, même si fondamentalement faux, qu'il peut être utile à nos pensées et entrer dans la pratique de la contemplation, durant certaines phases de notre progrès spirituel.

Dans la pratique réelle, la certitude de la transcendance de l'Inconditionné signifie qu'il était entendu comme la négation totale des choses de ce monde telles que nous les connaissons. Je dois renvoyer le lecteur aux manuels sur la méditation bouddhique pour les faits de détail, mais une esquisse générale de cette méthode ne saurait être omise ici. Tenant pour acquis que le monde tel qu'il nous apparaît nous déplaît, nous demandons quelle est la chose qui nous déplaît. Trois *caractères* sont censés résumer tous les traits odieux de ce monde : *impermanence*, *souffrance* et *non-soi*. Tout ici-bas est *impermanent*, toujours changeant, voué à la destruction ; on ne peut s'y fier ; cela s'effrite, quel que soit notre effort pour tenter de le retenir. Quant au caractère de *souffrance*, je renvoie à la discussion sur la première Vérité au chapitre premier. Une thèse fondamentale du bouddhisme est qu'il n'existe rien qui ne soit ou bien directement éprouvé comme mauvais, ou à quelque égard connecté avec du mal, qu'il s'agisse d'une chose passée ou future, appartenant à soi ou à autrui. En fin de compte, tout est de l'ordre du *non-soi*, car nous ne possédons jamais de manière tout à fait sûre, nous ne le contrôlons jamais complètement, nous ne possédons pas réellement le possesseur ni ne contrôlons le contrôleur. On ne prétend pas que cette analyse de l'expérience mondaine soit évidente par elle-même. Au contraire, les bouddhistes répètent sans cesse qu'elle ne peut être admise qu'après un exercice zélé, prolongé, dans la contemplation méthodique. Nos inclinations normales nous conduisent à admettre la relative permanence des choses, le bonheur qu'il y a dans le monde et le pouvoir, si léger soit-il, que nous exerçons sur les circonstances qui nous entourent et sur nous-mêmes. Seuls inclineraient naturellement à tomber d'accord avec l'analyse bouddhique ceux qui sont extrêmement sensibles à la peine et à la souffrance, qui possèdent une aptitude considérable au renoncement. Mais, pour rendre pleine justice au point de vue bouddhique et voir le monde comme ils l'ont vu, il faut consentir à passer par les méditations prescrites, qui seules, nous assure-t-on, entretiennent et font mûrir la certitude que ce monde est complètement, absolument sans valeur. Selon cette argumentation, nous devons prendre pour acquis les méditations et leurs résultats.

Nous avons ainsi d'une part la Réalité Ultime, qui à un certain stade du Chemin apparaît comme la félicité de paix, permanente, dénuée de trouble, soumise à son propre contrôle. D'autre part, nous avons des événements conditionnés qui tous aboutissent à « ce qui est impermanent, lié à la souffrance et qui n'est pas nôtre ». En répétant la comparaison entre les deux, nous finissons par devenir complètement dégoûtés de tout ce qui peut avoir ces trois caractéristiques. Aucune d'elles ne peut donner à notre Soi la sécurité qu'il recherche. Aucune ne peut dissiper notre angoisse. L'aversion pour tout ce qui est conditionné est censée ouvrir nos yeux toujours davantage vers la vraie nature de l'Inconditionné. Le Soi s'éteint et l'Absolu demeure. Toutes les idées sur l'Absolu qui forment la base de la méditation s'avèrent un bâti provisoire qu'on rejette quand la maison est achevée.

Le déclin

Les bouddhistes qui ont insisté si constamment sur l'impermanence de toutes choses dans ce monde ne pouvaient attendre que leurs propres institutions fissent exception à la règle générale. Comme tout ce qui existe, la Loi doit décliner — du moins pour autant qu'elle avait eu dans ce monde des assises précaires. Dans sa pleine vigueur et sa primauté, elle ne demeure que pour un court moment ; suit alors une longue période de décadence et finalement de disparition totale jusqu'à ce que prenne place une nouvelle révélation. Les calculs varient en ce qui touche l'exacte durée de la Loi. On a parlé d'abord d'une période de cinq cents ans; plus tard ce fut étendu à mille, quinze cents ou deux mille cinq cents ans. Les Écritures, composées entre 200 avant notre ère et 400 après, contiennent sous forme de *prophéties* de nombreuses descriptions des étapes du déclin de la Bonne Loi. Suivant une relation conservée en pāli, les moines ne sont capables d'arriver au Chemin et de devenir Arhat que durant la première période. Après quoi le fruit entier de la vie sainte n'est plus accessible. La pureté de conduite persiste dans la seconde période, une connaissance érudite des Écritures dans la troisième, mais dans la quatrième il ne reste que les symboles extérieurs, tel l'uniforme du clergé; dans la cinquième, les reliques seules sont sauvegardées et la religion disparaît de la terre. Un autre *sûtra* prédit que dans les cinq cents premières années qui suivront le Nirvâ*n*a, les moines et d'autres fidèles seront assez forts pour atteindre l'union avec le Dharma; dans la seconde série de cinq cents années, ils seront forts en méditation; dans la troisième série de cinq cents années, ils seront forts en érudition; dans la quatrième série, ils seront forts dans la fondation de monastères; et dans les cinq cents dernières années, ils seront forts dans le combat et la polémique. Alors la Loi pure deviendra invisible. En Chine, il est devenu usuel de distinguer trois périodes. D'abord cinq cents ans durant lesquels la Loi a été pratiquée correctement et ses fruits obtenus. Ensuite, mille ans de Loi *contrefaite* suivis d'une période finale de mille ou trois mille ans dans laquelle la Loi décline. À travers toutes les différences dans ces relations, on remarque qu'il y avait une forte conviction qu'au bout de cinq cents ans une crise se produirait, qu'un changement décisif vers le pire aurait lieu.

L'ensemble du bouddhisme postérieur procède à l'ombre de ce sentiment de déclin. La littérature en porte témoignage de toutes parts. Vers 400 ap. J.-C., quand le bouddhisme était encore extérieurement très vigoureux dans l'Inde, Vasubandhu conclut son fameux *Trésor de l'Abhidharma* par cette observation mélancolique : « La religion du Sage est à son dernier souffle, voici l'âge où les vices sont puissants ; ceux qui veulent être délivrés doivent faire diligence. » Des siècles plus tard, vers 1200, Ho-nen au Japon justifie l'abrogation des anciennes pratiques bouddhiques en affirmant que son époque était trop éloignée du Bouddha, que les temps étaient devenus si dégénérés que personne ne pouvait plus comprendre convenablement la profondeur de la sagesse bouddhique, et qu'un simple acte de foi dans le Bouddha était tout ce dont les gens étaient encore capables. Au XIXe siècle encore, sir Weligama de Ceylan assurait à sir Edwin Arnold que les hommes étaient déchus de l'ancienne Sagesse et que personne aujourd'hui n'était aussi avancé que les Sages d'autrefois.

Les conditions historiques défavorables n'étaient responsables qu'en partie du sentiment de désespoir qui traversa l'Ordre aux approches de notre ère. Les difficultés étaient bien plus profondes. Les méthodes mêmes que l'Ancienne École de Sagesse avait fait siennes commencèrent trois cents ans environ après le Nirvâ*n*a du Bouddha à perdre beaucoup de leur efficacité. Aux origines de l'Ordre, on nous parle de beaucoup d'hommes qui sont devenus Arhat, certains avec une facilité surprenante. Dans les écrits ultérieurs les cas enregistrés sont de moins en moins nombreux. À la fin, comme le montrent les *prophéties* citées plus haut, la conviction se répandit que le temps des Arhat était passé. Le lait avait été écrémé. Les savants avaient expulsé les saints, l'érudition avait pris la place de la réalisation. Une des Écritures des Sarvâstivâdin relate la triste et terrible histoire du meurtre du dernier Arhat des mains d'un de ces savants. L'histoire illustre bien les mœurs de l'époque.

La communauté réagit de deux manières à cet échec. Une section se détourna de l'interprétation que Śâriputra avait donnée de la doctrine originelle et édifia un nouvel évangile (chapitres V à IX) ; une autre section resta fidèle aux vues anciennes en effectuant un ou deux ajustements mineurs. Étant donné le déclin de leur vigueur, qu'ils interprétaient comme un déclin de la foi, les membres de la section conservatrice commencèrent à passer d'une tradition orale à une tradition écrite. À Ceylan les Écritures pālies furent portées sur manuscrit pour la première fois au Ier siècle av. J.-C. Un autre changement consista à abaisser le niveau à atteindre : dans les premiers siècles beaucoup de moines avaient aspiré directement au Nirvâ*n*a, seuls les laïcs et les moines les moins ambitieux se contentaient de l'espoir de gagner une meilleure renaissance ; mais depuis environ 200 av. J.-C., presque tout le monde sentit que les conditions étaient trop défavorables pour gagner l'Illumination dès cette vie. Il est naturel que vers cette époque une tradition sur le Bouddha à venir, *Maitreya*, se soit poussée au premier plan. Maitreya (du mot *maitrî*) symbolise l'*amitié*. La légende fut stimulée dans une certaine mesure par l'eschatologie iranienne, mais elle répondait aux besoins de la situation nouvelle. Les Theravâdin, il est vrai, l'acceptèrent sans grand enthousiasme, et Maitreya ne tint jamais beaucoup de place chez eux ; mais chez les Sarvâstivâdin et les sectateurs du Grand Véhicule, il revêtit une importance croissante. D'après la cosmologie bouddhique, la terre passe par des cycles périodiques ; dans certains de ces cycles, elle s'améliore, dans d'autres elle dégénère. L'âge moyen de l'homme est un indice de la qualité de la période où il vit. Il peut varier entre dix ans et plusieurs centaines de milliers d'années. Au temps de Śâkyamuni la durée moyenne de vie était de cent ans. Après lui le monde se déprave, la vie de l'homme s'abrège. La pointe du péché et du malheur sera atteinte quand l'âge moyen de vie tombera à dix ans. Alors, le Dharma de Śâkyamuni sera complètement oublié, mais après, une poussée verticale recommence. Quand la vie humaine atteindra quatre-vingt mille ans, Maitreya, qui à présent est au ciel des *Dieux satisfaits* (*Tushita*), apparaîtra sur la terre, qui sera alors dans une condition particulièrement fertile et exubérante : elle sera plus grande qu'elle n'est maintenant. Un sable d'or fécond couvrira sa surface. Partout il y aura des arbres et des fleurs, des lacs purs et des monceaux de joyaux. Tous les hommes seront moraux et bons, prospères et réjouis. La population sera très dense et les champs donneront sept récoltes. Les gens qui aujourd'hui font des actes méritoires, façonnent des images du Bouddha, construisent des *stûpa*, offrent des dons renaîtront en tant qu'hommes à l'époque de Maitreya et obtiendront le Nirvâ*n*a par l'influence de son enseignement qui sera identique à celui du Bouddha Śâkyamuni. De cette manière le salut est devenu un espoir pour l'avenir éloigné non seulement des laïcs, mais des moines tout aussi bien.

Dans la première période de son déclin, l'Ancienne École de Sagesse donna encore des preuves d'une vie intellectuelle vigoureuse. Entre 100 av. J.-C. et 400 après, les moines codifièrent la doctrine et composèrent de nombreux commentaires et traités d'*Abhidharma*. Après ce temps ils se contentèrent de défendre les gains du passé. Durant les derniers quinze cents ans, l'Ancienne École de Sagesse est morte lentement comme un vieil arbre magnifique, qui perd ses branches une à une jusqu'à ce que le tronc demeure seul. Entre 1000 et 1200, le bouddhisme disparut de l'Inde par l'effet combiné de sa propre faiblesse, de l'hindouisme reviviscent et de la persécution musulmane. Les Sarvâstivâdin avaient possédé des postes avancés en Asie centrale et à Sumatra, mais ceux-ci furent perdus eux aussi vers 800 quand le Vajrayâna tantrique eut remplacé le Hînayâna à Sumatra et vers 900 quand l'Islam eut conquis l'Asie centrale. Les Theravâdin avaient continué à exister à Ceylan, en Birmanie et au Siam. Le bouddhisme avait été apporté à Ceylan par Aśoka vers 250 av. J.-C. Au Moyen Âge le Mahâyâna y eut beaucoup d'adhérents. Aujourd'hui l'école Theravâdin a éliminé toutes les autres. Le bouddhisme a été introduit en Birmanie au ve siècle, sous la forme du Mahâyâna. Mais depuis 1050, ce sont les Theravâdin qui ont dominé la vie intellectuelle et sociale du pays. Similairement au Siam, Hînayâna et Mahâyâna coexistèrent d'abord, mais après 1150, les Theravâdin prirent de plus en plus la prépondérance avec le pāli pour langue sacrée.

CHAPITRE V

Le Mahâyâna et la Nouvelle École de Sagesse

Les Mahâsanghika

Dans l'histoire des premiers temps de l'Ordre, les divergences étaient dues principalement à des causes géographiques. Le Dharma avait commencé au Magadha, et de là s'était répandu vers l'ouest et le sud. Environ cent à deux cents ans après le Nirvâ*n*a une séparation, une rivalité, semble s'être développée entre l'est et l'ouest. Vers le temps d'Aśoka les dissensions dans l'Ordre paraissent avoir conduit à un premier schisme. Le *Sthavira-vâda* se sépara des Mahâsanghika, ou *vice versa*. Le Sthavira-vâda était l'élément conservateur qui « suivait la doctrine des Anciens », alors que les *Mahâ-Sanghika*, les *Grands-Assemblistes*, adhéraient à la *Grande Assemblée*, qui englobait des moines de moindres réalisations et des maîtres de maison, en opposition à l'*Assemblée des Arhat*, exclusive et démocratique.

Il n'est pas facile d'atteindre des faits authentiques touchant ce schisme. Les écrits d'une des parties intéressées, à savoir des Mahâsanghika, ont été presque tous perdus. Une grande part d'orgueil sectaire et de dépit entre dans toutes les relations que nous possédons. Ce qui paraît sûr est que cette division s'est produite vers le temps d'Aśoka, et qu'elle était liée aux *Cinq points* d'un moine du nom de Mahâdeva. Ce Mahâdeva réussit à soulever l'indignation de ses adversaires, qui le décrivaient comme le fils d'un marchand ayant commis l'inceste avec sa mère, empoisonné son père, puis tué sa mère et plusieurs Arhat. Cela fait, il avait éprouvé du remords, quitté la vie de famille, il s'était ordonné lui-même — de manière très irrégulière — et avait tenté ensuite d'imposer ses *Cinq points* à l'Ordre. Deux de ces points sont dirigés contre les Arhat et leur imputent des déficiences tant morales qu'intellectuelles. Dans l'un on assure que les Arhat pouvaient encore avoir des émissions séminales la nuit ; cela semblait indiquer que leurs passions n'étaient pas tout à fait épuisées, puisqu'ils pouvaient être tentés et demeuraient en proie aux molestations de Mâra. Outre un résidu de passion, il y avait en eux un restant d'ignorance ; ils n'étaient pas pleinement omniscients, il y avait quelque chose qui obstruait encore leurs pensées. Ce second point devint fort important pour le développement de l'idéal d'*omniscience* dans le Mahâyâna (voir p. 180 et suiv.). Les cinq points de Mahâdeva ne furent que l'occasion du séparatisme des Mahâsanghika. En dépit de ce que leurs opposants ont dit sur eux, il n'y a aucune raison de croire que leurs doctrines fussent moins anciennes que celles que nous avons décrites au chapitre IV. Si nous ne parlons pas d'eux ici avec plus de détail, c'est qu'il y a fort peu à en dire.

Les Mahâsanghika devinrent le point de départ du développement du Mahâyâna par leur attitude plus libérale et par quelques-unes de leurs théories particulières. À tous égards, les Mahâsanghika étaient plus libéraux que leurs adversaires ; ils étaient moins stricts à interpréter les règles disciplinaires, moins exclusifs vis-à-vis des maîtres de maison, ils voyaient d'un œil plus favorable les possibilités spirituelles des femmes et des moines les moins doués, et penchaient davantage à considérer comme authentiques les additions aux Écritures qui furent composées à une date postérieure. Plusieurs des traits distinctifs de l'idéal bodhisattvique du Mahâyâna ont été élaborés chez eux pour la première fois ; en outre certains de leurs préceptes ont eu cette conséquence, historiquement très importante, de détacher la tradition bouddhique du Bouddha historique, en adhérant exclusivement à ses paroles qui n'étaient plus impératives : « En un seul son le Bouddha a exposé toutes ses doctrines. » « Il comprend toutes choses en un moment. » « La forme corporelle du Tathâgata est sans limites ; de même son pouvoir et la longueur de sa vie. » « Le Bouddha n'est jamais las d'illuminer les êtres sensibles et d'éveiller la foi pure en eux. » « Le Bouddha ne dort ni ne rêve. » « Le Bouddha est toujours en transe. » De tels propos ne conviennent pas du tout à l'être humain appelé Gautama qui vécut au Magadha il y a de longues années. En soulignant à l'extrême les qualités surnaturelles ou supramondaines du Bouddha, par lesquelles il différait de tous les autres hommes, ils éloignaient le croyant des circonstances historiques fortuites propres à son apparition. Certains Mahâsanghika allaient jusqu'à maintenir que Śâkyamuni n'avait été rien de plus qu'une *création magique* qui, au nom du Bouddha Supramondain, avait prêché le Dharma. Si le Bouddha n'avait vécu que vers 500 av. J.-C., il n'avait pu enseigner qu'à cette époque et le corps de ses enseignements aurait été achevé à sa mort. Mais si le vrai Bouddha existe à toute époque, il n'y a pas de raison qui l'empêcherait de trouver à toute époque des instruments pour donner cet enseignement. Ainsi était assuré un développement de la doctrine libre, dégagé de toutes entraves, où les innovations, même si l'on ne pouvait les retrouver dans le corps d'Écritures existant, se laissaient justifier comme des révélations sur le principe réel de la Buddhéité.

Hînayâna et Mahâyâna

Des Mahâsanghika naquit un nouvel évangile. Ses adhérents l'appelèrent d'abord « carrière des Bodhisattva » (*Bodhisattvayâna*), et plus tard, *Mahâ-yâna*, la « Grande Carrière » ou le Grand Véhicule. Par opposition, les sectateurs de l'Ancienne École de Sagesse reçurent occasionnellement le nom de Hîna-yâna ou *Véhicule Moindre, Inférieur, Bas*. Le Mahâyâna a paru *grand* pour bien des motifs — surtout en raison de la nature omniprésente de la sympathie, de la vacuité qui y est enseignée et en raison de la grandeur du but qu'il revendique, lequel n'est autre que la Buddhéité elle-même.

Dans son intention primitive, Hînayâna est un terme injurieux, et les Mahâyânistes l'ont employé rarement. Ils traitaient usuellement leurs adversaires de *Disciples et Pratyekabuddha's*. Aujourd'hui où la connotation originelle n'est que faiblement sentie, le mot Hînayâna peut être employé à des fins descriptives, de même qu'en histoire de l'art des mots comme *Baroque* ou *Rococo* sont de nos jours des termes descriptifs, bien qu'à l'origine ils exprimassent une critique de l'art en question.

Nous n'avons aucune idée claire sur la proportion numérique des Hînayânistes et des Mahâyânistes dans l'Inde à diverses époques. Il est probable que les Mahâyânistes ne commencèrent à dépasser les Hînayânistes que vers 800 ap. J.-C., quand le bouddhisme eut décliné définitivement dans l'Inde. Quand la foi bouddhique se fut répandue en Chine, au Japon et au Tibet, le Grand Véhicule refoula et ruina presque complètement le Hînayâna, qui n'est plus conservé à présent qu'à Ceylan, en Birmanie, au Cambodge et au Siam.

Les Mahâyânistes et les Hînayânistes vécurent ensemble dans les mêmes monastères, et adhérèrent pour longtemps aux mêmes règles de *Vinaya*. I-tsing (vers 700) rapporte à ce sujet :

« Les adhérents du Mahâyâna et du Hînayâna pratiquent le même *Vinaya*, reconnaissent les mêmes cinq catégories de fautes, sont attachés aux mêmes quatre vérités. Ceux qui adorent les Bodhisattva et lisent les *sûtra* du Mahâyâna portent le nom de Mahâyânistes ; ceux qui ne le font pas sont des Hînayânistes. »

Comment Mahâyânistes et Hînayânistes définissaient-ils leurs relations les uns avec les autres ? La littérature du Hînayâna ne reconnaît pas les innovateurs du Mahâyâna ; rarement des auteurs ou des doctrines du Mahâyâna sont nommés dans la controverse, si même ils le sont jamais. Néanmoins une certaine quantité de thèses du Mahâyâna a été tacitement absorbée.

Le Mahâyâna, à son tour, paraît bien n'avoir jamais abouti à une conclusion définie sur sa relation avec le Hînayâna. Dans les premiers siècles, jusque vers 400 de notre ère, nous entendons parler beaucoup des *Disciples et Pratyekabuddha's*. Puis on les perd de vue de plus en plus, à mesure que le Mahâyâna devient plus indépendant en doctrine, en terminologie et en mythologie. Dans leurs vues touchant la valeur relative des deux « véhicules », les Mahâyânistes ont été poussés par deux séries affectives contradictoires. La tendance sectaire, jointe au souci de se justifier, au désir de supériorité, lutta contre la tolérance, la bonté aimante, la modestie. Ce conflit conduisit à toutes sortes d'opinions antinomiques, qui ne furent jamais réellement résolues.

À certains moments on a dit que le *Véhicule du*

Bouddha exclut le Véhicule des Disciples, à d'autres on l'a tenu pour identique à celui-ci. Occasionnellement, les Hînayânistes sont traités avec le plus grand mépris, menacés du feu de l'enfer, décrits comme de la « paille » ou pis encore ; à d'autres occasions, on adopte une attitude plus libérale. On « serait parjure envers le Tathâgata » si l'on devait « manifester du mépris pour ceux qui suivent la voie des Disciples ou des Pratyekabuddha, en disant : nous sommes plus distingués qu'eux ».

Les Sarvâstivâdin avaient reconnu trois différentes familles (*gotra*) ou chemins du salut : il y a les *Disciples*, qui atteignent le Nirvâ*n*a par l'état d'Arhat ; il y a le Pratyekabuddha, qui est « illuminé de lui-même, c'est-à-dire qui a atteint la pleine Illumination, mais meurt sans avoir proclamé la vérité au monde ». Il y a les *Bouddha Suprêmes*, qui gagnent l'Illumination parfaite et enseignent le Dharma aux autres. Chaque individu, par son passé, son caractère, son tempérament, appartient à l'un de ces trois groupes, et il doit utiliser les moyens qui conviennent à son idiosyncrasie. Certains Mahâyânistes sont d'accord pour laisser les choses en cet état ; mais d'autres ont insisté sur le fait qu'il n'y a qu'une voie vers le salut final — le Véhicule du Bouddha ou Grand Véhicule — alors que les autres Véhicules ne mènent pas bien loin. Le *Lotus* dit par exemple : « Tous les Disciples imaginent qu'ils ont atteint le Nirvâ*n*a. Mais le Jina les instruit et leur dit : ceci est une halte temporaire, ce n'est pas le repos final. C'est là le moyen employé par le Bouddha quand il enseignait cette méthode. Il n'y a pas de réel Nirvâ*n*a sans omniscience. Efforcez-vous de l'atteindre ! » On affirme des Arhat que, contrairement à ce qu'ils croient, ils n'ont pas « accompli leur tâche », qu'ils n'ont pas « achevé ce qu'ils avaient à faire ». Ils avaient à poursuivre leurs efforts jusqu'à ce qu'ils gagnent la connaissance d'un Bouddha.

Les hésitations des Mahâyânistes concernant la valeur relative des deux *Véhicules* semblent indiquer qu'un sentiment de supériorité sectaire ne peut s'incorporer organiquement dans la doctrine bouddhique.

Le développement littéraire

Entre 100 av. J.-C. et 200 ap. J.-C. le Mahâyâna laissa jaillir une profusion de *Sûtra*. Si l'on veut en saisir l'esprit, on le trouvera rendu avec une force particulière dans le *Lotus de la Bonne Loi* et dans l'*Exposé de Vimalakîrti*, tous deux accessibles en traductions anglaises. Le noyau de la nouvelle doctrine est exposé dans les volumineux *Sûtra* traitant de la *Perfection de Sagesse*. Le mot sanskrit est *pra*-JÑÂ-*pâramitâ*, littéralement « fait d'aller-au-delà-de-la-sagesse », ou, comme nous dirions, *Sagesse Transcendantale*. Les bouddhistes en tous temps ont comparé ce monde de souffrance, de-naissance-et-mort, avec un fleuve en pleine expansion. Nous errons sur la rive prochaine, tourmentés pour toutes sortes de difficultés et d'angoisses ; sur l'autre rive est situé l'*Au-delà*, le Paradis, le Nirvâ*n*a, où tous les maux, en même temps que l'individualité séparée, sont venus à leur terme. Ces écrits sur la *Prajñâpâramitâ* sont très élusifs et ne sont pas faciles à comprendre. Alors que le bouddhisme primitif venait de l'Inde du Nord, de la région entre Népal et Gange, la *Prajñâpâramitâ* a pris naissance dans l'Inde du Sud-Est, au Dekkan, entre les fleuves Godâvarî et Kistna, près d'Amarâvatî et de Nagarjunikonda.

La doctrine des *sûtra* du Mahâyâna et de la *Prajñâpâramitâ* en particulier s'est développée en forme systématique et philosophique chez les *Mâdhyamika*. *Madhyama* veut dire « moyen », et les *Mâdhyamika* sont ceux qui prennent la *Voie Moyenne*, entre l'affirmation et la négation. L'école a été fondée, probablement vers 150 de notre ère, par Nâgârjuna et Âryadeva. Nâgârjuna était un des plus subtils dialecticiens de tous les temps. De famille brahmanique, il vint du Berar vers le sud de l'Inde et son activité s'exerça à Nagarjunikonda près d'Amarâvatî, et dans l'Inde du Nord. Son nom s'explique par la légende qui veut qu'il soit né sous un arbre *arjuna*, et que les Nâga ou rois-serpents ou dragons l'aient instruit en sciences secrètes dans le Palais des Dragons situé sous la mer. Sa théorie s'appelle *Śûnyavâda ou Doctrine de la vacuité*. Il a complété avec un appareil logique les conceptions exposées dans les *sûtra* sur la sagesse parfaite, qu'il avait sauvées, assure-t-on, du monde infernal des Nâga. Tandis que Śâkyamuni, nous dit la légende, enseignait aux hommes la doctrine des *Disciples*, il enseignait au ciel, en même temps, une doctrine plus profonde, qui fut d'abord conservée par les Dragons, puis amenée sur terre par Nâgârjuna.

L'école Mâdhyamika fut florissante dans l'Inde pendant quelque huit cents ans. Vers 450 de notre ère, elle se scinda en deux subdivisions : d'un côté les *Prâsangika*, qui interprétèrent la doctrine de Nâgârjuna comme un scepticisme universel et soutinrent que leurs argumentations avaient exclusivement pour but de réfuter les autres opinions ; d'un autre côté les *Svâtantrika*, qui maintenaient que l'argumentation pouvait établir aussi quelques vérités positives. Les Mâdhyamika disparurent de l'Inde après l'an 1000, avec le bouddhisme. Leurs idées directrices ont survécu jusqu'à présent dans le système du *Vedânta* de l'hindouisme, dans lequel elles furent incorporées par Gau*d*apâda et Śankara, ses fondateurs.

Les traductions des *Prajñâpâramitâ-sûtra* ont exercé une influence profonde en Chine depuis 180 ap. J.-C. Les Mâdhyamika ont existé pendant quelques siècles, depuis 400, ou 600 jusqu'à 900, en tant qu'école séparée appelée San loen t'sung. En 625 l'école arriva au Japon, sous le nom de Sanron, mais elle s'y est éteinte pendant longtemps. Adaptée aux conceptions générales des Chinois et des Japonais sur la vie, la doctrine poursuit sa destinée sous le nom de Ch'an ou Zen.

L'homme idéal du Mahâyâna, le Bodhisattva

Les deux mots clefs qui apparaissent presque à chaque page des écrits du Mahâyâna sont ceux de Bodhisattva et de vacuité. Qu'est-ce, d'abord, qu'un Bodhi-sattva ? Le Bouddha est un être qui a reçu l'Illumination. Le Bodhi-sattva est littéralement un *être-d'Illumination*. C'est un Bouddha-à-être, un être qui désire devenir un Bouddha, c'est-à-dire un « Illuminé ». Voilà pour le sens littéral.

Il serait erroné de croire que la conception du Bodhisattva a été une création du Mahâyâna. Pour tous les bouddhistes, chaque Bouddha a été un Bodhisattva, pour une longue période avant son Illumination. Les Sarvâstivâdin en particulier avaient beaucoup réfléchi à la carrière d'un Bodhisattva. L'*Abhidharmakośa* donne une belle description de la mentalité du Bodhisattva :

« Mais comment les Bodhisattva, une fois qu'ils ont fait vœu d'obtenir l'Illumination suprême, prennent-ils un si long temps pour l'obtenir ?

« Parce que l'Illumination suprême est très difficile à obtenir : il y faut une vaste accumulation de connaissances et de mérites, des actes héroïques innombrables dans le cours de trois *kalpa* incommensurables.

« On pourrait comprendre que le Bodhisattva recherche cette Illumination si difficile à obtenir, si cette Illumination était son seul moyen d'arriver à la délivrance ; mais ce n'est pas le cas. Pourquoi donc entreprennent-ils une telle tâche infinie ?

« Pour le bien des autres ; parce qu'ils veulent être en mesure de tirer les autres de ce grand flot de souffrance. Mais quel bénéfice personnel trouvent-ils dans le bénéfice des autres ?

« Le bénéfice des autres est leur propre bénéfice ; parce qu'ils le désirent.

« Qui pourrait croire cela ?

« Il est vrai que les hommes dénués de pitié, ne pensant qu'à eux-mêmes, trouvent dur de croire en l'altruisme du Bodhisattva. Mais les hommes doués de compassion le croient aisément. Ne voyons-nous pas que certaines gens affermis dans leur absence de pitié trouvent plaisir dans la souffrance des autres, même quand elle ne leur est pas utile ? De même on doit admettre que les Bodhisattva, affermis dans leur pitié, trouvent plaisir à faire le bien aux autres sans aucune préoccupation égoïste. Ne voyons-nous pas que certaines gens, ignorant la vraie nature des Dharma conditionnés qui constituent leur prétendu *Soi*, s'attachent à ces Dharma par la force de l'habitude — si complètement que ces Dharma soient démunis de personnalité — et souffrent mille peines à cause de cet attachement ? De la même manière on doit admettre que les Bodhisattva, par la force de l'habitude, se détachent des Dharma qui constituent leur prétendu *Soi*, cessent de considérer ces Dharma comme "moi" ou "mien", grandissent en sollicitude compatissante pour les autres et sont prêts à souffrir mille peines pour cette sollicitude. »

Telle est l'idée du Mahâyâna, qui s'est pleinement constituée à l'intérieur des écoles du Hînayâna. L'innovation du Mahâyâna est d'avoir élaboré cette notion en un idéal valable pour tous ; d'avoir comparé l'Arhat sous un jour défavorable avec le Bodhisattva ; d'avoir proclamé que tous doivent imiter les Bodhisattva et non les Arhat.

Au sujet de l'Arhat, les Mahâyânistes ont soutenu qu'il n'avait pas complètement secoué tout attachement au « moi » et au « mien ». Il a entrepris d'obtenir le Nirvâ*n*a pour lui-même, il l'a gagné pour lui-même, mais les autres sont restés dehors. De cette manière on a pu dire que l'Arhat faisait une différence entre lui et les autres ; qu'ainsi, il retenait par voie détournée quelque notion de lui-même en tant que différent des autres — ce qui atteste son incapacité à réaliser pleinement la vérité du *Non-soi*. Deux passages de la *Prajñâpâramitâ* exposent cette critique d'une manière assez convaincante. Le premier met en contraste la carrière d'un Bodhisattva avec la carrière hînayâniste d'un disciple qui vise à l'état d'Arhat et d'un Pratyekabuddha qui acquiert une Illumination plus complète, mais qui, solitaire comme le rhinocéros, ne prêche pas la doctrine à autrui.

« Comment s'exercent les personnes appartenant au Véhicule des Disciples et Pratyekabuddha's ? Elles se disent : nous voulons dompter un seul soi, nous voulons pacifier un seul soi, c'est un seul soi que nous voulons mener au Nirvâ*n*a. Alors elles entreprennent des exercices qui produisent des racines saines en vue de se dompter soi-même, de se pacifier soi-même, de se nirvâ*n*iser soi-même. Assurément, le Bodhisattva ne doit pas s'entraîner comme cela. Il doit entreprendre des exercices pour produire des racines saines avec cette idée : je veux mettre mon soi dans le Fait-d'être-Tel (= Nirvâ*n*a) et, en vue d'aider le monde entier, je veux aussi mettre tous les êtres dans le Fait-d'être-Tel, je veux conduire au Nirvâ*n*a le monde incommensurable des êtres. »

En tibétain le mot *bodhisattva* est traduit par *Être Héroïque.* Les chrétiens eux aussi ne canonisent que les saints qui ont attesté des vertus *in gradu heroico.* La qualité héroïque du Bodhisattva est dégagée par la *Prajñâpâramitâ* dans un autre passage par voie de parabole :

Supposons qu'un héros doué de grands accomplissements soit sorti avec sa mère, son père, ses fils et ses filles. Par quelque concours de circonstances ils entrent dans une énorme forêt vierge. Les moins sages parmi eux sont grandement effrayés. Mais le héros leur dit sans avoir peur : « N'ayez pas de crainte ! je vais rapidement vous tirer de cette grande et terrible jungle, et vous conduire en lieu sûr. » Étant donné qu'il est sans crainte, vigoureux, extrêmement tendre, compatissant, courageux et plein de ressources, il ne lui vient pas à l'esprit de sortir seul de la jungle en laissant ses proches derrière lui. À l'encontre des Arhat, on soutient que nous devons prendre la totalité de la création avec nous pour l'Illumination, que nous ne pouvons l'abandonner telle quelle à son destin, vu que tous les êtres sont aussi près de nous que l'est notre famille.

Ce que l'homme doit faire est de ne pratiquer aucune discrimination entre lui-même et les autres et d'attendre qu'il ait aidé chacun à entrer dans le Nirvâ*n*a avant de s'y perdre lui-même. Les Mahâyânistes ont donc prétendu que l'Arhat n'avait pas visé assez haut. L'homme idéal, but de l'effort bouddhique, n'était pas à leurs yeux l'Arhat centré sur lui-même, froid, à l'esprit étroit, mais le Bodhisattva à la compassion universelle, qui a abandonné le monde, mais non les êtres qui s'y trouvent. Alors que la sagesse avait été enseignée comme la plus haute vertu, et la compassion comme une vertu subsidiaire, maintenant la compassion est parvenue au même rang que la sagesse. Tandis que la sagesse de l'Arhat avait été féconde en libérant en lui ce qu'il y avait à libérer, elle avait été plutôt stérile en ce qui concerne les moyens d'aider le commun des humains. Le Bodhisattva est celui qui non seulement se délivre, mais encore est habile à trouver les moyens de produire et faire mûrir les germes latents de l'Illumination chez les autres. Comme la *Prajñâpâramitâ* le dit encore :

« Faiseurs de ce qui est difficile sont les Bodhisattva, les grands êtres qui ont entrepris de gagner l'Illumination suprême. Ils ne veulent pas atteindre leur propre Nirvâ*n*a privé. Au contraire, ils ont parcouru le monde hautement douloureux de l'existence, et pourtant, désireux de gagner l'Illumination suprême, ils ne tremblent pas devant la-naissance-et-la-mort. Ils se sont mis en marche pour le bénéfice du monde, pour le bonheur du monde, par pitié pour le monde. Ils ont pris cette décision : nous voulons devenir un abri pour le monde, un refuge pour le monde, le lieu de repos du monde, le confort final du monde, les îles du monde, les lumières du monde, les guides du monde, les moyens de salut du monde. »

L'idéal du Bodhisattva a été dû en partie à la pression sociale exercée sur l'Ordre (voir p. 112 et suiv.), mais dans une large mesure il était inhérent à la pratique des *Illimités* qui avait entraîné les moines à ne pas discriminer entre eux-mêmes et les autres. Comme nous l'avons vu, le bouddhisme a à sa disposition deux méthodes pour réduire le sentiment de la séparation chez les individus : l'une est la culture des émotions sociales ou des sentiments tels que l'amitié et la compassion ; l'autre consiste à acquérir l'habitude de considérer tout ce qu'on pense, sent ou fait comme un jeu réciproque de forces impersonnelles — appelées Dharma — se détachant lentement d'idées comme celles du « moi » ou « mien » ou « soi ». Il y a une contradiction logique entre la méthode de sagesse, qui ne reconnaît aucun individu, mais seulement des Dharma, et la méthode des Illimités qui cultive les relations vis-à-vis des gens considérés comme des individus. La méditation sur le Dharma dissout les autres tout comme soi-même en un conglomérat de *dharma* impersonnels et instantanés ; elle réduit notre humanité à cinq monceaux ou portions, plus une étiquette. S'il n'y a rien d'autre au monde que des faisceaux de Dharma — aussi froids et impersonnels que des atomes — périssant sur-le-champ à tout instant, il n'y a rien sur quoi l'amitié et la compassion aient à s'exercer. On ne peut souhaiter du bien à un Dharma qui a disparu au moment même où on lui souhaite du bien, on ne peut pas davantage avoir pitié d'un Dharma — disons, d'un « objet de pensée », d'un « organe de la vue » ou d'une « conscience de son ». Dans les cercles bouddhiques où la méthode des Dharma a été pratiquée sur une plus vaste échelle que celle des Illimités, cela a mené à une certaine sécheresse d'esprit, à un retranchement, à un manque de chaleur humaine. La véritable tâche du bouddhiste est de poursuivre en même temps ces deux méthodes contradictoires. De même que la méthode des Dharma conduit à une contraction sans fin du soi — parce que tout en est vidé —, de même la méthode des Illimités conduit à une expansion sans fin du soi — parce qu'on s'identifie avec de plus en plus d'êtres vivants. De même que la méthode de la sagesse fait éclater l'idée qu'il y ait quoi que ce soit au monde ressemblant à des personnes, de même la méthode des Illimités renforce la conscience des problèmes personnels relatifs à des personnes de plus en plus nombreuses.

Comment alors le Mahâyâna résout-il cette contradiction ? Les philosophes bouddhiques diffèrent des philosophes nourris dans la tradition aristotélicienne en ce sens qu'ils ne sont pas effrayés, mais au contraire réjouis par la contradiction. Ils y font face, comme pour d'autres contradictions, en la posant simplement sans compromis, puis ils laissent les choses en l'état. Voici un passage très fameux du *Sûtra du Diamant* qui illustre ce point :

« À ce sujet, ô Subhûti, le Bodhisattva doit penser comme suit : autant d'êtres il y a dans l'univers des êtres — qu'ils soient nés d'un œuf, nés d'une matrice, nés d'une moisissure ou nés miraculeusement ; qu'ils soient avec ou sans forme ; qu'ils soient avec perception ou sans perception, ou bien, ni avec perception ni sans perception — pour autant qu'est conçu un univers concevable d'êtres ; tous tant qu'ils sont doivent être menés par moi dans le Nirvâ*n*a, dans ce royaume du Nirvâ*n*a, aucun être du tout n'a été conduit au Nirvâ*n*a. Et pourquoi ? Si la perception d'un "être" prenait place dans un Bodhisattva, on ne l'appellerait pas un être-d'Illumination (*bodhisattva*). »

Le Bodhisattva est un être composé des deux forces contradictoires de la sagesse et de la compassion. Dans sa sagesse, il ne voit pas de personnes ; dans sa compassion, il est résolu à les sauver. Son aptitude à combiner ces comportements contradictoires est la source de sa grandeur, de sa capacité à se sauver lui et les autres.

La Vacuité

Deux choses, nous dit le *Sûtra*, sont tout à fait nécessaires au Bodhisattva et à sa pratique de sagesse : « Ne jamais abandonner les êtres et voir en vérité que toutes choses sont vides. » Il nous faut maintenant faire effort pour comprendre cette idée de première importance qui est celle de la *Vacuité*.

Ici à nouveau la racine sanskrite nous aide. Elle montre avec quelle facilité le mot *vide* pouvait devenir un synonyme de *Non-soi*. Ce que nous appelons *vacuité* en français est *śûnyatâ* en sanskrit. Le mot sanskrit *śûnya* dérive de la racine *ŚVI-*, « gonfler ». *Śûnya* signifie littéralement « relatif à ce qui est gonflé ». Dans un passé éloigné, nos ancêtres, avec un instinct délicat de la nature dialectique de la réalité, ont fréquemment employé la même racine verbale pour noter les deux aspects opposés d'une situation. Ils étaient visiblement conscients de l'unité des contraires en même temps que de leur opposition. C'est ainsi que la racine *ŚVI-*, en grec *KY-*, semble avoir rendu l'idée que ce qui apparaît comme « gonflé » de l'extérieur est « creux » à l'intérieur. Cela se vérifie sans peine à l'aide de la linguistique comparée. Le sens de « gonflé » est attesté dans des mots latins comme *cumulus* (amas, monceau) et *caulis* (tige) ; le sens de « creux », de la même racine, figure dans le grec *koilos*, le latin *cavus*. Ainsi notre personnalité est gonflée en tant qu'elle est constituée par les cinq *skandha*, mais creuse à l'intérieur parce qu'elle est démunie de soi central. En outre « gonflé » peut signifier « empli de quelque chose d'étranger ». Quand une femme est « gonflée » par la grossesse — ici encore les Grecs emploient la même racine dans *kyo* —, elle est pleine d'un corps étranger, de quelque chose qui n'est pas elle. De même, suivant cette conception, la personnalité ne contient rien qui lui appartienne en propre ; elle est gonflée de substance étrangère. Il faut, comme pour l'enfant, expulser le corps étranger.

Il est fort dommage que ces connotations du mot *śûnyatâ* soient perdues quand nous parlons de « vacuité ». Cela ouvre la porte à d'innombrables malentendus. Pour le non-initié singulièrement, la vacuité apparaîtra comme un simple néant, juste comme le Nirvâ*n*a[1].

Bien que, dans l'art bouddhique, la vacuité soit symbolisée communément par un cercle vide, on ne doit pas regarder la vacuité bouddhique comme un simple « nul » ou un « blanc ». Le mot signifie absence de soi, effacement du soi. Dans la pensée bouddhique certaines idées s'associent les unes aux autres que d'ordinaire nous n'associons pas. Je les inscris ici sur un diagramme :

Sagesse
|
Abhidharma —— Dharma —— Fait d'être sien
|
Non-soi
|
Vide
|
Perfection de sagesse ——— Vacuité

Bodhidharma, un Indien ou un Iranien qui alla en Chine vers 500 de notre ère, exprima brièvement la signification du terme en disant : « Toutes choses sont vides, et il n'y a rien qui soit désirable ou digne d'être recherché. »

En tant que termes techniques, les mots *vide* et

1. C'est une des ironies de l'histoire que le bouddhisme, ce système le moins commercial et même le plus anti-commercial de tous, ait été responsable de l'élaboration d'un outil sans lequel le commerce moderne n'aurait guère pu se développer. Sans l'invention du zéro ou « nul », nos boutiquiers, banquiers et statisticiens seraient encore gênés à droite et à gauche par les bizarreries de l'abaque. Le petit cercle que nous dénommons *zéro* était connu des Arabes vers 950 de notre ère sous le nom de *shifr*, « vide ». Cela a donné *cifra* en latin, quand vers 1150 le « nul » fut arrivé en Europe. En anglais « cypher » était, à l'origine, le nom du zéro, et « cypher » n'est autre que le mot sanskrit *śûnya*.

vacuité notent dans la tradition bouddhique la négation complète de ce monde par l'exercice de la sagesse. L'idée centrale est la négation et le renoncement complets au monde qui nous entoure, le complet retrait, la libération complète hors de lui, dans tous ses aspects et dans toute son extension.

Les Abhidharmistes ont connu le terme de « vide », mais en ont usé fort parcimonieusement. Dans le Canon pāli il n'est attesté qu'en quelques passages. La Nouvelle École de Sagesse traite le mot comme le Sésame qui ouvre toutes les portes, et Nâgârjuna en a élaboré les implications épistémologiques. *Vacuité* signifie ici identité du oui et du non. Dans ce système de pensée l'art aimable de défaire d'une main ce qu'on a fait de l'autre passe pour la quintessence même de la vie efficace. Le sage bouddhique est dépeint sous les traits d'une sorte de Pénélope fidèle, qui attend patiemment l'arrivée de l'Ulysse de l'Illumination. En fait, il ne devrait jamais se laisser aller à dire « oui » ou « non » à propos de quoi que ce soit. Une fois qu'il dit « oui », il doit aussi dire « non ». Et quand il dit « non », il doit aussi dire « oui » sur le même sujet.

La *Vacuité* est ce qui se tient droit au milieu entre l'affirmation et la négation, l'existence et la non-existence, l'éternité et l'annihilation. Le germe de cette idée se rencontre dans un propos de date ancienne qu'ont transmis les Écritures de toutes les écoles. Le Bouddha dit à Katyâyana que le monde bâtit habituellement ses conceptions sur deux choses, existence et non-existence. « Il est » est l'un des extrêmes ; « il n'est pas » est l'autre ; le monde est emprisonné entre ces deux limites. Les hommes saints transcendent cette limitation. Évitant les deux extrêmes, le Tathâgata enseigne un Dharma au milieu ; c'est là seulement que la vérité peut se trouver. Ce Dharma s'appelle maintenant *Vacuité*. L'Absolu est vacuité et toutes choses aussi sont vides. Dans leur vacuité le Nirvâ*n*a et ce monde coïncident, ils cessent d'être différents, ils sont une même chose.

La doctrine de l'Anattâ est en désaccord patent avec le sens commun. Les docteurs de l'Ancienne École de Sagesse avaient admis que le conflit était irréductible, en distinguant deux sortes de vérités : la vérité *Ultime* qui consiste en assertions sur les *dharma*, la vérité *conventionnelle* qui parle de *personnes* et de *choses*. Les événements *ultimes* de cette école ont en très grande partie la fonction des atomes, cellules et autres entités, inconnus normalement dans la vie quotidienne, mais auxquels les propositions de la science moderne se réfèrent à juste raison. La Nouvelle École de Sagesse porte le concept de *Vérité Ultime* plus loin. On le trouve désormais, exclusivement, en relation avec l'unique réalité ultime, l'Absolu en sa vacuité. Vérité *ultime* ne signifie plus vérité *scientifique*, mais vérité *mystique*. Il est évident qu'en ce sens tout ce que nous pouvons dire est, en dernier ressort, non vrai. La vacuité ne peut être l'objet d'une croyance définie. Nous ne pouvons y accéder, et si même nous le pouvions, nous ne la reconnaîtrions pas, car elle n'a pas de marques distinctives. Toutes les doctrines, même les Quatre Saintes Vérités, sont, en dernier ressort, fausses, preuves d'ignorance. Les théories enveloppent la Lumière Ineffable de l'Unique ; elles ne sont vraies que conventionnellement, en ce sens qu'elles s'adaptent aux capacités variées des hommes à comprendre les expériences spirituelles. L'enseignement peut et doit varier à l'infini suivant les inclinations et les dons des êtres.

La doctrine de la vacuité s'exprime fréquemment par le moyen d'une image. L'Ancienne École de Sagesse avait déjà comparé ce monde autour de nous à un amas d'écume, à une bulle, un mirage, un rêve, un spectacle de magie. Les images avaient pour objet d'imposer la conception que le monde est relativement sans importance, sans valeur, décevant, insubstantiel. Les poètes en Occident ont souvent employé les mêmes images dans une intention semblable :

> Mais que sont les hommes qui cherchent la louange sublime,
> Sinon des bulles d'eau sur le fleuve rapide du temps,
> Qui montent et retombent et gonflent et ne sont plus,
> Nées et oubliées, dix mille fois en une heure ?

Ou le passage plus fameux encore :

> Le monde n'est qu'un spectacle fuyant
> Donné pour l'illusion de l'homme ;
> Les sourires de joie, les larmes de peine,
> Brillent en décevant, coulent en décevant—
> Il n'est rien de vrai que le Ciel.

Quand la Nouvelle École de Sagesse, à son tour, compare tous les Dharma à un rêve, à un écho, à une image réfléchie, à un mirage ou à un spectacle de magie, elle le fait dans une intention plus technique. Seul l'Absolu ne dépend de quoi que ce soit d'autre ; il est définitivement réel. Toute chose relative dépend fonctionnellement d'autres choses et ne peut exister ou se concevoir que dans et par ses relations avec les autres choses. En soi-même elle n'est rien, elle n'a pas de réalité interne distinctive. « Une somme empruntée n'est pas un capital qu'on ait en propre », comme dit Candrakîrti. Mais si chaque chose est « démunie d'essence propre » et n'existe pas en réalité, telle « la fille d'une vierge stérile sculptée dans la pierre », comment se fait-il que nous puissions voir, entendre et éprouver les choses autour de nous qui ne sont en réalité que vacuité ? Les images du rêve, etc., sont destinées à répondre à cette question. On voit un spectacle de magie ou un mirage, on entend un écho, on rêve un rêve, et pourtant nous savons tous que l'apparence magique est pure illusion (voir p. 226), qu'il n'y a pas d'eau réelle dans le mirage, que l'écho n'est pas quelqu'un qui parle, enfin que les objets qu'on a aimés, détestés ou craints dans son rêve n'avaient pas d'existence réelle.

Bien des malentendus dans la conception mâdhyamika de la vacuité auraient été évités si l'on avait donné tout leur poids aux termes qui lui servent de synonymes. L'un des synonymes les plus fréquents est *Non-dualité*. Dans la gnose parfaite, toutes les dualités sont abolies, l'objet ne diffère pas du sujet, le Nirvâ*n*a ne se distingue pas du monde, l'existence n'est plus quelque chose qui soit à part de la non-existence. La discrimination et la multiplicité sont les estampilles de l'ignorance. D'un autre point de vue, la vacuité est appelée *Fait-d'être-tel*, parce qu'on prend la réalité telle qu'elle est, sans y surimposer aucun concept.

Les énonciations des philosophes du Mahâyâna touchant la vraie connaissance cessent d'être paradoxales et absurdes quand on comprend qu'elles visent à décrire l'Univers tel qu'il apparaît au niveau de la totale extinction du soi, ou bien du point de vue de l'Absolu. Si c'est une entreprise pleine de sens et rationnelle de décrire ce monde comme il apparaît à Dieu, alors les *sûtra* du Mahâyâna sont pleins de sens et de rationalité. Maître Eckhart et Hegel ont tenté une œuvre semblable. Leurs écrits également laissent entendre que l'intention de Dieu n'est pas toujours facile à comprendre.

Le salut

Le salut, tel que l'entend la Nouvelle École de Sagesse, peut se résumer en trois négations — *Non-obtention*, *Non-affirmation*, *Ne-pas-faire-fond-sur* — et en un attribut positif — *Omniscience*. On dépense une masse d'arguments à montrer que le Nirvâ*n*a ne peut être obtenu, que le salut ne peut réellement avoir lieu, que le long et laborieux combat du Bodhisattva ne mène réellement nulle part — « Dans la vacuité il n'y a ni obtention ni non-obtention. » L'inconditionné est par définition dénué de toute relation à quoi que ce soit d'autre ; ou, comme le disent les *Sûtra*, il est absolument isolé et solitaire. Il est, par suite, impossible pour une personne donnée d'entrer en aucune espèce en relation avec lui, encore moins de le posséder ou de le gagner. Au surplus, on ne saurait jamais qu'on a atteint le Nirvâ*n*a. La vacuité n'a pas de propriétés, pas de signes, rien par quoi on puisse la reconnaître et ainsi nous ne pouvons jamais savoir si nous l'avons ou non.

La non-obtention équivaut en réalité à l'extinction de soi, ou bien à l'oubli de soi dans un abandon complet. C'est une caractéristique des vertus les plus hautes de toutes qu'on ne puisse en avoir conscience sans les perdre : il en est ainsi de la simplicité et de l'humilité. On ne peut acquérir délibérément une simplicité non étudiée, pas plus qu'on ne peut réfléchir à son humilité sans devenir la proie de l'orgueil. On ne peut dire qu'on a gagné le Nirvâ*n*a sans faire une distinction entre soi-même et le Nirvâ*n*a, entre son état antérieur et son état actuel, entre le Nirvâ*n*a et son contraire. Et toutes ces distinctions sont les signes de cette même ignorance qui vous exclut de l'autre rive.

Il y a un réel danger inhérent au langage lui-même, à savoir que toute assertion qu'on formule ressemble à l'affirmation de quelque chose. Dans un système où la *Non-affirmation* est l'un des signes du salut, il faut toujours se souvenir qu'elle n'est pas posée en forme de théorie ou de système métaphysique : « Cette doctrine sublime n'est pas une arène pour logiciens. » La doctrine de la vacuité n'est pas instruite pour soutenir une théorie contre d'autres, mais pour se débarrasser des théories en général. Il serait donc très injuste aux intentions de la Nouvelle École de Sagesse de vouloir considérer la vacuité comme une sorte d'Absolu derrière le monde conditionné, comme une sorte de fondement à cet Absolu ou une sorte d'ancre pour nous. Il n'en est certainement rien : « Le Nirvâ*n*a n'est pas le moins du monde distinct de la-naissance-et-mort. » Ce n'est nullement une réalité distincte. Il serait également fallacieux de le décrire comme un monisme métaphysique dirigé contre le pluralisme des Sarvâstivâdin. Il est vrai que la doctrine Mâdhyamika a souvent été représentée de la sorte dans les manuels de philosophie. Mais ce serait aller contre l'esprit d'une doctrine qui évite de tomber dans le dualisme, que de poser l'Un contre le Plusieurs. L'esprit de Nâgârjuna était plus subtil que de telles manières de philosopher. La vacuité est la non-différence entre oui et non, la vérité nous échappe quand nous disons « c'est » et quand nous disons « ce n'est pas » ; mais elle se tient quelque part entre les deux. L'homme qui « vit dans la vacuité » n'a d'attitude, soit positive soit négative, vis-à-vis de rien. La doctrine de Nâgârjuna n'est pas un principe unitaire métaphysique, elle définit une attitude pratique de non-affirmation qui seule peut assurer une paix durable. Rien n'est plus étranger à la mentalité du sage que de combattre ou de disputer pour ou contre quelque chose. Cette paix du vrai sage est le germe de la dialectique Mâdyamika. Elle s'exprime clairement dès les Écritures bien plus anciennement que Nâgârjuna. On la trouve clairement et de manière indiscutable dans le très ancien *Sutta Nipâta* (strophes 796-803). Et dans le *Samyutta Nikâya*, le Bouddha affirme : « Je ne lutte pas avec le monde, mais le monde lutte avec moi, car celui qui connaît le *dharma* ne lutte jamais avec le monde. Et ce que les gens instruits dans le monde regardent comme non existant, moi aussi je l'enseigne comme non existant. Et ce que les gens instruits dans le monde regardent comme existant, moi aussi je le regarde comme existant. » Le but de la dialectique de Nâgârjuna n'a nullement été d'arriver à une conclusion définitive, mais de détruire toutes les opinions et de réduire à l'absurde toutes les croyances positives.

Le *Nouveau Testament* nous dit brièvement, en une seule phrase : « Le fils de l'homme n'a pas où reposer sa tête. » Avec une variété presque infinie d'expressions, la Nouvelle École de Sagesse prêche l'évangile du Ne-pas-faire-fond-sur. La clef de la doctrine réside dans l'importance de l'angoisse pour nos existences (voir p. 30). Cette angoisse nous force à adhérer perpétuellement à quelque chose qui est différent de nous. Nous nous attachons à une personne après une autre, rien ne nous terrifie tant que d'être entièrement solitaires, laissés à nous-mêmes, sans même la pensée de quelque chose vers quoi fuir. Afin d'être sauvés, il nous faut rejeter ces supports un à un et apprendre à regarder sans trembler la vacuité de notre âme, nue telle qu'elle est. Quand nous sommes ainsi, sans aucun support stable, sans espoir d'en avoir, alors on dit que « nous ne faisons fond sur rien, sinon sur la sagesse parfaite » ou « sur la vacuité », ce qui est la même chose.

D'un point de vue positif, le salut se définit comme *Omniscience*. Cette ambition d'être omniscient nous paraît plutôt étrange et réclame quelques mots d'explication. C'est le résultat d'un double développement qui, d'un côté, fait du Nirvâ*n*a final de la Buddhéité un but auquel le croyant doit tendre, et, d'un autre côté, souligne l'Omniscience comme l'attribut essentiel d'un Bouddha. Le premier est inclus, nous l'avons vu, dans l'idéal du Bodhisattva. En quel sens le Bouddha est-il donc tenu pour omniscient ? Les Mahâyânistes soutiennent que le Bouddha était omniscient au sens le plus strict du terme. D'une connaissance sans entrave, il savait correctement tous les aspects de l'existence, dans tous leurs détails. Des esprits finis ne peuvent, bien sûr, espérer comprendre les produits d'un intellect infini. Qualitativement les pensées du Bouddha sont réellement toutes différentes des nôtres. Ce sont des pensées « absolues », pensées d'un Absolu par un Absolu. Proprement envisagée, la pensée du Bouddha n'est point du tout une pensée, parce qu'une pensée inconditionnée ne peut être comprise dans le *skandha* de conscience, et parce qu'elle n'est pas séparée de son objet, mais identique à lui. En tout cas, l'Omniscience ne pourrait être attribuée au Bouddha en tant qu'il était un être humain ou même en tant qu'il était dans son « corps glorieux », mais elle est essentiellement liée au Bouddha en tant que principe purement spirituel, au *corps-de-Dharma* du Bouddha. Tous les bouddhistes ne paraissent pas avoir pensé qu'une stricte Omniscience de la part du Bouddha serait nécessaire pour investir sa religion de l'autorité requise. S'il savait tout ce qui était essentiel au salut, cela suffisait pour faire de lui un guide digne de confiance. Dans certains passages des Écritures pālies, en effet, le Bouddha écarte expressément toute autre sorte d'omniscience. Le Mahâyâna, d'autre part, explique que si l'omniscience du Bouddha consiste d'abord en sa familiarité avec les moyens d'atteindre le ciel et la libération, elle lui fait aussi comprendre toutes choses sans exception, jusqu'à ces éléments d'information sans nécessité, tels que le nombre des insectes dans le monde. Si le Bouddha était déficient à cet égard, il serait gêné par les choses situées hors du domaine de sa connaissance, et il manquerait l'identité avec l'Absolu.

Laissant de côté les implications philosophiques de ce problème, la recherche de l'Omniscience, du point de vue pratique, est identique à la recherche de l'extinction du soi, et par suite il est salutaire de la maintenir comme objectif de la vie spirituelle. Si nous nous prenons dans notre condition naturelle, nous conviendrons probablement que nous n'avons pas de désirs particuliers d'être totalement omniscients. Pour la moyenne de ceux qui recherchent le Dharma, la connaissance totale n'est certainement pas l'un des fruits, ce n'est pas la récompense qu'ils cherchent en réalité. La condition qu'on attend souvent de la poursuite du Dharma est caractérisée, je crois, par trois propriétés principales : 1. Protéger de la souffrance physique. 2. Délivrer de la crainte, de l'angoisse et de l'appréhension par le rejet de tout attachement à soi et de ses conséquences, telles que la mort. 3. Enfin il y aurait quelque espoir de devenir le centre ou le lieu d'une force calme et pure qui dominerait et repousserait le monde. Nos documents historiques laissent voir que dans l'ancien Ordre bouddhique de l'Inde, c'était là les motifs qui avaient inspiré les efforts d'une fraction considérable de la communauté monastique. Il y avait devant leurs esprits un état idéal de l'*Indifférence*, à peu près semblable à l'idéal stoïcien d'*apatheia*. C'est contre eux qu'est dirigée l'insistance du Mahâyâna à traiter de l'omniscience. Si vous êtes dominés tout le temps par un désir d'échapper aux maux du monde, l'idée que vous avez de l'extinction du soi peut très bien finir par ressembler à un sommeil perpétuel sans rêve. Mais le Bouddha est quelqu'un qui est éveillé tout le temps, et en sanskrit la racine *BUDH-* note à la fois *s'éveiller* et *savoir*. C'est une des raisons pour lesquelles le Mayâhâna a promu l'Omniscience au rang de but universel.

En outre, la vertu de l'Omniscience réside précisément en ce que *je* n'ai pas le plus léger désir d'elle. Aucun de nos instincts ne nous pousse à chercher la connaissance universelle. En tant que but, elle est tout à fait étrangère à notre constitution naturelle. Nous avons visiblement à faire face à une contradiction. Mon but à moi qui suis un adepte du Chemin doit avoir de l'attrait pour moi, parce que autrement *je* ne chercherais pas à l'atteindre. Mais il doit également être sans attrait pour moi, parce que autrement *je* chercherais à l'atteindre. Le but est là où mon moi actuel et tout ce qu'il apprécie et comprend ont cessé d'être, et ne peuvent aucunement pénétrer. Il est évidemment ridicule pour moi ou pour qui que ce soit d'autre de prétendre sérieusement vouloir connaître chaque détail de l'univers entier. Comparé au vaste univers, l'ensemble de l'humanité est moins qu'une petite tache de mousse sur un galet dans l'océan Atlantique, comparé avec l'océan Atlantique lui-même. Combien moins suis-je encore ! L'Omniscience et moi ne sauraient jamais se rencontrer. Mais quand je ne suis plus moi, tout peut arriver.

Il n'est pas facile, il est contre notre nature, d'accepter cette contradiction et de s'en contenter. Pour les gens constitués comme nous le sommes, il est tentant de concevoir notre but comme quelque chose dont il faut s'emparer — comme un papillon qu'on saisit au filet, ou un compte en banque portant intérêt. Nous aimons une délivrance que, selon les paroles d'Eckhart, « nous puissions envelopper dans une couverture et placer sous une banquette ». Pour corriger l'erreur consistant à essayer de s'approcher du but, comme une chose qui est là, on peut dire que le but n'est rien du tout, c'est-à-dire vacuité, ou bien encore, identité du oui et du non. À titre d'alternative, on peut dire aussi qu'il est toutes choses, non la somme de toutes choses, mais une totalité de toutes les choses, qui inclut et exclut à la fois chaque chose individuelle. Évidemment impensable, mais dans toute connaissance totale, un objet identique à son sujet. Faire toutes choses sans être conscient de faire quoi que ce soit. Penser toutes choses et n'être conscient d'aucune. Lutter pour toutes choses et être content de ne jamais les atteindre, voilà le miracle que nous devons accomplir pour être débarrassé de nous-même : « Celui qui ne s'entraîne pas à saisir la connaissance totale, il s'entraîne dans la connaissance totale, il avancera dans la connaissance totale. »

Les parallèles

Les idées de la *Prajñâpâramitâ* et des Mâdhyamika sont susceptibles de paraître étranges aux Européens, vu qu'elles se situent complètement au-dehors du courant de notre tradition philosophique. Par suite, il peut être utile de rappeler au lecteur que nous n'avons pas ici un phénomène spécifiquement indien, mais que le monde méditerranéen connaît ou connaissait une série de développements similaires.

L'attitude a-théorique des Mâdhyamika a eu par exemple un parallèle frappant dans les soi-disant Sceptiques grecs. Le fondateur de cette école est Pyrrhon d'Élis (env. 350 av. J.-C.). Sauf l'accent mis sur l'Omniscience, sa conception de la vie correspond étroitement dans tous ses détails à celle du Mâdhyamika. Pyrrhon n'avait pas de doctrine positive. Être son disciple signifiait « mener un genre de vie semblable à celui de Pyrrhon ». « Il voulait révéler aux hommes le secret du bonheur en leur montrant que le salut ne se trouve que dans la paix d'une pensée indifférente, d'une sensibilité éteinte, d'une volonté obéissante; et de plus que cette recherche requiert un effort qui, de la part de l'individu, est un effort pour mourir à soi-même.» (L. Robin, *Pyrrhon et le scepticisme grec*, 1944, p. 24.)

Être libre de passions est le grand but de la vie, et l'équanimité est l'attitude qu'on doit s'efforcer de cultiver. Toutes les choses extérieures sont *les mêmes, il n'y a pas de différence entre elles*, et le sage ne distingue pas entre elles. Pour gagner cet état d'indifférence on doit sacrifier tous les instincts naturels. Toutes les opinions théoriques sont pareillement sans fondement, et il faut complètement s'abstenir de former des propositions et de passer des jugements. Dans la philosophie de Pyrrhon, il y a la même distinction entre la *vérité conventionnelle*, les apparences (*phainomena*) d'un côté et la *vérité ultime* (*adêla*) de l'autre. La vérité ultime est complètement cachée : «Je ne sais pas si le miel est doux, mais je suis d'accord qu'il m'*apparaît* tel.»

L'inhibition de tous les jugements théoriques chez Pyrrhon s'appelle techniquement *epokhe*. Le sens du terme est expliqué très clairement par Aristoclès de Messène, sous trois chapitres : 1. Quelle est la nature interne (= fait d'être soi, *svabhâva* en sanskrit) des choses? Elle ne peut être caractérisée que par des négations, parce que toutes choses sont également *indifférentes*, *im-pondérables*, *in-décises*. Elles sont toutes égales et aucune ne pèse plus qu'une autre. On ne peut dire d'une chose qu'elle est *ceci plutôt qu'elle ne l'est pas*. On peut également bien *affirmer qu'elle est et n'est pas*, ou *nier qu'elle est ou n'est pas*. 2. Quelle est notre situation vis-à-vis d'elles? Nous ne devons pas avoir confiance en l'une plus qu'en l'autre. Nous ne devons pas avoir d'inclination vers elles. Nous ne devons pas être troublés par elles. 3. Comment devons-nous nous conduire envers elles ? L'attitude la plus sage est un silence sans paroles, l'imperturbabilité et l'indifférence. La *non-action* est la seule action possible.

De ce parallèle, on peut subsidiairement tirer une conclusion quant à la date d'apparition des conceptions mâdhyamika dans l'Inde même. Cette conclusion a l'air plutôt extravagant, mais je crois qu'elle est assez plausible pour être mentionnée ici. C'est un fait que Pyrrhon a fondé son école aussitôt après son retour d'Asie, où il était allé, en même temps que son maître Anaxarchos, dans le train de l'armée d'Alexandre. Robin et d'autres autorités ont en outre fait valoir que la philosophie sceptique était quelque chose de tout nouveau en Grèce, que rien dans les développements proprement grecs qui ont précédé n'y conduisait. On peut donc inférer avec quelque probabilité que Pyrrhon a acquis ses conceptions dans l'Inde ou en Iran. S'il ne les a pas acquises en Iran, il s'ensuit que les doctrines des Mâdhyamika ont été présentes dans l'Inde déjà vers 350 av. J.-C. Elles n'ont évidemment pas été, de manière nécessaire, transmises à Pyrrhon par des moines bouddhiques. Il est plus probable qu'il a été en contact avec les Jaina Digambara qui, dans les récits des Grecs, sont désignés sous le nom de « gymnosophistes », les *ascètes nus*. Les Jaina et les bouddhistes vivaient en étroit contact les uns avec les autres, et la doctrine des deux atteste l'influence des autres. Il est curieux, par exemple, que les Jaina aient une liste de vingt-quatre Tîrthankara (sauveurs), et que l'ancien bouddhisme du Hînayâna connaisse une liste de vingt-quatre prédécesseurs de Śâkyamuni. Je crois que la doctrine mahâyâniste de l'Omniscience a également été influencée profondément par les vues des Jaina sur ce sujet. En fait, une doctrine typiquement jaina est attestée dans les maximes de Pyrrhon. Il a donné pour motif à ne pas écrire de livres qu'il était résolu à n'exercer aucune pression sur l'esprit de qui que ce fût. Les Jaina avant lui avaient tiré, de leur injonction de « non-agressivité », cette conclusion logique qu'on ne doit faire violence à qui que ce soit en lui imposant ses propres vues. En tout cas, si l'on accorde que Pyrrhon devait ses idées essentielles à sa conversion par les Indiens, et s'il est vrai que sa philosophie est fort semblable à celle des Mâdhyamika, il s'ensuit que les doctrines mâdhyamika, qui ne nous sont connues que par des écrits sûrement pas plus anciens que 100 av. J.-C., doivent remonter dans leurs traits fondamentaux à environ 350 av. J.-C., soit cent cinquante ans après le Nirvâ*n*a du Bouddha.

Quels que soient les mérites de cette argumentation, le fait extraordinaire demeure que durant la même période, c'est-à-dire depuis environ 200 av. J.-C., deux civilisations distinctes, l'une en Méditerranée, l'autre dans l'Inde, ont bâti, chacune avec leurs antécédents culturels, un enchaînement d'idées étroitement voisines concernant la Sagesse, et, à ce qu'il semble, indépendamment l'une de l'autre. Dans la Méditerranée orientale nous avons les livres de Sagesse de l'Ancien Testament, à peu près contemporains de la *Prajñâpâramitâ* sous sa première forme. Plus tard, sous l'influence d'Alexandrie, les gnostiques et les néo-platoniciens ont développé une littérature qui assignait une position centrale à la *Sagesse* (Sophia) et qui, de Philon à Proclus, révèle une abondance de coïncidences verbales avec les textes *Prajñâpâramitâ*. Parmi les chrétiens, cette tradition a été continuée par Origène et Denys l'Aréopagite ; entre autres, la magnifique église de Hagia Sophia est un témoin éloquent de l'importance de la sagesse dans la branche orientale de l'Église chrétienne. Nombreux sont les parallèles ou les coïncidences entre la façon dont sont traités Chochma et Sophia d'un côté, et de l'autre les textes bouddhiques traitant de la sagesse parfaite. Expliquer ces coïncidences par un « emprunt » ne nous mène pas bien loin. On n'« explique » pas la législation sociale de Lloyd George en disant qu'il l'a « empruntée » d'Allemagne. Une explication réelle devrait pénétrer le *motif* de l'emprunteur ; un simple emprunt n'explique pas le fait que la conception de la sagesse, dans le bouddhisme comme dans le judaïsme, telle qu'elle a évolué ultérieurement à 200 av. notre ère, soit sortie tout naturellement de la tradition précédente, sans être en conflit avec aucun de ses concepts de base. Notons seulement une différence : Sophia joue un rôle défini à la création du monde, alors que la Prajñâpâramitâ n'a pas eu de fonctions cosmiques et demeure non chargée de la genèse de l'univers. Les iconographies de Sophia et de Prajñâpâramitâ aussi paraissent avoir évolué indépendamment. Toutefois, il m'a intéressé de trouver une miniature byzantine du Xe siècle (Vat. Palat. gr. 381 fol. 2) qui passe pour remonter à un modèle alexandrin. La main droite de Sophia y fait le geste d'enseigner, tandis que la main gauche tient un livre. Cela n'est pas sans ressembler à certaines statues indiennes de la Prajñâpâramitâ. Il se peut que nous ayons en tout cela des développements parallèles, sous l'influence de conditions locales à partir d'un modèle culturel général, largement diffusé. Ou bien, naturellement, il peut y avoir un rythme secret dans l'histoire qui actionne certains archétypes — comme dirait Jung — à certaines périodes en des lieux très distants les uns des autres.

CHAPITRE VI

Le bouddhisme de la foi et de la dévotion

L'acceptation de la Bhakti

La Nouvelle École de Sagesse a été le mouvement d'une élite qui par l'effet de la compassion regardait comme siens propres les intérêts de la masse. Elle ne pouvait donc se contenter de formuler la métaphysique hautement abstraite décrite dans le dernier chapitre. Afin de remplir sa mission, il lui a fallu compléter ses doctrines métaphysiques par un système de mythologie.

Le Bodhisattva fut confié à l'*Habileté dans les Moyens*. Il ne pouvait plus borner ses activités touchant le salut d'autrui au conseil de méditer sur la vacuité. Autrement la majorité des gens serait restée au-dehors, vu son manque d'inclinations métaphysiques, sa préoccupation à gagner sa vie, son attachement profondément enraciné à la propriété, à la famille et à la maison. Mais comme le laïc est lui aussi enveloppé de souffrances et, en tant que d'origine divine, doué d'aspirations et de capacités spirituelles, la parole du Bouddha s'adresse tout aussi bien à lui.

Incapable de sagesse, il lui faut user de la Foi. Le chemin de la sagesse transcendantale est complété par celui de la Foi ou *Bhakti*. Nâgârjuna distingue le chemin aisé de la Foi du chemin dur et difficile de la Sagesse. Tous deux mènent au même but, tout comme on peut atteindre la même ville soit par mer soit par terre. Certains préfèrent la méthode de l'énergie zélée, des austérités et de la méditation. D'autres, par la pratique facile de la Foi, ce *moyen secourable*, simplement en pensant au Bouddha tandis qu'ils invoquent son nom, atteignent rapidement un état « d'où il n'y a plus de rechute », c'est-à-dire d'où l'on va vers la pleine Illumination, dans la certitude de l'atteindre.

La Foi, vertu plutôt subordonnée dans le Hînayâna, arrive maintenant à rang égal avec la sagesse elle-même. Son pouvoir de sauver est bien plus grand que ne l'assuraient les anciennes écoles. Il a fallu reconnaître la dégénérescence croissante de l'humanité. Le *dur* chemin de la sagesse vigoureuse, à laquelle on s'exerce soi-même, n'était plus praticable pour beaucoup, sinon pour la majorité, même parmi les moines. Dans ces circonstances, le chemin *facile* de la Foi était le seul dont les gens fussent encore capables.

Depuis environ 400 av. J.-C. le mouvement de Bhakti avait pris quelque importance dans l'Inde, et vers les débuts de notre ère il avait gagné beaucoup en force. Le mot *bhakti* signifie dévotion personnelle aimante à des divinités adorées, conçues sous forme humaine. Vers le temps de l'ère chrétienne les tendances bhaktiques des masses indiennes, qui avaient influencé le bouddhisme pendant longtemps, l'envahirent à plein. La métaphysique de la Nouvelle École de Sagesse était assez élastique pour absorber l'élan vers la Bhakti et la pourvoir d'un fondement philosophique. Le résultat de la fusion organique entre le bouddhisme de « nouvelle sagesse » et le mouvement de Bhakti donne ce que nous allons appeler le *bouddhisme de la Foi*.

Le Mahâyâna avait insisté sur l'universalité du

salut contre un Hînayâna qui semblait incomplet, surtout parce qu'il s'était concentré sur l'élite et qu'il avait peu de moyens effectifs d'aider les moins doués dans la voie du salut. Le Mahâyâniste prend très au sérieux son devoir envers ses compagnons moins évolués. Il lui faut rendre le Dharma, sinon intelligible, du moins accessible à eux. La logique interne de la sagesse parfaite mène à sa négation dans la foi. Si le Nirvâ*n*a et le monde sont identiques, si toute chose est semblable à toute autre chose, alors il n'y a pas de différence réelle entre l'Illuminé et le non-Illuminé, entre le sage et les fous, entre la pureté et l'impureté, et chacun doit avoir la même chance de salut. Si la compassion du Bouddha est illimitée, il lui faut sauver aussi les fous. Si la nature de Bouddha est également présente chez tous, alors tous sont également proches de la Buddhéité. Le *bouddhisme de la Foi* mahâyâniste tire de là des conclusions pratiques : il développe des méthodes qui écartent la différence entre le pauvre et le riche, entre l'ignorant et l'instruit, entre les pécheurs et les saints, entre le pur et l'impur. Si tous ont le même droit au salut, tous y doivent avoir le même accès.

L'histoire littéraire

La littérature de cette école combine les termes, les phrases, les idées de la Nouvelle École de Sagesse avec la dévotion aux sauveurs personnels. Elle a commencé dans l'Inde vers les débuts de notre ère. Quatre ou cinq cents ans plus tard elle a été de plus en plus submergée par les idées tantriques. Dans une mesure croissante, elle s'est préoccupée de faire provision de « formules » par lesquelles on pouvait approcher les divinités et les amener à sa volonté (voir p. 237 et suiv.).

L'un des premiers Bouddha qui devinrent objet de Bhakti fut Akshobhya (*L'Imperturbable*) qui règne à l'est dans la terre-du-Bouddha d'Abhirati. On le mentionne dans un certain nombre de *Mahâyâna Sûtra* de date ancienne. Son culte doit avoir été assez largement répandu, mais seuls des fragments de sa légende ont survécu. Le culte d'Amitâbha, qui montre une forte influence iranienne, a commencé vers la même époque. Amitâbha est le Bouddha de l'infinie (*amita*) Lumière (*âbhâ*) et son royaume est à l'ouest. On le connaît aussi sous le nom d'Amitâyus, parce que sa durée de vie (*âyus*) est infinie (*amita*). Un grand nombre de textes sont consacrés à Amitâbha; le plus connu d'entre eux est le *Sukhâvatî-vyûha*, *Le Déploiement du Pays Heureux*, qui décrit son paradis, l'origine et la structure de ce paradis. En outre, Bhaishajyaguru, le Bouddha de la guérison, a joui d'une grande popularité. En Chine et au Japon, Amitâbha a été bien plus populaire qu'aucun autre Bouddha. Dans l'Inde il ne paraît pas avoir jamais occupé une position aussi prédominante, bien que Huei-je, pèlerin chinois qui visita l'Inde entre 702 et 719, rapporte que chacun lui parlait d'Amitâbha et de son Paradis.

D'autres textes traitent des Bodhisattva. Comme les Bouddha, ils sont très nombreux et nous ne pouvons en mentionner qu'un petit nombre. Parmi les créations de l'imagination mythologique du bouddhisme de la Foi, Avalokiteśvara est de beaucoup le plus en évidence. Par le pouvoir de sa magie, par sa vigilance et son adresse infinies, « il apporte la sauvegarde à ceux qui sont anxieux ». Le mot *avalokiteśvara* est un composé de *îśvara* (maître, seigneur) et *avalokita* « celui qui regarde avec compassion vers le bas », c'est-à-dire vers les êtres souffrants dans ce monde. Avalokiteśvara personnifie la compassion. Les textes et les images permettent de distinguer dans l'Inde trois stades de son développement. D'abord, il est membre d'une Trinité, consistant en Amitâyus, Avalokiteśvara et Mahâsthâmaprâpta (c'est-à-dire « celui qui a atteint une grande force »). Cette Trinité a de nombreuses contreparties dans la religion iranienne, c'est-à-dire dans le culte de Mithra, et dans le Zervanisme, religion perse qui reconnaissait le Temps Infini (Zervan Akarana = Amita-âyus) pour principe fondamental. Assimilé par le bouddhisme, Avalokiteśvara devint un grand Bodhisattva, si grand qu'il est presque aussi parfait qu'un Bouddha. Il possède un grand pouvoir miraculeux pour aider dans toutes sortes de dangers et de difficultés. Au second stade, Avalokiteśvara acquiert une série de fonctions et de traits cosmiques : « Il tient le monde dans sa main », il est immensément grand — « 800 000 myriades de milles » — « chaque pore de sa peau enferme un système du monde ». Il est le Maître et Seigneur du monde. De ses yeux viennent le soleil et la lune, de sa bouche les vents, de ses pieds la terre. À tous ces égards Avalokiteśvara ressemble au dieu hindou Brahman. Enfin, au troisième stade, au temps où les éléments magiques du bouddhisme prirent le dessus, il devient un grand magicien qui doit son pouvoir à ses *mantra* et adopte maints caractères de Śiva. C'est l'Avalokiteśvara tantrique. À certains égards Mañjuśrî a été l'égal d'Avalokiteśvara en popularité. Il personnifie la sagesse. Un certain nombre de *sûtra* ont été composés en son honneur, un peu avant 250 ap. J.-C. On pourrait énumérer bien d'autres Bodhisattva, comme Kshitigarbha et Samantabhadra, mais pour les détails il nous faut renvoyer le lecteur au livre de Ch. Eliot sur *Le Bouddhisme japonais*.

L'agent du salut

À en juger par les Écritures de l'Ancienne École de Sagesse, la confiance-en-soi parait avoir été l'un des traits prééminents de ses adhérents. On tenait pour acquis que nul ne pouvait se sauver sans un effort personnel, que « nul ne pouvait être sauvé par un autre ». Trois idées nouvelles ont contribué à saper, dans le bouddhisme de la Foi, une pareille attitude de confiance exclusive en soi. Ce fut la doctrine du *Transfert du Mérite*, la notion que la nature de Bouddha est présente *en nous tous*, et l'invention d'un grand nombre de *Sauveurs*.

La croyance que le mérite peut se transférer d'une personne à une autre va contre les *Lois du karman*, telles qu'on les comprenait dans l'ancien Ordre. La croyance originelle semble avoir été que chacun de nous a sa propre série de *karman*, que le châtiment pour ses méfaits doit être supporté par lui-même, qu'il est seul à bénéficier des récompenses pour ses bons actes. Cet individualisme excessif n'était pas essentiel à la doctrine du *karman* ; de même que, historiquement, la notion de responsabilité collective a précédé celle de responsabilité individuelle, ainsi, dans les Veda, on affirme que les membres d'une famille ou d'un clan partageaient un *karman* commun. L'interprétation individualiste de la loi du *karman* laisse chaque individu à ses ressources propres et semble nier toute solidarité entre les différentes personnes touchant les choses les plus essentielles de la vie, c'est-à-dire touchant le mérite et le démérite. On nous parle d'un brâhmane qui fit à l'enseignement du Bouddha l'objection que, une fois mis en pratique, il ne créait de mérite que chez une seule personne. Le Bouddha répliqua que les actions des saints affectaient d'ordinaire une foule de gens qu'elles inspiraient de leur exemple ; mais, en fait, il n'y a pas de trace d'une Écriture bouddhique antérieure à 200 av. J.-C. enseignant de façon déterminée le transfert de mérite d'une personne à une autre.

Le mérite est cette qualité sise en nous qui nous assure des bénéfices à venir, d'ordre matériel ou spirituel. Il n'est pas difficile de voir que désirer du mérite, l'engranger, le mettre en réserve et l'accumuler, implique, si méritoire que ce puisse être, un degré considérable d'égoïsme. Il a toujours été dans la tactique des bouddhistes d'affaiblir les instincts de possession des membres spirituellement les moins doués de la communauté, en les écartant d'objets tels que la richesse et la famille, en les dirigeant au contraire vers un seul but et un seul objet, à savoir l'acquisition de mérite. Mais, naturellement, cela n'est valable qu'à un niveau spirituel assez bas. Aux stades plus élevés on devra se tourner également contre cette forme d'instinct de possession, on devra consentir à abandonner son stock de mérites pour le bonheur d'autrui. Le Mahâyâna a tiré cette conclusion, il a attendu de ses adeptes qu'ils munissent les autres êtres de leur mérite propre, ou, comme le formulent les Écritures, « qu'ils transfèrent ou dédient leur mérite à l'Illumination de tous les êtres ». « Par le mérite émanant de tous mes actes de bien je veux apaiser la souffrance de toutes les créatures, être le médecin, le guérisseur, la nourrice du malade aussi longtemps qu'il y a maladie. Par des pluies de nourriture et de boisson je veux éteindre le feu de la faim et de la soif. Je veux être un trésor inépuisable pour les pauvres, un serviteur qui les pourvoit de tout ce qui leur manque. Ma vie avec toutes mes renaissances, toutes mes possessions, tout le mérite que j'ai acquis ou vais acquérir, tout cela je l'abandonne sans espoir de gain pour moi-même, afin que le salut de tous les êtres puisse être favorisé. »

Voilà l'intention. Elle est exécutée par les grands

Bodhisattva dans les derniers stades de leur progrès spirituel et elle s'incarne dans leurs *vœux*. Une portion de leur incommensurable mérite se transfère au croyant, s'il l'implore avec foi.

Secondement, l'insistance mise sur l'identité du Bouddha et de ce monde a habitué les Mahâyânistes à l'idée que la nature du Bouddha réside dans chaque portion de l'univers et, partant, dans le cœur de chacun de nous.

> Le Seigneur Bouddha sur son trône-de-lion
> Habite dans chaque particule de sable et de pierre.

Si l'on admet que nous luttons pour le salut par nos propres efforts, quelle partie de nous-mêmes alors cherche le Nirvâ*n*a ? Est-ce notre soi individuel, ou peut-être notre « soi plus élevé », ou encore notre « soi-de-Bouddha », qui fait cette recherche ? Le Mahâyâna en est venu à la conclusion que c'est réellement le Bouddha en nous qui fait la recherche, que c'est la nature de Bouddha en nous qui cherche la Buddhéité.

Troisièmement, le Bouddha a été un maître et non un sauveur. Dans le bouddhisme de la Foi les Bodhisattva du plan élevé ont évolué en sauveurs des fidèles. Une fois qu'un Bodhisattva a été saturé de la perfection de sagesse et s'est aboli dans la compréhension intégrale de la vacuité, son être a subi une transformation complète. Tout intérêt portant sur lui-même, tout attachement est supprimé. Un Bodhisattva pourrait en principe s'éteindre à ce stade, mais la compassion l'en a empêché ; il continue à agir, mais son activité est parfaitement pure. En vrai roi il jouit de la souveraineté sur le monde. Un Bodhisattva à ce stade a acquis toutes sortes de qualités non terrestres et surnaturelles. Il peut renaître miraculeusement, à son gré, où il veut, dans la forme qu'il veut ; il possède un pouvoir de transformation illimité, etc. La Nouvelle École de Sagesse a conçu la possibilité de pareils êtres surnaturels. Le bouddhisme de la Foi les a conçus sous forme d'individus concrets, les a munis de noms, de légendes, d'une individualité définie et tangible.

Akshobhya et Amitâbha, Avalokiteśvara et Mañjuśrî, tous les Bouddha célestes et les Bodhisattva de cette école sont pourtant d'évidents produits de l'esprit, sans base historique concrète. Il n'est pas facile de comprendre que les Mahâyânistes aient pu l'admettre comme ils le firent, et en même temps nier que ces nouveaux sauveurs fussent de simples créatures, voire des fictions de l'imagination, des inventions subjectives et arbitraires. Il est impossible d'expliquer leur attitude par l'absence d'un sentiment historique tel qu'on le trouve en général chez les Hindous, car nous savons que les bouddhistes du Hînayâna dans l'Inde avaient coutume d'arguer qu'ils ne pouvaient croire aux Bouddha et Bodhisattva célestes du Mahâyâna parce qu'il n'y avait pas de preuve de leur existence réelle.

Il me semble que nous avons ici une différence philosophique qui répond au clivage immémorial entre « nominalisme » et « réalisme ». Pour le nominaliste, seul l'individu a une existence réelle, pour le réaliste, seul l'universel. De même, en religion, un certain type d'esprit réclame un fait historique pour y fonder sa croyance, alors qu'un autre tient les produits de l'imagination mythologique créatrice pour nullement inférieurs à ceux de l'histoire humaine. Bien des chré tiens attachent beaucoup de prix à l'affirmation què Jésus-Christ était un personnage historique. Pour l'école mythologique, la question de l'existence historique est très secondaire ; dans cette mentalité, le Christ seul est considéré comme religieusement et spirituellement important, non l'homme Jésus.

Dans l'histoire ancienne du christianisme, l'attitude mahâyâniste a été représentée par quelques sectes gnostiques, qui ont soutenu que le Christ descendait au baptême sur l'homme Jésus et qu'il le quittait sur la Croix, au moment où Jésus dit : « Mon Dieu, mon Dieu, pourquoi m'as-tu abandonné ? »

Les philosophes distinguent entre *ce qu'est* une personne et *le fait* qu'elle en est une. Dans la conception traditionnelle du Christ, il n'y a pas un seul élément qui ne soit pré-chrétien, qui ne soit pas partagé par d'autres systèmes religieux, qui ne revienne pas dans les légendes sur le Messie, sur Osiris, sur Hérakles et bien d'autres. L'école mythologique considère le concept mythologique comme la chose essentielle. Qu'il s'incarne ou non dans un personnage historique est tenu pour un détail très accessoire et banal. Les noms d'Amitâbha, etc., peuvent être inventés, mais la réalité derrière eux, l'Absolu, existe pour tous les temps.

En Chine, cette attitude du Mahâyâna s'est heurtée au sens historique aigu et précis de la tradition littéraire chinoise ; nous voyons une tendance à rechercher un noyau historique des Bodhisattva célestes. On dit, par exemple, de Mañjuśrî qu'il était à l'origine un prince chinois, vivant au premier siècle, à Wu-t'ai-shan, la Montagne des Cinq Pics (Pañcaśîrsha), sous l'empereur Ming-ti. Les choses mises en place dans le temps et l'espace, on s'estimait satisfait. Similairement, Târâ était rattachée à une princesse chinoise. Le roi tibétain Song Tsen Gampo (mort en 650) avait eu deux femmes, une chinoise et une népalaise ; elles furent identifiées avec deux déesses, la Târâ Blanche et la Târâ Verte. Pour la mentalité indienne, c'était un cas ordinaire d'incarnation d'une force spirituelle préexistante. Certains Chinois inversèrent le processus ; dans leur évhémérisme instinctif il leur apparut que les princesses avaient été « déifiées » en deux

Târâ, que la déesse Târâ était une apothéose de personnages historiques qui, loin d'avoir incarné une idée, en étaient le point de départ réel. Dans la vaste perspective cosmique du Mahâyâna ancien, cette insistance sur des données minimes de l'histoire humaine aurait semblé tout à fait incompréhensible.

Les buts du fidèle

Qu'est-ce donc que le fidèle attendait des Bouddha et des Bodhisattva ? Dans le bouddhisme de la Foi les sauveurs ont, pour l'essentiel, quatre fonctions :

1. Ils promeuvent les vertus du fidèle, aident à écarter la cupidité, la haine et l'illusion, le protègent contre les esprits et les hommes qui peuvent tenter malicieusement d'intervenir dans les pratiques spirituelles;

2. En outre, ils confèrent des bienfaits matériels. Les Bouddha et Bodhisattva étant tout-compatissants, il était naturel et à certains égards logique d'assumer qu'ils dussent s'intéresser aux vœux réels de leurs adhérents, protéger leurs destinées terrestres, empêcher les désastres. C'est ainsi qu'Avalokiteśvara garde les caravanes contre les voleurs, les marins contre le naufrage, les criminels contre l'exécution. Par son concours les femmes obtiennent les enfants qu'elles souhaitent. Si l'on pense seulement à Avalokiteśvara, le feu cesse de brûler, les épées tombent en morceaux, les ennemis deviennent miséricordieux, les chaînes se défont, les malédictions retournent à leur point de départ, les bêtes sauvages s'enfuient, les serpents perdent leur venin. Cet aspect du bouddhisme de la Foi est en contradiction logique avec le besoin du renoncement qui envahit la doctrine bouddhique. En tant que doctrine magique, le bouddhisme promet d'écarter les maux physiquement, en

tant que doctrine spirituelle, il vise à purger l'esprit d'une attitude erronée vis-à-vis de ces maux. Nous avons posé antérieurement que ce qui est contradictoire dans la pensée peut fort bien coexister dans la vie.

3. Les Bouddha et Bodhisattva deviennent l'objet du désir d'*aimer*. Il est vrai que le mot *aimer* est extrêmement ambigu et comporte une grande diversité de sens. Dans ce cadre doctrinal, *amour*, au sens de *Bhakti*, désigne une relation personnelle avec un individu que non seulement on chérit et adore, mais qu'on désire voir, avec qui on désire être, qu'on ne veut pas laisser partir, dont on veut qu'il dure. L'opinion orthodoxe que le *Sage* s'était formée du Bouddha avait rendu celui-ci très impropre à devenir l'objet d'un tel amour. On disait qu'il était *éteint* et qu'après son Nirvâ*n*a il n'était plus allé nulle part. Il était réellement perdu pour le monde, tout isolé de lui. Seul son Dharma restait, entité impersonnelle. Cette thèse s'était dès l'origine révélée affectivement fort peu satisfaisante pour ceux dont la religion signifiait *amour*. Ânanda, qui parmi les disciples immédiats du Bouddha était le représentant principal de la mentalité de *bhakti*, l'homme qui *aimait* le Maître comme une personne, ne pouvait se résigner à sa perte. Il conçut l'opinion tout hérétique suivant laquelle, quand il fut entré dans le Nirvâ*n*a, le Bouddha monta vers les Cieux de Brahman, juste comme à sa naissance il était descendu des Cieux Tushita.

Avec le temps, la tendance bhaktique grandit dans l'Inde. Le bouddhisme n'en fut pas exempt. De manière croissante les fidèles souhaitèrent « habiter dans la vue du Bouddha », ou « voir les Tathâgata ». En dépit de la désapprobation officielle, ils souhaitèrent croire que le Seigneur Bouddha n'était pas réellement éteint, qu'il était présent quelque part, en existence. Sagesse et dévotion furent en conflit ouvert : la sagesse consistait à abandonner tout appui extérieur quel qu'il fût; la dévotion était malheureuse si elle n'avait pour appui un personnage permanent. Les Mahâsanghika vinrent en renfort des besoins dévots des laïcs en entretenant la croyance que le Bouddha, comme être surnaturel (voir p. 159), n'était pas tout à fait trépassé, mais qu'il avait persisté après le Nirvâ*n*a sous une forme ou sous une autre. Le Mahâyâna développa grandement cette idée; il emplit l'univers entier, jusqu'aux limites extrêmes de l'espace, de Bouddha et de Bodhisattva qui étaient vivants, qu'on pouvait par suite aimer et chérir.

4. En dernier lieu, les Bouddha et Bodhisattva fournissaient des conditions favorables pour atteindre l'Illumination dans une vie future. À cet égard le Mahâyâna ne fit que continuer la ligne de ses prédécesseurs. La majorité des fidèles ne s'était évidemment jamais attendue à arriver au but suprême du Nirvâ*n*a, dès cette vie. Ils ne pouvaient espérer, bien au contraire, que d'accéder à un plan de l'univers offrant moins d'obstacles à l'obtention de la pleine Illumination que le monde des humains. La renaissance dans les cieux était pour eux la récompense immédiate d'une vie sainte et du refuge qu'ils prenaient au sein des Trois Trésors. Là, parmi les dieux, le vertueux pouvait « définitivement trépasser » (*parinibbayati*), « ne pas revenir de ce monde-là ». Tout ce que fit le Mahâyâna fut de remplacer les cieux des anciens dieux hindous par les cieux des Bouddha et Bodhisattva, et d'accroître les occasions offertes à l'homme du commun en multipliant les Paradis où il pouvait renaître. À l'intérieur même du Hînayâna, le Paradis de Maitreya (voir p. 155) était devenu populaire de manière croissante comme lieu de renaissance future. Maitreya, le Bouddha à venir, règne à présent et prêche aux *Cieux Tushita*, qui,

habités par les *dieux Satisfaits*, sont la demeure régulière du Bouddha futur dans ce système du monde en son avant-dernière existence. Les pieux aspiraient après leur mort à aller au royaume de Maitreya et à y séjourner jusqu'à ce qu'ils fussent avec lui pour son existence ultime sur terre.

Quand il contemplait le ciel étoilé dans son immensité, le Mahâyâna percevait partout des paradis de ce genre. De même que le Bouddha Śâkyamuni est apparu dans notre système du monde, de même d'autres systèmes ont leurs Bouddha eux aussi. En assignant différents Bouddha à différents systèmes du monde, le Mahâyâna n'était pas original : les Mahâsanghika et Sautrântika avaient déjà procédé de cette manière. L'originalité du Mahâyâna a consisté à développer la notion du *champ-du-Bouddha* (*buddha-kshetra*) ou Terre-du-Bouddha, et à distinguer entre les champs du Bouddha purs et impurs.

Chaque Bouddha a un certain champ limité d'influence, dans lequel, « d'une voix profonde, sublime, merveilleuse », il enseigne le Dharma aux créatures et les aide ainsi à gagner l'Illumination. Un champ-du-Bouddha est une sorte de *royaume de Dieu*, un univers mystique, habité par le Bouddha et par les êtres qu'il *gouverne* et *fait mûrir*. Selon Buddhaghosa, le Bouddha a une double relation avec son univers : 1. par son omniscience il connaît l'univers entier qui est un *champ de sa connaissance* ; 2. par sa souveraineté il exerce son autorité et son influence sur une certaine série de systèmes cosmiques. La première relation est clairement développée dans la plus ancienne littérature du Hînayâna. La seconde idée — celle d'une influence magique, limitée dans l'espace, du Bouddha, de sa souveraineté sur une aire particulière (distincte de son éminence suprême) — est presque complètement absente de la littérature la plus ancienne du Hînayâna; elle a été adoptée par Buddhaghosa par emprunt au Mahâyâna.

Mais ce n'est pas tout. De nombreux champs-du-Bouddha sont identiques aux systèmes du monde naturels et *impurs* qui sont habités par les créatures dans les six états d'existence (voir p. 65 et suiv.). Par contre d'autres champs-du-Bouddha, ceux du Bouddha Amitâbha par exemple, sont «des Terres Pures». Certains Bouddha créent des royaumes qui ne sont pas naturels, mais idéaux ou transcendants, en ce sens qu'ils se tiennent au-dehors du «triple monde» du désir des sens, de la forme, de l'absence de forme; dénués de femmes, d'animaux, d'esprits et de damnés; habités seulement par des Bodhisattva de grande perfection spirituelle, qui sont ou des dieux ou des hommes, «purs en corps, en parole et en pensée», venus à l'être par une naissance miraculeuse. On y voit le corps radieux du Bouddha, on l'écoute prêcher, on passe par des purifications de plus en plus hautes, jusqu'à ce que la Buddhéité soit atteinte par tous. Ce «paradis» est souvent décrit avec beaucoup d'images sensorielles. Il est brillant, fait de lapis-lazuli, libre de pierres et de graviers, de trous et de précipices, de caniveaux et d'égouts. Il est égal, aimable, calmant, beau à voir, orné d'arbres à joyaux qui sont attachés à un damier marqué de fils d'or, couvert de fleurs, etc. «Les êtres qui naissent dans cette terre ne subiront jamais de mort prématurée, ils auront une abondante richesse, ils seront des faiseurs de bien, véridiques et sincères, tendres dans leurs propos. Leurs familles et leurs parents ne seront jamais inquiétés. Ils seront adroits à apaiser les querelles, à faire toujours du bien aux autres quand ils parlent. Ils ne seront jamais envieux ou en colère, mais maintiendront toujours des principes corrects.»

Tout cela n'est ni plus ni moins que de la religion populaire. Mais il est caractéristique du bouddhisme qu'on ait fait de grands efforts pour intégrer ces conceptions populaires dans les idées fondamentales de la Nouvelle École de Sagesse. Ce serait aller contre l'esprit de la doctrine d'universelle vacuité si l'on tenait ces paradis pour une sorte de réalité brute, là-bas dans l'espace ; en fait, ce sont réellement les produits de l'imagination des Bodhisattva. Pour citer l'*Avatamsaka* :

> Les Terres-du-Bouddha, aussi innombrables que des atomes de poussière, sortent d'une pensée chérie dans l'esprit du Bodhisattva de pitié ;
>
> Qui, pratiquant des actes méritoires dans des *kalpa* sans nombre, a conduit tous les êtres vers la vérité.
>
> Toutes les Terres-du-Bouddha sortent de l'imagination et ont des formes infinies ;
>
> Tantôt pures, tantôt souillées, elles sont dans des cycles variés de jouissance ou de souffrance.

Le champ-du-Bouddha est le résultat de l'altruisme du Bodhisattva, qui ne vise pas à s'isoler des faiseurs de mal, mais à les convertir. Le *Ratnamegha* est instructif à cet égard : « Si le Bodhisattva apprend que des gens ont recours à l'avidité et à la violence, il ne doit pas dire : Arrière ces gens si avides et violents ! et se sentir déprimé pour cette raison, et leur tourner le dos. Il fait vœu d'avoir un Champ très pur dans lequel le nom même de ces personnes ne sera pas entendu. Mais si le Bodhisattva détourne son visage du bien-être de toutes les créatures, son champ n'est pas pur et son œuvre n'est pas accomplie. »

Peu d'entre nous aujourd'hui croiraient possible de créer un monde par le simple fait qu'on le désire. Le pouvoir créateur des actes éthiquement pertinents est aussi évident pour les bouddhistes qu'il est étrange pour nous. L'ambiance dans laquelle les êtres ont à vivre est déterminée par leurs actes (*karman*) dans une grande mesure, spécialement en ce qui concerne son caractère plaisant ou déplaisant. Par exemple les divers enfers sont *produits* par les actes des créatures qui y renaissent. S'il y a des déserts sans eau dans notre monde, c'est en raison de notre faible mérite. Le monde des choses (*bhajanaloka*) n'est en réalité rien de plus qu'une sorte de reflet des actes des hommes. Une ambiance n'existe qu'aussi longtemps qu'il y a des personnes que leur *karman* force à la percevoir. Dans le même esprit on soutient maintenant que le mérite d'un Bodhisattva peut être assez grand pour créer une Terre Pure, non seulement pour lui-même, mais aussi pour d'autres auxquels il la transfère.

En tant que religion populaire, le bouddhisme de la Foi enseigne une multiplicité de champs-du-Bouddha ; en tant que rejeton du bouddhisme de la Sagesse, il sait que cette multiplicité n'est vraie qu'à titre provisoire. En dernière analyse, tous les champs ne forment qu'un champ, un champ est tous les champs. En dernière analyse, les champs-du-Bouddha, naturels et idéaux, sont une seule et même chose. Le Bouddha est omniprésent et ce monde-ci est essentiellement le monde idéal, si l'on veut bien le reconnaître pour tel : « Ici dans cette chambre même », dit Vimalakîrti, « tous les magnifiques palais célestes et toutes les Terres Pures de tous les Bouddha se manifestent. » Ce monde qui est nôtre semble très impur, empli de toutes sortes de maux et de chagrins, maudit, chargé de terreur. Mais pour ceux qui ont une vraie foi, ce même monde apparaît avec tous les traits d'une Terre Pure, « faite de lapis-lazuli, formant une plaine égale, formant un damier à huit compartiments, avec des fils d'or, serti d'arbres à joyaux ». C'est encore Vimalakîrti qui révèle le caractère paradoxal de cet enseignement quand il dit : « Les êtres, à cause de leurs péchés, ne peuvent pas voir la pureté de cette terre de Bouddha qui est nôtre. En réalité cette terre nôtre est toujours pure. Les impuretés sont dans votre esprit. Je te le dis, ô Śâriputra, le Bodhisattva, pur dans son esprit ferme, considère toute chose impartialement avec la sagesse d'un Bouddha ; c'est pourquoi cette terre de Bouddha est pure pour lui et sans tache. Ce monde nôtre est toujours pur comme celui-là. Et pourtant c'est pour sauver des êtres aux capacités inférieures qu'est attesté ce monde mauvais et impur. »

Les méthodes

Le but étant ainsi défini, nous pouvons nous mettre à énumérer les cinq méthodes par lesquelles on espère gagner la renaissance dans une des *Terres des Bienheureux* :

1. On doit mener une vie pure, et cultiver le désir de devenir semblable aux Bouddha.

2. À mesure que le Mahâyâna s'est développé, on a souligné davantage le culte des Bouddha, en tant que moyen d'accumuler du mérite. Le *culte* comprend des actes tels que : louer les vertus du Bouddha, rendre hommage à sa beauté, prendre plaisir à penser à lui, demander à renaître un jour comme Bouddha parfait (*pranidhâna*), enfin faire des donations au Bouddha. Ce dernier point est une source particulière de mérite. Le mérite qu'on obtient par un don est d'autant plus grand que le récipiendaire est plus élevé. Certains individus et groupes, spécialement les saints et le Sangha, ont été dès une date ancienne regardés comme le « champ de mérite incomparable » du monde. Dans le Mahâyâna, le Bouddha devint de façon croissante le « champ de mérite » suprême.

3. On doit penser au Bouddha en prononçant son nom de façon répétée. Le nom contenant le pouvoir des Bouddha et des Bodhisattva, son invocation est un acte de la plus haute vertu. D'innombrables formules d'invocation ont été élaborées ; la plus fameuse de toutes est : « Hommage au Bouddha Amitâbha ! » *Om Namo Amitâbhâya Buddhâya* en sanskrit, *Om O-mi-to-fo* en chinois, *Namo Amida Butsu* en japonais. Tandis que, d'un côté, les professionnels se surpassaient dans le nombre de répétitions qu'ils faisaient du nom sacré, on concédait aux laïcs qu'« un seul acte de dévotion », « une seule pensée vers le Bouddha », « pour un seul instant », réalisera leur salut.

4. On doit croire fermement que le Bouddha ou le Bodhisattva qu'on a choisi a fait « vœu » de sauver tous les êtres, et que par suite il est à la fois désireux et capable de vous sauver et de vous prendre dans son paradis. Une croyance ferme se reconnaît à trois traits : elle doit être sincère ; on doit être profondément convaincu de sa propre misère et de la puissance du vœu du Bouddha ; on doit « transférer » ou dévier ses mérites vers le Paradis et faire le vœu d'y renaître. La coopération de la compassion de la part du Bouddha et de la foi de notre part amène la renaissance désirée.

5. On doit se concentrer dans ses méditations sur la perfection d'une Terre-du-Bouddha ; on doit entraîner son imagination visuelle à voir les Bouddha et les Bodhisattva, entraîner ses sens auditifs, visuels et olfactifs à percevoir la beauté sensorielle des Terres-du-Bouddha.

Telles sont les cinq méthodes. Certaines autorités estiment que c'est la foi qui sauve, d'autres disent que c'est la répétition du nom sacré. Il y a eu beaucoup de controverses sur la première et la cinquième de ces méthodes ; car selon certains, elles fleuraient trop la confiance en soi. En général le bouddhisme de la Foi dans l'Inde était peu disposé à négliger la valeur morale de l'adorateur. Les grands pécheurs et « ceux qui calomnient le saint Dharma » ne peuvent être sauvés par la foi toute seule. Comment peuvent-ils prétendre aimer le Bouddha de tout leur cœur s'ils font offense à ses enseignements moraux, s'ils refusent de faire sa volonté ? Il était réservé aux développements ultérieurs de l'amidisme au Japon de proclamer une sorte de totalitarisme de la Foi dans lequel la foi devient toute-puissante, indifférente à la conduite morale (voir chap. IX).

L'extinction du soi et la foi

Les traits spécifiques des écoles bouddhiques qui se développèrent après les cinq cents premières années sont dus en partie à la pression sociale, en partie aux implications latentes du problème de l'extinction du soi. Le Mahâyâna, en adoptant l'idéal du Bodhisattva, essaie, nous l'avons vu (p. 165 et suiv.), d'expulser le dernier résidu de l'égoïsme. La tendance bhaktique élimine, avec la foi, toute confiance en un pouvoir personnel, en une capacité personnelle à planifier et à contrôler sa propre vie, son propre salut. Dès que nous en jugeons par le modèle de l'extinction du soi, le « bouddhisme de la Foi » est dans la ligne directe de l'orthodoxie bouddhique. Se livrer à la foi implique un haut degré d'extinction de sa propre essence séparée, en partie parce qu'on n'a pas confiance en soi ou en son propre pouvoir, en partie parce qu'on voit la futilité de tous les efforts conscients et personnels et qu'on se laisse « porter » au salut, en partie enfin parce qu'on ne revendique aucun privilège spécial qui serait dû à un mérite supérieur ou à une sagesse supérieure. La modestie élémentaire nous laisse voir que le mérite que nous pouvons revendiquer ne se compare en rien à celui des Bouddha et Bodhisattva et à la puissance de leur secours. L'orgueil a toujours été un péché auquel les bouddhistes les plus avancés étaient particulièrement enclins. On leur enseigne maintenant à accepter humblement des dons d'un autre, qu'ils ne peuvent percevoir que dans la foi. Tout orgueil dans notre intellect, tout orgueil dans la pureté de notre cœur dresse un soi contre d'autres. Si l'intellect est regardé comme futile, le cœur comme corrompu, ce soi se dégonfle. La grâce de l'Absolu seule peut nous mener au-delà, nos plans et nos efforts personnels sont sans conséquence. Car on ne doit jamais oublier que ce qui est présenté à l'homme relativement ignorant sous forme d'un sauveur personnel ou d'un paradis est exactement la même chose que ce qui est enseigné à l'homme relativement instruit sous le nom d'Absolu. En poursuivant la logique de la dialectique bouddhique, la perfection bouddhique ne se rencontre que dans son extinction, elle ne se manifeste que là où elle devient tout à fait indiscernable. La vie bouddhique distinctive doit procéder en sorte que le bouddhisme puisse se réaliser. Un cœur, une croyance sincères, inconscients du mérite de leur sincérité, voilà tout ce qui est requis. L'exigence du Bouddha, consistant en ce que, pour être sauvé, on apprenne à ne rien faire en particulier, est accomplie de cette manière aussi parfaitement qu'elle l'est de toute autre.

CHAPITRE VII

Les Yogâcârin

La sagesse et la transe

Durant les premiers siècles de notre ère commença à grandir une école nouvelle, connue sous le nom de Yogâcâra. Postérieurement à 500 de notre ère, elle en vint à dominer la pensée du Mahâyâna de plus en plus. Les thèses de cette école sont très complexes, et ne se prêtent pas facilement à un exposé populaire. Elles présupposent une familiarité plus grande avec les méthodes et les effets de la transe (*samâdhi*) que la plupart d'entre nous ne possèdent de nos jours.

L'élan initial du bouddhisme contenait tous les systèmes ultérieurs de pensée dans son système de pratiques (p. 127-133). Les diverses pratiques se groupaient sous les trois chefs : *moralité*, *transe*, *sagesse* (p. 128-151). Les développements théoriques décrits aux chapitres IV à VI avaient été inaugurés par des spécialistes en Sagesse, et les méthodes de l'*Abhidharma* étaient en réalité la force agissante derrière l'œuvre théorique. Mais que dire de la moralité et de la transe ? La moralité n'entre pas du tout dans les controverses jusqu'à une date toute récente, au moment où le Tantra de Gauche la répudie (p. 252 et suiv.). Quant à l'acheminement spécial et aux expériences de ceux qui se concentraient dans la pratique de la méditation extatique, les formulations théoriques de la doctrine n'en avaient pas assez tenu compte. Ce fut la fonction et l'objet des Yogâcârin de souligner comme il se doit la vision du monde révélée par l'entrée en transe. La *transe* convenait mieux au tempérament de certains moines, la *sagesse* à d'autres. Dans le *Samyutta Nikâya* (II, 115), la différence entre les deux routes est illustrée par les personnages de Musîla et de Nârada. La *Bhagavad Gîtâ* consacre beaucoup de place à mettre en contraste les deux méthodes sous les noms de Sânkhya et de Yoga. Les « hommes de sagesse » sont surtout des intellectuels, les « hommes de transe » surtout des méditants et des ascètes. Les premiers sont « voués au Dharma », les autres tout juste « concentrés en pensée » (*jhâyin*). Les Sages sont portés vers l'*intuition*, alors que la transe mène au *calme*. Les Sages font peu attention à la magie, les autres s'en occupent fort. Selon la doctrine orthodoxe, les deux « ailes » ensemble pourraient seules mener quelqu'un à l'Illumination. Les Sarvâstivâdin ont toujours insisté sur le primat de la sagesse, conçue comme contemplation des Dharma. Dans le cas de plusieurs d'entre eux, ainsi Harivarman, les pratiques extatiques de transe sont estompées à l'arrière-plan. Chez les Mâdhyamika aussi toute l'attention est donnée à la *Sagesse*, comprise ici comme une dialectique raffinée qui détruit toute pensée. Les Yogâcârin ont représenté une réaction contre l'importance excessive attachée aux *processus de la pensée* avec sa conséquence, la négligence des pratiques de la Transe.

Quelle était donc la doctrine distinctive des Yogâcârin ? Ils enseignaient que l'Absolu est Pensée. Non que cette thèse soit réellement neuve : dans les Écritures de toutes les écoles elle a été clairement formulée et il faut essayer de comprendre pourquoi on l'a négligée si longtemps et pourquoi les Yogâcârin l'ont développée à présent.

Dans les Écritures pālies, le Bouddha pose expressément que l'esprit bien dirigé est comme l'eau translucide d'un étang limpide, libre de toute écume à la surface. « Lumineuse par elle-même de part en part (*pabhassara*) est cette pensée, mais d'ordinaire elle est souillée par des taches adventices qui viennent de l'extérieur. » En d'autres termes, quand l'esprit est face à face avec la Vérité, une *étincelle* de pensée lumineuse par elle-même se révèle au centre de notre ère et, par analogie, de toute réalité. Les maîtres de l'Ancienne École de Sagesse, sans nier expressément cette proposition, en avaient fait peu d'usage. L'*Abhidharma* dominait entièrement leurs spéculations, et l'*Abhidharma* considérait la réalité comme composée d'une succession de *dharma* ou d'événements momentanés. Nous voyons le monde comme il est véritablement quand nous voyons qu'« il n'y a que des *dharma* » (*dharma-matta*), pour citer la brève formule de Buddhaghosa. La formule des Yogâcârin, « pensée seulement » (*citta-mâtra*), tire une grande partie de sa signification de son opposition à l'*Abhidharma* traditionnel.

Dans la *Prajñâpâramitâ*, c'est la *vacuité*, à son tour, qui est l'ultime facteur de vie. Décrire cette vacuité, comme *Pensée*, ainsi que firent les Yogâcârin, semblait aux Mâdhyamika ne remplir aucune fonction utile. Non que les *Prajñâpâramitâ Sûtra* aient méconnu la tradition sur la pensée lumineuse par elle-même, centre de toute chose. Mais le fait que c'est une « pensée » ne les intéresse pas du tout. Tout ce qui les retient est la nature dialectique de la pensée de l'Absolu, ou d'une pensée absolue (voir p. 148 et suiv.), qui est contradictoire avec elle-même et identique à sa propre négation. Naturellement la pensée, « dans sa nature originelle essentielle » quand elle est libre de toute avidité, haine et illusion, est « un état de luminosité transparente » et à ce niveau constitue « l'être essentiel de tous les *dharma* ». Mais, continue le *Sûtra*, cette pensée « en réalité n'est pas une pensée », on ne peut dire qu'elle existe ni qu'elle n'existe pas. Le souci de la sagesse, comprise comme la dissolution dialectique de toute chose, détermine clairement la manière d'approcher le problème.

La carrière de la « pensée lumineuse par elle-même » ne se termine pas ici. Les bouddhistes chinois, en insistant sur la facilité et la non-action, ont repris la proposition de la *Prajñâpâramitâ* et soutenu que le salut consiste à atteindre un état de « Non-pensée ». Ils ont rejeté toute activité mentale et argué que seuls les gens stupides pratiquent les vertus et méditent. Leur opinion qu'« on ne doit penser à rien » a rencontré peu de faveur chez leurs frères indiens de l'école Mâdhyamika.

Les Yogâcârin, à leur tour, ont donné un sens tout différent à la vieille formule. Ce qui leur a semblé important était le fait que l'Absolu est « Pensée », en ce sens qu'il ne faut le chercher dans aucun objet, mais dans le pur sujet, libre de tout objet. Avant de poursuivre l'explication de cette doctrine quelque peu cryptique, il nous faut d'abord donner une esquisse de l'histoire de l'école.

L'histoire littéraire

Il y eut une première tendance vers une école Yogâcâra, autour de 150 après J.-C., avec le *Sandhinirmocana Sûtra*. Entre 150 et 400, nous avons plusieurs autres documents littéraires qui enseignent « Pensée-seulement ». Le *Lankâvatâra Sûtra*, l'*Avatamsaka* et l'*Abhisamayâlankâra* occupent une position intermédiaire entre les Mâdhyamika et les Yogâcârin. L'*Abhisamayâlankâra* est un important commentaire sur la *Prajñâpâramitâ* qui en a dirigé l'exégèse à partir d'environ 350 ap. J.-C., et qui est encore la base de l'explication de la *Prajñâpâramitâ* dans les monastères du Tibet et de la Mongolie. L'*Avatamsaka* reprend l'enseignement de la *similitude* de toutes choses (voir p. 177) et l'explique comme l'interpénétration de chaque élément du monde dans un élément différent. Le seul principe éternel de l'univers, qui est la *sérénité d'Esprit*, se réfléchit dans le cosmos ; sa présence charge toutes choses de signification spirituelle, ses mystères peuvent être observés partout ; au moyen d'un objet quelconque on peut engendrer toutes les vertus et approfondir les secrets de l'univers entier. L'*Avatamsaka Sûtra* a été le texte de base d'une école qui devint puissante en Chine sous le nom de Hua-yen-tsung, au Japon sous celui de Kegon-shu. Fa-tsang (mort en 712) en fut le plus grand théoricien. L'école a fait beaucoup pour affirmer en Extrême-Orient l'attitude vis-à-vis de la nature, elle a inspiré beaucoup d'artistes en Chine et au Japon. Dans l'Inde elle représente un important chaînon entre les Yogâcârin et le Tantra. L'*école Yogâcâra* a été fondée vers 400 ap. J.-C. par les deux frères Asanga et Vasubandhu, originaires du nord-ouest de l'Inde. Certains savants placent Asanga aussi haut que 320 ap. J.-C. Asanga et Vasubandhu ont systématisé la théorie d'*Esprit*-seulement et ont élaboré en outre trois autres doctrines concernant la conscience-de-réserve, les trois manières d'être-à-soi et les trois *corps* du Bouddha. L'école a développé un système scolastique extrêmement compliqué et n'a pas été entièrement dénuée d'exubérance spéculative.

Des rangs de l'école Yogâcâra sortirent les hommes qui développèrent une version bouddhique de la science de la Logique. La Logique bouddhique fut fondée par Dignâga vers 440 ap. J.-C. et on écrivit abondamment sur le sujet dans l'Inde jusque vers 1100. L'intérêt pour la logique avait été stimulé par la grande valeur qu'elle présente pour la propagande. Durant le Moyen Âge indien les princes avaient l'habitude d'organiser des tournois où des ascètes de différentes écoles devant de vastes audiences étaient lancés les uns contre les autres dans la controverse. La victoire entraînait avec elle un prestige renforcé et un patronage accru. L'entraînement dans la logique avait donné aux bouddhistes un avantage sur leurs rivaux et les sectes hindoues furent bientôt forcées d'élaborer des systèmes logiques de leur cru. La logique de Dignâga a eu une conséquence indirecte importante. Partout où les Yogâcârin avaient de l'influence, l'intérêt se détourna de l'*Abhidharma* traditionnel pour aller à la nouvelle logique ; ainsi, sans être expressément répudié, l'*Abhidharma* fut négligé de manière croissante. La tradition de la logique Yogâcâra est encore active au Tibet. En Chine, nous avons une littérature assez étendue et au Japon, jusqu'au XVe siècle, une immense littérature liée aux textes logiques indiens.

L'école Yogâcâra disparut de l'Inde en même temps que le bouddhisme, vers 1100 ap. J.-C. Elle fut amenée en Chine par plusieurs maîtres ; parmi eux, deux esprits de premier ordre, Paramârtha (500-569) qui venait d'Ujjayinî (Ojein) dans l'Inde orientale en 546, et Hiuen-tsiang, le grand pèlerin (vers 650). L'école de Hiuen-tsiang est connue sous le nom de Weih-shih.

Hiuen-tsiang a résumé ses enseignements dans le *Ch'eng-wei-shih-lun*, *Le traité de l'accomplissement* (de la vue suivant laquelle toute chose n'est) *rien qu'idée*, lequel est encore le manuel classique de l'école dans l'Extrême-Orient. L'ouvrage est un résumé de dix commentaires indiens aux *Trente Versets* de Vasubandhu. Hiuen-tsiang s'est appuyé principalement sur Dharmapâla, abbé de Nalandâ, négligeant relativement les neuf autres. Un grand et important interprète de l'école Weih-shih fut le disciple de Hiuen-tsiang, K'uei-chi (632-685). Il écrivit un grand nombre de commentaires, ainsi qu'une *Encyclopédie des doctrines du Grand Véhicule.* L'école Weih-shih se scinda bientôt après en une branche du nord et une branche du sud. Outre l'école de Paramârtha et le Weih-shih, plusieurs autres versions de la tradition Yogâcâra ont été courantes en Chine où de longs débats scolastiques sur les détails difficiles de la doctrine ont marqué son histoire. En 653, et à nouveau en 712, l'école fut apportée au Japon, sous le nom de secte *Hosso* (= chinois : *fa tsiang tsong*, « signe du *dharma* »). Dans la période Tempyo, elle prospéra grandement grâce aux efforts du Sojo Gien (mort en 728). Elle survit aujourd'hui encore comme l'une des petites sectes japonaises, avec 44 temples et monastères et 700 prêtres.

« Esprit-seulement »

L'esprit, la pensée et la conscience sont employés comme mots interchangeables dans la philosophie bouddhique. En décrivant le Nirvâ*n*a en termes positifs — en l'appelant *Esprit-seulement* ou *Pensée-seulement* ou *Conscience-seulement* — les Yogâcârin semblent dévier de la tradition bouddhique qui a toujours préféré des noms négatifs pour l'Absolu. Le mot *nirvâna* lui-même signifie « éteindre en soufflant », et là où d'autres traditions parlent de *vie éternelle*, le bouddhisme parle de ce *qui-est-sans-mort*. Il veut jalousement préserver le caractère transcendant de l'Absolu, éviter le danger de fausses conceptions qui surgissent si un même nom s'appliquant à quelque chose qui est attesté dans ce monde est également donné à quelque chose d'absolument différent du monde — comme quand les chrétiens appellent Dieu une *personne*. Pourquoi alors les Yogâcârin ont-ils choisi la *Conscience* parmi tous les constituants du monde et ont-ils désigné l'Absolu de ce mot ?

Ils ont eu l'intention d'indiquer un point dans le monde, une dimension de la présence-témoin, là où on a le plus de chance de la trouver. Dans toute notre expérience, l'objet s'oppose au sujet. Le sujet s'identifie dans l'*Abhidharma* au *skandha* de la Conscience, que définit la présence-témoin comme son signe essentiel. De même que la lame d'un couteau ne peut se couper elle-même, de même nous ne pouvons éprouver directement la conscience, comme un objet situé devant nous. Car, aussitôt que nous nous tournons vers le sujet, il devient objet et cesse d'être sujet. L'introspection ne peut donc jamais espérer rencontrer le sujet face à face. Le sujet final — qui peut être au terme d'un regrès à l'infini — est complètement au-delà de notre expérience, il n'est pas réellement de ce monde, il est transcendantal. Essayer d'y accéder serait tenter l'impossible. C'est exactement ce que les Yogâcârin entreprennent de faire.

En s'écartant inexorablement de chaque objet, en faisant l'introversion qui aboutit à la transe, on pouvait espérer avancer vers un pareil résultat. Dans toute condition, quelle qu'elle soit, où ma personnalité se trouve normalement, le sujet est toujours associé à quelque objet. Mais si, dans l'absence d'un objet dressé en face du sujet, il n'y a intervention d'aucune espèce de relation à un objet, alors on peut dire que j'ai réalisé mon *soi le plus intime* dans sa pureté. On peut poser alors que le salut consiste à s'éloigner violemment de toutes accrétions objectives et externes pour aller vers ce soi intime, qui se réalise quand il se tient isolé, sans objet ni pensée : « Il n'y a pas de perception là où il n'y a rien à percevoir. »

Maintenant il nous est loisible de voir plus clairement le lien entre cette ligne de raisonnement et l'expérience de la transe extatique. Les écoles de la Sagesse avaient annihilé les objets autour de nous par une *analyse* inexorable qui n'avait rencontré que des Dharma momentanés sans nombre, trop impersonnels ou fragiles pour comporter beaucoup d'attachement, et par une inexorable *dissociation*, qui coupe court à l'identification avec tous les objets à tour de rôle par la pensée : « Je ne suis pas ceci, ceci n'est pas mien, ceci n'est pas moi-même. » L'*intro version* inexorable de la méditation extatique écarte également l'objet, mais en s'arrachant à lui. Cette expérience a donné son accent particulier aux théories du Yogâcâra. Nous nous souvenons (p. 134) que les étapes du *Dhyâna* procèdent par le retrait successif de tous les stimulants ou objets externes, qui pèsent de moins en moins sur l'esprit jusqu'à ce que les six organes des sens soient *au repos* ; dans la transe la plus haute, il ne demeure plus aucun objet extérieur. Le Yogin recherche le bonheur et l'accomplissement, non dans les choses extérieures, mais dans le calme paisible de l'immanence pure de sa propre pensée. Les écoles de la Sagesse avaient toujours soutenu que, si nous sommes dans le trouble, c'est que nous identifions faussement avec notre soi véritable quelque chose que nous trouvons dans notre soi empirique. Les Yogâcârin définissent donc le soi véritable comme l'ultime sujet. Par une conséquence naturelle, la racine de tout mal doit résider dans notre tendance à voir toute chose comme séparée de, ou extérieure à, ce soi intime, sous l'aspect d'un objet. En réalité toutes choses, toutes pensées ne sont qu'*Esprit-seulement.* La base de toutes nos illusions consiste en ce que nous regardons les objectivations de notre propre esprit comme un monde indépendant de cet esprit, qui est en réalité sa source et sa substance. En tant que doctrine philosophique, cela ressemble très fort à l'idéalisme de Berkeley. L'évêque Berkeley disait que « certaines vérités sont si proches, si évidentes à l'esprit qu'un homme n'a qu'à ouvrir les yeux pour les voir. Telle est à mon avis cette importante vérité, à savoir que tout le chœur des cieux et les objets dont la terre est garnie — en un mot, tous ces corps qui composent la puissante structure du monde — n'ont aucune existence sans un esprit ».

Le monde extérieur est en réalité l'Esprit lui-même. La multiplicité des objets extérieurs est « pure représentation », « rien qu'idées ». « De même que dans un mirage il n'y a pas d'eau réelle et que pourtant la notion d'une eau réelle se produit, de même il n'y a pas d'objet, mais la notion d'un objet est engendrée. » La plus haute intuition est atteinte quand toute chose apparaît comme pure hallucination. Les Yogâcârin ont fondé cette conviction non seulement sur un certain nombre d'arguments logiques qui ont démontré l'impossibilité d'un objet extérieur, mais encore sur l'expérience vivante de la méditation extatique. Dans les états de transe les plus élevés, le Yogin avait coutume de percevoir des images visuelles très vives sans qu'il y ait d'incitation extérieure correspondante. Dans le cours de ses exercices, il a vu directement devant lui des objets tels qu'un cercle bleu ou un squelette, simples idées hallucinatoires ou bien, comme Asanga les interprète, pure pensée. Le monde est semblable à un rêve. Le rêve est simplement la présence d'idées ; les objets correspondants ne sont pas là en réalité. De même qu'on perçoit le manque d'objectivité dans les images du rêve une fois qu'on s'est réveillé, de même le manque d'objectivité dans les perceptions de la vie éveillée est perçu de ceux qui ont été éveillés par la connaissance de la vraie réalité.

« Conscience-de-réserve »

Le concept Yogâcâra d'une Conscience-de-réserve (*âlayavijñâna*) est intéressant moins pour sa valeur explicite que pour les motifs qui sont derrière lui. Asanga postulait une conscience trans-personnelle qui est le fondement de tous les actes de pensée. Les impressions de l'ensemble de l'expérience passée y sont *mises en réserve*, tous les actes et leurs fruits. Ce n'est pas une âme individuelle, liée à un organisme psychophysique, c'est le fait objectif que, dans notre ignorance et notre amour de soi, nous prenons à tort pour une âme individuelle ou un soi. Tel qu'il a été élaboré par les Yogâcârin, le concept de la Conscience-de-réserve est loin d'être intelligible, et il n'a guère conduit qu'à des discussions passionnées.

Qu'un pareil concept, si peu satisfaisant qu'il soit, ait été élaboré, révèle une importante difficulté du système de pensée bouddhique. La doctrine de l'Anattâ avait affirmé qu'il n'existait en fait aucun soi individuel ou ego permanent, susceptible de rendre compte de l'unité autonome d'un individu. Ce qui apparaît sous les traits de l'individu est en réalité une série de Dharma momentanés qui se succèdent continuellement l'un l'autre. Mais il est demeuré l'unité relative de chaque série, et sa distinction d'avec les autres ; il est demeuré l'observation de sens commun suivant laquelle je me rappelle mes propres expériences internes beaucoup mieux que celles des autres, qu'en fait je ne me rappelle point du tout ; il est demeuré l'enseignement du *karman*, suivant lequel je subis le fruit de mes actes et ne suis ni puni ni récompensé pour les actes d'un autre ; il est demeuré l'observation que certaines de mes expériences passées sont pour ainsi dire *mises en réserve* pendant un temps dans une sorte d'*inconscient*, et qu'elles influencent mes actions à une date ultérieure. L'illusion de l'individualité peut être due au désir, mais elle est vigoureusement renforcée par l'observation ordinaire. Naturellement on pourrait écarter tout cela et rappeler au chercheur l'état de Nirvâ*n*a où toutes ces observations apparaîtraient sous un jour bien différent.

Pour ceux qui ne sont pas allés aussi loin, la croyance en l'individualité ne laisse pas d'apparaître si plausible qu'ils s'attendent qu'elle ait je ne sais quel fondement objectif quelque part. C'était là le point faible dans l'armure bouddhique, et le problème a harcelé les théoriciens bouddhiques à travers toute l'histoire. L'hérésie de la croyance en un soi a envahi les rangs mêmes de l'Ordre. Les adeptes de l'une des 18 sectes traditionnelles — les Sammitîya — étaient connus sous le nom de *Pudgalavâdin*, « Tenants de la croyance en un individu ». Ils s'efforçaient de retenir un certain aspect de la croyance en un soi ou en une âme, sans pourtant le faire jusqu'au bout. Ils parlaient d'un principe indéfinissable appelé le *pudgala*, la personne, qui n'est ni différent ni non différent des cinq Skandha ; il persiste dans les vies successives d'un être jusqu'à ce que celui-ci atteigne le Nirvâ*n*a ; c'est une sorte de position médiane entre notre soi véritable et notre soi empirique. D'un côté il rend compte de notre sentiment d'identité personnelle (comme le « soi empirique ») et de l'autre il continue jusqu'au Nirvâ*n*a (comme le « soi véritable »). Parmi toutes les thèses soumises à controverse, celle-ci a été jugée la plus sujette de toutes à critique. À travers les siècles l'orthodoxie ne s'est jamais lassée d'accumuler argument sur argument pour réfuter cette acceptation d'un *Soi* par les Pudgalavâdin. Mais plus on essaie avec ténacité et persistance d'extraire quelque chose de son esprit ou d'un système de pensée, plus cette chose y pénètre sûrement. Les orthodoxes, à la fin, furent forcés d'admettre la notion d'un ego permanent, non pas ouvertement, mais sous divers déguisements, caché dans des concepts particulièrement obscurs et abstrus, comme le *continuum de vie subconscient* (*bhavânga*) des Theravâdin, l'« existence continuée d'une Conscience très subtile » des Sautrântika, la *Conscience-radicale* des Mahâsanghika, etc. La Conscience-de-réserve des Yogâcârin est conçue dans le même esprit. Dès que le conseil d'avoir à négliger le soi individuel se fut durci en cette proposition « il n'y a pas de soi », il était tout à fait inévitable qu'on dût faire de pareilles concessions au sens commun.

Une fois que les Yogâcârin eurent donné libre cours au désir d'explorer les origines de nos illusions, ils se sont trouvés entraînés dans un océan de spéculations sans limites. Commençant par la Conscience-de-réserve, ils ont entrepris la tâche de déduire de ce concept le monde réel, de retracer l'exact procès d'évolution par lequel le sujet ultime s'était aliéné de soi-même et déployé en monde objectif. Ce faisant, ils ont construit un système extrêmement enveloppé et compliqué de métaphysique spéculative qui n'a pas d'effet direct sur la pratique de la délivrance. Ils se sont départis de la simplicité des théoriciens anciens, qui s'intéressaient à défaire les illusions plutôt qu'à les expliquer. La masse de la philosophie du Yogâcâra, bien qu'occasionnée par les difficultés inhérentes à la doctrine d'Anattâ, représente en réalité une invasion du bouddhisme par le système

Sânkhya de la philosophie hindoue qui, vers l'époque d'Asanga, fut utilisé par Patañjali (vers 450 ap. J.-C.) pour son exposé théorique des méthodes de Yoga encore courantes dans l'Inde. Un changement complet avait pris place dans le climat mental de l'Inde entre le temps de l'*Abhidharma* et les siècles qui virent la croissance des Yogâcârin. Dans les temps anciens les moines se souciaient fort peu de l'univers en général. Les états mentaux, les méthodes psychologiques étaient tout ce qui importait si l'on voulait se connaître soi-même. Mais désormais, quand on recherche non plus le salut individuel mais le salut universel, les états mentaux sont envisagés dans leur lien avec l'évolution du cosmos, vers quoi se dirige de plus en plus l'attention. Ce glissement commença avec les Yogâcârin et devint de plus en plus marqué dans les développements tantriques auxquels nous allons bientôt en venir.

Les autres doctrines

À part leur identification du Nirvâ*n*a avec la Pensée et leurs spéculations sur la conscience-de-réserve, les Yogâcârin sont à mentionner pour la forme systématique finale qu'ils donnèrent à deux anciennes idées, l'une ontologique, l'autre buddhologique.

Au sujet de la première, ils distinguaient pour une chose trois manières d'être-à-soi. Il suffira de signaler cette doctrine en passant. Elle signifie que toute chose peut être envisagée sous trois angles : d'abord, comme la voit le sens commun, dans son apparence *imaginée* en tant qu'objet, où une chose est simplement ce qu'elle est, distincte des autres choses ; deuxièmement en son aspect *dépendant* ; plus scientifiquement, on considère les événements en tant qu'ils sont conditionnés l'un par l'autre ; enfin, il y a un aspect pour toute chose où cette chose est pleinement et parfaitement réelle. Alors elle ne se dresse plus comme un objet, elle est vue par l'intuition dans le Yoga. Toutes choses sont alors Fait-d'être-Tel, Esprit-seulement, indifférenciées, à la fois transcendantes et immanentes en chaque objet.

La doctrine des *Trois Corps* du Bouddha est à mentionner ici, parce qu'elle est le résultat final de maints siècles de pensée sur les trois aspects du Bouddha que nous avons décrits ci-dessus (p. 46). Les trois corps sont le *Corps-de-Dharma*, le *Corps-de-Jouissance* et le *Corps surnaturel*. Le Corps-de-Dharma est le Bouddha en tant qu'Absolu. C'est seulement dans son Corps-de-Dharma que le Bouddha est vraiment lui-même. Ce corps est un et simple, les deux autres en émanent et sont soutenus par lui. Le Corps-de-Jouissance du Bouddha est sa manifestation aux Bodhisattva en divers champs-du-Bouddha purs. On voit et on entend un Corps-de-jouissance différent dans des *assemblées* différentes. Ce corps porte trente-deux marques et de nombreuses manifestations miraculeuses en procèdent. Il est *fait d'esprit* et vient à l'être sans passer par les processus ordinaires de procréation et de naissance. Le corps surnaturel, enfin, est une personne qui est une création magique fictive ; cette création procède par des mouvements consistant à descendre du ciel, quitter la maison, pratiquer des austérités, gagner l'Illumination, réunir et instruire des disciples, et mourir sur terre, en vue d'aider et de faire mûrir les êtres de faible compréhension. L'humanité du Bouddha, toujours plus ou moins sans importance, est devenue à présent une simple fiction, un fantôme. Déjà, dans le Hînayâna, on attribuait au Bouddha le pouvoir miraculeux d'évoquer une apparition de son propre être, un *nimitta-Buddha*, qui prêchait ailleurs tandis que lui-même s'en allait mendier. Les dieux hindous avaient aussi des pouvoirs de ce genre. Nous lisons ainsi dans le *Dîgha Nikâya* que Brahma Sahampati, quand il apparaît dans l'assemblée des *dieux des Trente-trois*, se manifeste en un corps matériel : « Car sa forme, telle qu'elle est à l'état naturel, est insoutenable à la vue de ces dieux. » Cette idée sera désormais employée dans le Mahâyâna pour définir la relation du Bouddha historique à l'Unique Bouddha Éternel. L'Unique Bouddha, le Corps-de-Dharma, a existé de tout temps, mais à diverses occasions il a projeté dans ce monde des corps fantomatiques de Bouddha pour exécuter son œuvre.

Les connotations magiques de pareilles idées ont eu une grande importance historique. Le monde même où apparaissent les *structures-de-Bouddha* n'est rien de plus qu'une illusion magique (*mâyâ*). Quand ils enseignent le monde comme une illusion, les bouddhistes n'entendent pas signifier qu'il n'existe pas. Il est tangiblement et visuellement réel, mais il est trompeur parce qu'on le prend à tort pour ce qu'il n'est point. Il n'est pas authentique, et, tel un artifice magique, on ne devrait pas le traiter trop sérieusement. Avec cette signification pragmatique, les choses du monde avaient été dénommées Mâyâ dès les débuts de l'histoire bouddhique. Depuis lors l'emploi du terme s'est étendu. Ainsi que le Bouddha l'avait dit au jongleur Bhadra dans le Ratnakû*t*a : « Les jouissances de tous les êtres et leurs possessions sont suscitées par la Mâyâ de leurs actes ; cet Ordre de moines, par la Mâyâ du Dharma ; moi-même, je le suis par la Mâyâ de la sagesse ; et toute chose en général, par la Mâyâ de la complexité des conditions. » En d'autres termes, le monde est une manière de fantasmagorie, dans laquelle des êtres magiquement créés sont sauvés d'une souffrance magiquement créée par un sauveur magiquement créé, qui leur montre l'insubstantialité de tout ce qui vient à l'existence. Il n'est pas surprenant que la conviction ait commencé à se répandre que seules les méthodes magiques pouvaient traiter efficacement d'un tel univers. Cette conviction a pris forme dans le Tantra, que nous allons maintenant aborder

CHAPITRE VIII

Le *Tantra*, ou le bouddhisme magique

Le problème du Tantra

Les Asiatiques, contrairement aux Européens modernes, ont été familiers avec les actes magiques des illusionnistes, sorciers, etc., qui formaient une part régulière de leur vie quotidienne. Je pense qu'à cet égard un exemple concret aidera à montrer comment l'Hindou moyen, l'Arabe ou le Chinois considérait ces phénomènes. Au XIVe siècle, Ibn Batuta, voyageur arabe, rendit visite au vice-roi de Hangchau fu. Un jongleur « prit une boule de bois percée de trous à travers lesquels étaient passées de longues cordes et, tenant à la main une de ces cordes, la lança en l'air. Elle monta si haut que nous la perdîmes de vue totalement. Il ne restait alors qu'un petit bout de lanière dans la main du magicien ; celui-ci exprima le désir qu'un des garçons qui l'assistaient saisît la corde et montât. Il se mit donc à grimper à l'aide de la corde et nous le perdîmes de vue à son tour ! Le sorcier l'appela par trois fois ; n'obtenant pas de réponse, il tira un couteau comme s'il était violemment en colère, saisit la corde et disparut à son tour ! Successivement il jeta à terre l'une des mains de l'enfant, puis un pied, puis l'autre main, l'autre pied, le tronc et enfin la tête ! Alors il redescendit, soufflant et hagard, avec ses vêtements tout sanglants, il baisa le sol devant l'Émir et lui dit quelques mots en chinois. L'Émir donna un ordre en réponse ; notre ami prit alors les membres du garçon, les remit à leur place respective et donna un coup de pied ; alors, presto ! voilà le garçon qui se dressa et se tint devant nous ! Tout cela me stupéfia au-delà de toute mesure. Le Kazi Afkharuddin était près de moi et dit : Wallah ! mon avis est qu'il n'y a eu ni montée à la corde ni descente, ni découpage ou réparation de membres : tout cela n'est que mystification ».

Suivant la *Prajñâpâramitâ*, le processus du salut tout entier est exactement de la même nature que cet artifice de magie. Témoin ce dialogue entre le Seigneur Bouddha et Subhûti : « Le Seigneur : C'est comme si, ô Subhûti, un habile magicien ou l'apprenti d'un magicien suscitait aux carrefours une grande multitude ; et que, après l'avoir suscitée, il faisait en sorte que cette grande multitude s'évanouît. Que crois-tu, Subhûti : quelqu'un a-t-il été tué par quelqu'un ou assassiné ou détruit ou supprimé ? — Subhûti : Non, certes Seigneur ! — Le Seigneur : Eh bien ! De même un Bodhisattva, un grand être, conduit au Nirvâ*n*a des êtres innombrables, incalculables, et pourtant il n'y a aucun être qui ait jamais été conduit au Nirvâ*n*a, aucun qui y ait conduit un autre. Si un Bodhisattva entend cela et ne tremble pas, n'est pas effrayé ni terrifié, alors on dit de lui qu'il est *armé de la grande armure.* »

Le Tantra bouddhique tire de ces faits les conséquences pratiques. Il est le résultat logique des développements qui l'ont précédé, et les difficultés qu'il a offertes à bien des savants sont le produit de leur invention. Naturellement, si l'on imagine que le bouddhisme « originel » a été une religion parfaitement rationnelle, selon les vœux de l'« Église éthique », sans aucune teinte de surnaturel ou de mystère, alors le Tantra deviendra la « dégénérescence » à peu près incompréhensible de ce prétendu bouddhisme originel. En fait, le bouddhisme a toujours été étroitement associé à ce que les rationalistes tiendraient pour des superstitions (voir p. 108-113). La réalité des pouvoirs psychiques extraordinaires, voire miraculeux, n'a jamais été mise en doute (p. 137-139). Cultiver ces pouvoirs a fait partie du programme du salut, pour ceux qui y étaient aptes, encore que pour d'autres, ç'ait été une bénédiction de valeur douteuse. L'existence de nombreuses espèces d'esprits désincarnés et la réalité des forces magiques ont été considérées comme acquises, la croyance en elles a fait partie intégrante de la cosmologie courante.

Les Européens qui écrivent sur le Tantra sont souvent en proie à une vive émotion. Leur répulsion est en partie intellectuelle, parce qu'ils croient avoir dépassé les croyances magiques de nos ancêtres. En outre, le Tantra est de nature à provoquer leur indignation morale. Il leur semble que dans l'histoire du bouddhisme une métaphysique abstraite de grande sublimité ait cédé la place lentement à une préoccupation de divinités personnelles et de magie, à l'idolâtrie d'un rituel incantatoire et à toutes espèces de superstitions. Une immoralité délibérée leur paraît avoir remplacé la noble austérité d'antan. L'ancien non-attachement désintéressé au monde aurait été supplanté par le désir de le faire s'ajuster aux envies les plus sordides ; la résignation aux circonstances, par le désir d'acquérir du pouvoir sur elles. Alors que la pauvreté avait été une condition primordiale de progrès spirituel, maintenant on songe à se rendre favorables Kuvera et Jambhala, dieux de la richesse. Et ainsi de suite.

Cette attitude hostile ne rend guère justice au Tantra. Il est exact que le Tantra proclame avoir deux objectifs — le succès (*siddhi*) consistant à gagner l'Illumination entière dans cette vie, et celui consistant à obtenir santé, richesse et pouvoir. Mais cette combinaison illogique d'objectifs mondains et d'objectifs supramondains est aussi ancienne que le bouddhisme même, et ce fut l'une des colonnes principales de sa force (voir p. 113 et suiv.). L'immoralité est, nous le verrons, une immoralité non pas d'hommes du monde, mais de saints. La revendication des charmes et du rituel magique comme moyen le plus sûr d'arriver à la pleine Illumination est, il est vrai, nouvelle sous sa forme appuyée, mais un long développement historique y conduisait d'un pas vigoureux. Loin d'être le cauchemar de quelques imposteurs pervertis, à la respectabilité douteuse, le Tantra était et est une phase inévitable de l'histoire bouddhique.

Histoire du Tantra

Il est impossible aujourd'hui de préciser la date exacte où les pratiques tantriques furent pour la première fois imaginées. Les Tantristes sont habituellement enclins au secret. Des vues occultes et ésotériques doivent avoir circulé dans de petits cercles d'initiés longtemps avant de venir à ciel ouvert. En tant que système de pensée plus ou moins officiel, le Tantra a pris de l'importance après 500 ou 600 de notre ère. Mais les débuts remontent à l'aube de l'histoire humaine, quand la société agricole était envahie par la magie et la sorcellerie, le sacrifice humain et le culte de la déesse-mère, les rites de fertilité, les divinités chthoniennes. Le Tantra n'est pas réellement une création nouvelle, c'est le résultat de l'absorption des croyances primitives par la tradition littéraire, et leur mélange avec la philosophie bouddhique.

La littérature tantrique du bouddhisme est très vaste et en grande partie inexplorée. Fort peu en a été traduit ; la langue de ces textes est difficile et obscure, souvent intentionnellement. Comme les Hindous, les bouddhistes distinguent un Tantra de « Main-droite » et un Tantra de « Main-gauche ». Dans l'hindouisme les deux groupes se distinguent par le fait que les « sectateurs de Main-droite » (*dakshinâcârin*) attachent une importance plus grande au principe mâle, les « sectateurs de Main-gauche » (*vâmâcârin*) au principe femelle dans l'univers. Dans le bouddhisme, la différence entre l'un et l'autre réside surtout dans leur attitude envers le sexe (voir p. 253 et suiv.). Il convient de réserver le nom de *Śâktisme* à la forme de Main-gauche. Le śâktisme hindou s'est associé au śivaïsme. Les doctrines śivaïtes ont exercé une grande influence sur le sâktisme bouddhique. La Śakti est l'énergie créatrice ou « puissance » d'une divinité, personnifiée comme sa femme ou sa compagne. Dans le śivaïsme, le culte de la Śakti s'oriente vers l'épouse de Śiva — Pârvatî ou Umâ — connue aussi sous le nom de *Grande Déesse* ou *Grande Mère*. C'est un trait du śâktisme que nombre de divinités y existent sous une forme à la fois bénigne et terrible. La forme terrible de Pârvatî est Durgâ, l'*Inapprochable*, ou Kâlî, la *Noire*. Les aspects terribles s'associent à la mort et à la destruction, à la nécromancie, aux sacrifices animaux et humains. En même temps, le śivaïsme possède une profusion de divinités féminines, de sorcières, goules et ogresses, dont beaucoup ont été incorporées dans le śâktisme bouddhique. Les adeptes des pratiques śivaïtes les plus radicales n'ont pas toujours inspiré le respect à leurs contemporains. Le magicien śivaïte Bhairavânanda chante, dans un drame indien de 900 ap. J.-C., le chant que voici :

Quant au livre noir et au maléfice — qu'ils aillent en enfer !

Mon maître m'a dispensé de la pratique de la transe.

Nous allons fort bien avec la boisson et avec les femmes,

Et quant au salut, nous dansons joyeusement !

La jeune sorcière fougueuse, je l'ai amenée à l'autel.

Je consomme de la bonne viande, j'avale de la boisson forte ;

Et tout cela vient comme aumône — avec une couverture pour mon lit.

Quelle religion meilleure pourrait-on imaginer ?

Les dieux Vish*n*u et Brahman et les autres peuvent bien prêcher

Sur le salut par la transe, les rites saints et les Veda.

Seul l'amant de cœur d'Umâ était capable de nous enseigner

Le salut plus l'alcool, plus les amusements avec les femmes.

(C. R. LANMAN.)

L'investigation scientifique des documents tantriques en est encore à ses débuts. Pour autant que nous puissions en juger, à présent, il y eut, dans la foule des sectes tantriques, deux grandes écoles de la plus haute importance historique, la forme de Main-gauche dite *Vajrayâna*, et celle de Main-droite dite de *Mi-tsung* (*École des Secrets*). Le Vajrayâna est le *Véhicule du Diamant. Vajra* signifie littéralement le Tonnerre qu'Indra, tel Zeus ou Thor, employait à la façon d'une arme, avec une grande efficacité. Imbrisable lui-même, il brise toute chose. Dans la philosophie bouddhique de basse époque, le mot sert à noter une sorte de substance surnaturelle, aussi dure que le diamant, aussi claire que l'espace vide, aussi irrésistible que le carreau de foudre. Le Vajra est désormais identifié à la réalité ultime, au Dharma et à l'Illumination. Le Vajrayâna mythifie la doctrine de la vacuité ; il enseigne que l'adepte, par une combinaison de rites, est réinstauré en sa vraie *nature-de-diamant*, prend possession d'un corps de diamant, est transformé en un être-de-diamant (*vajrasattva*). Les débuts du Vajrayâna peuvent remonter à environ 300 ap. J.-C. Tel qu'il nous est connu, le système s'est développé depuis environ 600. Le *Guhyasamâja-Tantra* est l'une de ses écritures les plus anciennes. Le *Vajaryâna* a été fondé par une succession de maîtres, parmi lesquels un second Nâgârjuna (env. 600-650) fut l'un des premiers. Leurs noms sont attestés vers 1100 ap. J.-C. Le Vajrayâna a pris naissance apparemment dans l'extrême nord de l'Inde, à la fois vers l'est, Bengale et montagnes d'Assam, et vers l'ouest, dans le district appelé U*dd*iyâ*n*a, qui peut être la région autour de Peshâvar. Des influences non indiennes ont eu quelque chose à voir avec la formation des idées tantriques. Le mysticisme érotique et l'accentuation du principe féminin ont dû beaucoup à la couche dravidienne de la civilisation indienne qui dans le culte des *déesses de village* avait maintenu vivantes les traditions matriarcales sur la *Déesse-Mère* dans une plus large mesure que n'avait fait la religion védique. Au Bengale, le patronage de la dynastie Pâla (750-1150) avait permis aux doctrines tantriques de se développer et de s'organiser. Le bouddhisme officiel de cette période était un mélange de *Prajñâpâramitâ* et de Tantra. Les moines vivaient à Nalandâ et, dans les établissements fondés par les rois Pâla — tels qu'Odantapuri, Vikramaśîla, Jaggadala, Somarûpa —, combinaient la métaphysique et la magie à peu près comme Gerbert de Rheims et Albert le Grand dans le folklore médiéval. Leur champ d'action est bien caractérisé par Vâgîśvarakîrti, vers 1100 ap. J.-C., dont Târânâtha disait : « En regardant constamment le visage de la sainte Târâ, il a résolu tous ses doutes. Il fonda huit écoles religieuses pour la *Prajñâpâramitâ*, quatre pour l'exposé du *Guhyasamâja*, une pour chacune des trois autres sortes de Tantra. Il établit aussi de nombreuses écoles religieuses avec des dispositions pour l'enseignement de la logique Mâdhyamika. Il suscita par magie de l'élixir de vie en quantité et le distribua aux autres, en sorte que les vieilles gens âgés de cent cinquante ans et davantage redevinrent jeunes. » Cette combinaison de *Prajñâpâramitâ* et de Tantra a montré une étonnante vitalité. Détruite au Bengale par les musulmans, elle s'est répandue à Java et au Népal et continue encore au Tibet comme tradition vivante.

Le Tantra de Main-droite nous est surtout connu par le système d'Amoghavajra (705-774) qui est conservé en Chine. Cette doctrine se flatte elle aussi de descendre de Nâgârjuna. L'école chinoise Mitsung combinait deux systèmes tantriques qui tous deux étaient incorporés dans un cercle magique (*man*d*ala*). Le cercle de la matrice (*garbha-dhâtu-man*d*ala*) et le cercle de la foudre (*vajra-dhâtu-man*d*ala*) passent pour être, à un degré élevé, identiques, et représenter différents aspects de la réalité suprême. Le Bouddha Mahâvairocana est ici l'univers. Son corps se divise en deux éléments complémentaires, l'*élément-matrice* passif, spirituel, et l'*élément-diamant* actif, matériel. Le monde entier est la révélation du Bouddha à lui-même ; il est représenté dans ces deux *man*d*ala*. Cette doctrine est arrivée au Japon avec Kobo Daishi, vers 800 ap. J.-C., et c'est, encore aujourd'hui, sous le nom d'école Shin-gon (*Parole Vraie*), l'une des plus grandes sectes japonaises, comptant, en 1931, 8 millions de membres et 11 000 prêtres. D'autres doctrines ésotériques furent adoptées par l'école Ten-dai, fondée par Dengyo Daishi, qui les compléta avec une doctrine plus « ouverte », fondée sur le *Lotus de la Bonne Loi*. Le

Śâktisme ne s'est jamais beaucoup répandu en Chine et au Japon. Les tendances érotiques se développèrent dans la secte Tachikawa du Shin-gon au XIe siècle, mais la secte fut bientôt abolie. En 1132 s'établit une école Shin-gon réformée, le Shingishingon shu.

La littérature tantrique consiste en traités, formules magiques, hymnes, et en descriptions d'êtres mythologiques. Les divinités tantriques portent souvent les mêmes noms que celles de la tradition bhaktique. L'identité des noms cache une profonde différence dans la fonction du panthéon. Les divinités bhaktiques sont des créatures de l'imagination mythologique qui sont aimées et implorées en secours. Les divinités tantriques sont des personnifications de forces spirituelles et magiques que l'on conjure et emploie comme des degrés sur la voie du salut.

Les pratiques tantriques

Comme toutes les autres écoles du bouddhisme, le Tantra a développé un certain nombre de pratiques qui lui sont propres. Essentielle pour le Tantra est la différence entre initiés et non-initiés et, corrélativement, la division stricte entre doctrine exotérique et ésotérique. Le Bouddha, tel qu'il est dépeint dans les Écritures du bouddhisme pāli, s'est glorifié de n'avoir rien laissé de caché « dans son poing fermé », pour autant qu'il s'agissait d'éléments de connaissance aptes à mener au salut. Le Tantra, au contraire, estime que les méthodes de salut réellement efficaces et leur emploi convenable ne peuvent être appris par les livres, mais seulement enseignés par un contact personnel avec un instructeur spirituel appelé *guru*. Seul un Guru, auquel nous sommes soumis en totale obéissance et qui tient lieu pour nous du Bouddha, saura traduire les véritables secrets et mystères de la doctrine. De petits cercles d'initiés se rassemblent autour d'un Guru, et ce qui est enseigné au-dehors d'eux est en réalité fort loin de la vérité.

Sans initiation on ne peut même pas commencer un entraînement spirituel. L'initiation dans ce système bouddhique a la même importance décisive qu'elle a eue dans les cultes à mystères de la Grèce et de Rome. En outre, il faut noter que l'initiation a toujours joué un grand rôle dans les sociétés primitives; à ce point de vue comme à bien d'autres, le bouddhisme tantrique est un retour aux modes primitifs de penser et d'agir. Le mot sanskrit pour désigner la cérémonie initiatoire est *abhisheka*, qui signifie littéralement « fait d'asperger ». L'initié est aspergé d'eau sacrée; il y a là quelque analogie avec le baptême chrétien. La cérémonie dérive du rituel de l'Inde ancienne relatif à l'intronisation du prince royal. En théorie, le prince royal était par cette cérémonie transformé en un maître du monde. De même, en notre cas, l'eau de la Connaissance est censée habiliter le dévot à devenir un maître du monde spirituel, c'est-à-dire un Bouddha. Nous serions entraînés trop loin si nous voulions décrire toutes les variétés de culte et de liturgie que pratiquaient les initiés. Mais il y a trois méthodes dont il nous faut parler avec quelque détail. Ce sont :

I. La récitation de formules magiques;
II. L'accomplissement de gestes et de danses rituels;
III. L'identification avec des divinités par le truchement d'une espèce spéciale de méditation.

I. En ce qui touche l'usage des formules magiques, nous avons à distinguer trois périodes. D'abord les bouddhistes, comme tous les autres habitants de l'Inde à l'époque, attendaient de formules de magie la protection contre le danger et la réalisation de leurs intérêts mondains. L'usage d'incantations à cet effet a été largement répandu parmi toutes les nations dans la période pré-industrielle de l'histoire humaine. Il impliquait deux postulats au moins, à savoir que les maladies et autres infortunes étaient dues à l'influence de quelque pouvoir démoniaque ; et que les paroles avaient pouvoir de traiter effectivement avec le démon, soit en l'expulsant, en l'écartant, soit en mobilisant contre lui un pouvoir bienveillant plus fort. La croyance en l'efficace des paroles magiques a été grandement encouragée par les prêtres et les docteurs, qui leur portaient une sorte d'intérêt atavique. Sans doute existait-il toujours des sceptiques qui signalaient, comme fit le fameux bouddhiste Vasubandhu, que très souvent les plantes ou les médicaments sont l'agent curatif, mais que les médecins, craignant qu'on agisse sans eux et qu'ils ne touchent plus d'argent, prétendent que la drogue ne réussit qu'à l'aide des *mantra* (mot sanskrit signifiant « formule magique »), lesquels sont leur secret professionnel. Le *mantra* est une incantation qui produit des miracles quand elle est énoncée. Les bouddhistes pour se protéger n'employaient pas seulement les *mantra* traditionnels du brahmanisme, mais ils utilisaient aussi en guise de charmes certains *sûtra* bouddhiques brefs. Le pèlerin chinois Hiuen-Tsiang dit à Hwui-Li, son biographe, à quel point le *Sûtra du Cœur de la Parfaite Sagesse* l'avait aidé à traverser le désert de Gobi, quand il appelait à l'aide Kwan-Yin qui avait enseigné ce *sûtra*. Hiuen-Tsiang, dans le désert de Gobi, « rencontra toutes sortes de formes démoniaques et d'étranges lutins qui semblaient l'entourer derrière et devant. Bien qu'il invoquât le nom de Kwan-Yin, il ne put les chasser tous ; mais quand il eut récité ce *sûtra*, au son des paroles ils disparurent tous en un moment. Partout où il était en danger, c'est à ce *sûtra* seul qu'il se confiait pour sa sécurité et sa délivrance».

À partir du IIIe siècle de notre ère, les bouddhistes ont fait un usage toujours croissant des formules en vue de protéger leur vie spirituelle des divinités malignes qui cherchaient à interférer. Des chapitres spéciaux sur les incantations sont ajoutés à quelques-uns des *sûtra* les plus connus, ainsi au *Lotus de la Bonne Loi* (chap. 21), au *Lankâvatâra Sûtra* (p. 260-262), etc.

Troisièmement, depuis le VIIe siècle, les *mantra* sont devenus, parmi une section de la communauté, le véhicule principal du salut. La pratique licite, mais jusque-là subsidiaire, de murmurer des incantations devient, dans le *Mantra-yâna*, ou *Véhicule des Mantra*, la clé par excellence de la libération hors des chaînes de l'existence. Si on les applique suivant les règles, il n'est rien que les *mantra* ne puissent réaliser. Leur pouvoir «peut conférer jusqu'à la Bud-dhéité — à plus forte raison n'importe quelle autre chose qu'on souhaite»! Vers 200 av. J.-C., Nâgasena, dans les *Questions du roi Milinda* (éd. Trenkner, p. 150), avait déjà enseigné que les charmes ne peuvent protéger que là où ils ne sont pas contrariés par un *karman* hostile — à preuve le cas de Maudgalyâyana, disciple du Bouddha, qui était très avancé en magie et pourtant ne pouvait éviter un châtiment qu'il avait encouru pour une mauvaise action dans son passé lointain, châtiment consistant à être frappé à mort par des brigands (*ibid.*, p. 188). Dans le Tantra, d'autre part, les Mantra et les Dhâra*nî* agissent infailliblement pourvu qu'on observe strictement les règles qui sont nombreuses et minutieuses. D'innombrables *mantra* ont été composés par les bouddhistes tantriques, et le sujet entier a été traité comme une science très élaborée, avec maintes lois faites *ad hoc*. Par exemple, un *mantra* s'adressant à une divinité masculine doit se terminer en *HU*M ou en *PHA*T ; mais si la divinité est féminine, le dernier mot doit être *SVÂHÂ* ; si elle est neutre, *NAMA*H. Laissant ces détails pour ce qu'ils valent, il nous faut dire quelques mots sur le raisonnement qui a conduit le Tantra à admettre que le fait de marmonner des syllabes ordinairement tout à fait inintelligibles pouvait produire d'aussi grands effets dans le monde. Naturellement, c'est le pouvoir de l'esprit qui rend les *mantra* efficaces. Le *mantra* est le moyen de venir en contact avec les forces invisibles autour de nous en s'adressant à leurs personnifications. Des êtres élevés de caractère bienveillant nous ont donné ces *mantra*. Le fameux *OM MA*N*I PADME HU*M par exemple, qui au Tibet est partout — sur les pierres, dans les maisons, dans les moulins à prières et sur les lèvres du peuple —, est l'un des plus précieux dons qu'ait faits Avalokiteśvara à ce monde souffrant. Le *Mahâ-Vairocana-Sûtra*, dans son premier chapitre, explique le pouvoir des *mantra* comme suit : « Grâce au vœu primitif des Bouddha et de Bodhisattva, une force miraculeuse réside dans les *mantra*, si bien qu'en les prononçant on acquiert un mérite sans limites. » Le même texte dit que « le succès dans nos entreprises obtenu par les *mantra* s'explique par le fait qu'ils ont été consacrés par le Bouddha, ce qui exerce sur eux une influence profonde et inconcevable ». Prononcer un *mantra* est une manière de courtiser une divinité ; étymologiquement, le mot *mantra* se relie à des mots grecs comme *meimao* qui expriment le désir ardent, l'aspiration, l'intensité d'un but souhaité, et au vieux haut-allemand *minn-ia*, qui signifie « faire la cour à ».

En vue d'apprécier la place des *mantra* dans le rituel du bouddhisme tantrique, nous pouvons, en conclusion, décrire brièvement les quatre opérations que distingue le *Mahâ-Vairocana-Sûtra* dans le processus de la récitation (ou *japa*) des *mantra*. 1. La *Récitation contemplative*, qui a quatre aspects : *a)* on récite le *mantra* en contemplant dans son cœur la forme des lettres — cela s'appelle l'*Illumination du Cœur*; *b)* on distingue nettement le son des différentes lettres; *c)* on comprend clairement la signification des phrases; enfin il y a *d)* la Pratique du Souffle, dans laquelle on contrôle la respiration en vue de contempler l'interpénétration réciproque du fidèle et du Bouddha. Suit (2) et (3) une récitation, accompagnée d'offrandes à la divinité, telles que fleurs, parfums, etc. Finalement (4), il y a la *Récitation de Réalisation*, lorsqu'on atteint le « succès » (*siddhi*) par le pouvoir des *mantra*.

II. Outre les sons des *mantra*, les gestes rituels sont de grande importance dans le Tantra, qui a élaboré une classification compliquée des positions des mains à efficacité magique. Un petit nombre des gestes rituels les plus communs nous sont connus par les statues des Bouddha et des Bodhisattva, c'est là un guide important pour permettre d'identifier ces statues. Il n'y a pas lieu ici d'entrer dans les détails. La danse est pour les Hindous une forme du « chant avec le corps » : elle a acquis une importance considérable dans le nord de l'Inde et dans les régions sous influence tibétaine. En tout cas, suivant la théorie tantrique, un acte rituel valide doit comprendre les trois aspects de notre être, corps, parole et pensée. Le corps agit par les gestes, la parole par les *mantra* et la pensée par la transe (*samâdhi*).

III. Le Tantra combine les besoins dévotieux des masses avec les pratiques de méditation de l'école Yogâcâra et la métaphysique des Mâdhyamika. En d'autres termes, le Tantra a absorbé le vaste panthéon de la mythologie populaire, avec sa diversité déconcertante de divinités, de fées, de sorciers, etc. Mais les Tantristes ont accepté les postulats métaphysiques de la *Prajñâpâramitâ*, suivant lesquels la réalité une de la vacuité est seule pleinement réelle, tandis que toute multiplicité est en définitive irréelle, produit fallacieux de notre imagination malade. La multiplicité des dieux n'est rien qu'une fiction de l'imagination, aucune de ces divinités n'est réellement présente. Notre esprit moderne de libre pensée accepterait de tout cœur cette thèse. Néanmoins il y a cette importante différence que, selon nos conceptions modernes, la multiplicité des choses qui nous entourent est réelle, les divinités sont une fabrication moins réelle due aux déceptions de notre vie instinctive comparée aux durs faits de la « réalité » de tous les jours. Suivant le Tantra, choses et dieux sont également irréels en comparaison de la vaste et unique vacuité, mais dans l'ensemble les données de la mythologie représentent une sorte de fiction bien plus recommandable que les données de notre expérience pratique de chaque jour ; quand elles sont convenablement utilisées, elles peuvent nous aider puissamment à gagner la délivrance hors des chaînes de l'existence.

Le Tantra a élaboré un système de méditation sur les divinités, caractérisé par une suite de quatre degrés :

d'abord et avant tout, comprendre la vacuité et immerger notre individualité distincte dans cette vacuité ;

deuxièmement, répéter et visualiser les *syllabes-germes (bîja)* ;

troisièmement, se former une conception de la représentation externe d'une divinité, telle qu'on la voit dans les sculptures, les peintures, etc. ;

quatrièmement, devenir un avec la divinité par identification.

1. On se souvient que, selon la Nouvelle École de Sagesse, la vacuité est la seule réalité ultime ; les

Yogăcārin ont identifié cette vacuité avec la Pensée, et enseigné que, en dehors de la Pensée, il n'existe rien dans le monde extérieur. Dès ses débuts le bouddhisme, dans toutes ses formes, a regardé l'illusion de l'individualité comme la racine du péché, de la souffrance et de l'échec. Voici que le Tantra conseille au Yogin de « développer la vacuité » en cultivant cette Pensée : « Je suis, dans mon être essentiel, de la nature du diamant. » Cultiver avec succès cette pensée abolit en fin de compte la personnalité individuelle. Comme le dit la *Sâdhana-Mâlâ* : « Les cinq skandha sont détruits sans retour par le feu du concept de la vacuité. Une fois que nous nous sommes identifiés nous-mêmes ou avons identifié notre soi avec la vacuité, l'état de notre esprit s'appelle : la *Pensée de l'Illumination* (*bodhicitta*). »

2. Depuis les Veda le son a été traité bien plus sérieusement dans l'Inde qu'il ne l'a été en Occident. La philosophie occidentale est dominée presque d'un bout à l'autre par l'apparence visuelle des choses ; le son est relégué à une place relativement subordonnée, presque au niveau de l'odorat et du goût. Nous avons acquis plus ou moins la conviction que l'apparence visuelle et tactile des choses répond plus étroitement à ce qui existe en réalité que leur apparence sonore. Dans la tradition magique de tous les âges, le son cependant s'approche de l'essence d'une force plus que tout autre phénomène. Tout mot peut s'analyser en ses syllabes, et d'après le Tantra, des syllabes différentes ne correspondent pas seulement à des forces spirituelles ou à des divinités différentes, mais encore une syllabe, une lettre peut servir à évoquer magiquement une divinité ; elle peut donc en un certain sens s'appeler le « germe » de cette divinité, tout comme un grain de blé contient la plante en lui-même. Il semble logique de supposer que si l'on peut, comme première

démarche, se dissoudre dans la vacuité par une pensée concentrée, alors il doit être loisible aussi d'évoquer hors de la vacuité le monde entier des phénomènes. Avec l'aide de certains sons — tels que *A*M, *HU*M, *SVÂHÂ* — on crée réellement les divinités en partant du vide. Dans sa croyance que ces divinités n'existaient pas objectivement avant d'être créées par le Yogin, avec l'aide des sons, le Tantra semble être isolé ; seuls les prêtres égyptiens se sont attribué un pareil pouvoir. La plupart des systèmes mythologiques redouteraient de dérober à leurs divinités l'existence objective et indépendante. Normalement on considère comme une atteinte à la divinité de dire qu'elle « n'existe pas ». Mais ici les divinités sont un simple reflet. L'imagination créatrice est souveraine, quoique restreinte par la tradition.

3. Le caractère indéfini et prolixe de la fantaisie individuelle est ramené à une sorte d'ordre par la tradition concernant l'apparence visuelle des divinités. Cela est décrit avec un soin méticuleux dans les textes nommés *Sâdhana* dont certains remontent à environ 500 de notre ère. Ce fut la tâche des artistes d'exécuter ces prescriptions. L'écrasante majorité des images tantriques venues jusqu'à nous concorde exactement avec les prescriptions des *Sâdhana*. Ce n'est qu'à de rares occasions que les artistes ont introduit des changements de leur invention pour des motifs artistiques, par exemple pour accroître la symétrie des images à bras multiples. L'image artistique est considérée comme une base pour visualiser la divinité. C'est une sorte d'étai dont on doit se dispenser au cours du temps, quand a lieu ce que nous appellerions « l'hallucination » de la divinité.

4. C'est un lieu commun de la magie que l'identification à une divinité nous permet de participer à ses pouvoirs magiques. La divinité assurément est illusoire ainsi que les bénéfices que nous en tirons. C'est

ici encore la vacuité de toutes choses qui permet à cette identification de se produire — la vacuité qui est en nous confluant avec la vacuité qui est la divinité. Le troisième degré a procuré la vision de la divinité. Au quatrième degré nous devenons en fait la divinité. Le sujet est identifié en fait avec l'objet, le fidèle avec l'objet de la foi : « L'adoration, l'adorateur et l'adoré, ces trois ne sont pas distincts. » C'est là l'état mental connu sous le nom de Yoga, concentration (*samâdhi*) ou transe(*dhyâna*).

Une aide importante à la méditation tantrique est celle des *cercles magiques* ou *ma*nd*ala* connus de tous les amateurs de l'art bouddhique. Le *ma*nd*ala* est un diagramme qui montre des divinités dans leurs connexions spirituelles ou cosmiques ; on s'en sert comme de base pour gagner une intuition dans la loi spirituelle ainsi représentée. Un *ma*nd*ala* est ou bien peint sur étoffe ou papier, ou tracé sur le sol avec du riz coloré ou des cailloux, ou enfin gravé sur pierre ou métal. Chaque système du Tantra a eu ses *ma*nd*ala* propres. Les divinités sont figurées ou bien dans leur forme visible comme en peinture, ou à l'aide des lettres sanskrites qui sont leurs *syllabes-germes*, ou enfin à l'aide de symboles divers. Certains *ma*nd*ala* donnent une représentation détaillée bien que condensée de l'univers entier ; ils incluent non seulement les Bouddha et les Bodhisattva, mais encore les dieux et les esprits, les montagnes et les lacs, le zodiaque et les grands maîtres hérétiques. Les *ma*nd*ala* sont dans la ligne directe de l'ancienne tradition magique. Le premier pas d'un magicien désirant susciter un pouvoir magique a toujours été de délimiter d'avec l'environnement profane un Cercle Enchanté dans lequel le pouvoir peut se manifester. Dans les années récentes, C. G. Jung a constaté que plusieurs de ses malades traçaient spontanément des images semblables aux *ma*nd*ala* bouddhiques. Le cercle et le carré sont selon lui les éléments essentiels du *mandala*, et bien que Jung n'ait jamais compris réellement les méthodes bouddhiques de la méditation, sa tentative pour associer la tradition tantrique et la psychologie de l'Inconscient est un point de départ fécond pour un travail ultérieur en ce domaine.

La philosophie tantrique

Si le Tantra attend le salut des actes sacrés, il lui faut une conception de l'Univers aux termes de laquelle de tels actes puissent être le levier de la délivrance. Le cosmos consiste en un grand nombre de forces qui sont les modes d'activité de la force cosmique ; grâce aux actes sacrés nous nous adaptons à ces forces et les rendons aptes à servir nos buts, qui en eux-mêmes sont aussi les buts du cosmos. Le Bouddha n'est plus simplement une réalité spirituelle transcendante. L'omniprésence de la nature de Bouddha résulte du fait que le Bouddha est conçu comme un « corps cosmique ». Les six éléments qui sont la matière première de toutes choses : Terre, Eau, Feu, Air, Espace et Conscience sont la substance de ce corps cosmique ; les actes du corps, de la parole et de la pensée en sont les fonctions. Le monde n'est autre qu'un reflet de la lumière du Bouddha, plus concentré à tel endroit, plus diffus à tel autre, suivant le cas. Le Bouddha est la réalité secrète de toutes choses, leur cœur, la vérité vivante et centrale en elles. Nous-mêmes ne sommes pas des éléments étrangers extérieurs à cette réalité ; tout ce que nous avons à faire est de comprendre que nous sommes nous-mêmes le Bouddha et le cosmos. Les raisonnements logiques et les discussions sont tout à fait inefficaces ; seuls des actes de valeur mystique peuvent nous aider à comprendre notre communauté intime et universelle, notre identité avec le Bouddha.

Il est facile de voir que cette théorie est un développement logique rendu inévitable par les tendances dans le bouddhisme qui l'ont précédée. Pour l'Ancienne École de Sagesse, le Nirvâ*n*a était l'opposé absolu de ce monde. Le Mahâyâna ancien avait identifié le Nirvâ*n*a et ce monde en une seule réalité absolue, la vacuité. Et voici que dans le Tantra, le monde devient une manifestation du corps-de-Dharma du Bouddha. Et pourtant le vieux besoin bouddhique de l'extinction totale du soi s'exprime encore à travers la nouvelle énonciation métaphysique : « Quand nous nous considérons nous-mêmes, aussi bien que tous les autres êtres, comme une manifestation du principe éternel de vie, nous agissons dans le sentiment de notre nullité personnelle, dénués d'intérêts personnels et égoïstes. C'est alors, et seulement alors que nous pouvons nous dévouer à une œuvre terrestre sans causer de dommage à notre progrès spirituel. Car, par suite de notre attitude mentale qui a changé vis-à-vis de ce monde de phénomènes, nous avons pratiquement transcendé ce monde » (voir Glasenapp).

La mythologie tantrique

Depuis les origines, la personnalité de l'homme a été interprétée comme un complexe de *skandha*. Le Tantra transfère maintenant cette conception au Bouddha lui-même et soutient qu'il est composé de cinq *skandha*. Les *skandha* eux-mêmes sont des Bouddha. Dans la littérature européenne on les appelle souvent *Dhyâni Buddha*, mais ce terme introduit par Hodgson il y a environ un siècle n'est pas seulement du sanskrit fautif ; il n'a jamais été trouvé dans un texte tantrique. Il est temps de le rejeter. Les textes eux-mêmes parlent toujours des *Cinq Tathâgata* ou des *Cinq Jina. Jina* signifie vainqueur ou conquérant, c'est une ancienne épithète du Bouddha se référant, à l'origine, à sa victoire sur les passions. Les Tibétains parlent toujours des cinq Jina et je suivrai leur exemple. Les cinq Jina sont Vairocana, l'*Illuminant* ou le *Brillant*; Akshobhya, l'*Imperturbable*; Ratnasambhava, le *Né-du-Joyau*; Amitâbha, la *Lumière infinie*; et Amoghasiddhi, le *Succès Immanquable*. Ces cinq Bouddha, qui furent introduits vers 750 ap. J.-C., diffèrent complètement de tous les autres Bouddha connus du bouddhisme jusqu'alors. Tous les Bouddha dont on avait entendu parler dans la période pré-tantrique avaient commencé leur carrière comme des êtres humains ordinaires, ou même comme des animaux; puis, à travers une purification progressive au cours de millions d'existences, ils avaient fait leur chemin lentement, graduellement jusqu'à la Buddhéité. Les cinq Jina, au contraire, ont été des Bouddha dès le début et n'ont jamais été rien d'autre.

Les cinq Jina constituent le corps de l'univers. En outre, le Tantra a élaboré un système suivant lequel ces cinq Jina « correspondaient » mystiquement aux divers éléments constitutifs de l'univers qui « participaient » séparément en eux. Les cinq éléments répondent aux cinq Jina, les cinq sens et objets des sens, les cinq points cardinaux (le centre formant le cinquième). En même temps il y a d'autres correspondances avec les lettres de l'alphabet, avec les parties du corps, avec les diverses sortes de « souffle vital », avec les couleurs, les sons, etc. Ce n'est pas tout; chaque Bouddha céleste se reflète dans un Bodhisattva céleste et dans un Bouddha humain, et il s'unit avec une force féminine, Śakti. De plus, en introduisant l'idée que chaque Jina préside une

« famille » mystique, ce système peut, en principe, grouper toutes les autres divinités sous les cinq Jina, à titre accessoire.

Le système des cinq Jina a été le système mythologique du Tantra qui a eu le plus d'influence, mais ce n'est nullement le seul. De même que le bouddhisme pouvait considérer la personnalité humaine comme constituée par cinq *skandha*, sans postuler de principe unificateur au-dessus d'eux, de même la réduction de l'univers aux cinq Tathâgata, conçus comme ses éléments ultimes, satisfaisait aux exigences logiques de la majorité des bouddhistes. Il apparaît toutefois qu'après 800 de notre ère, on proposa une doctrine, en divers endroits et sous diverses formes, qui essayait d'expliquer les cinq Tathâgata comme des émanations à partir d'un Bouddha originel, premier ou primordial, qu'on appelle quelquefois l'Âdi-Buddha, et qui est le seul principe vivant éternel de l'univers entier.

Les traditions sur l'Âdi-Buddha ont été considérées comme une portion particulièrement secrète de l'enseignement, et actuellement, nous ne sommes pas en mesure de distinguer clairement entre les différentes écoles de pensée. Certaines écoles semblent avoir détaché l'un des cinq Jina, d'ordinaire Vairocana, en qualité de chef. D'autres ont introduit un sixième personnage pour les présider. Ce personnage porte le nom tantôt de Mahâvairocana, tantôt de Vajradhara ; tantôt enfin on l'appelle simplement Âdi-Buddha.

C'est à ce moment que le bouddhisme dévie complètement de ses enseignements originels et prépare la voie à sa propre extinction. Il est bien clair que cette sorte d'enseignement devait tendre vers le monothéisme. Comme nous l'avons vu, ce fut toujours une conviction fondamentale de la tradition bouddhique que l'objet de la pensée du monde était d'en échapper et non d'en expliquer l'origine. Pour autant qu'il s'agissait de l'apparition de cet univers autour de nous, on se bornait à l'imputer à l'ignorance et non à Dieu. Les Yogâcârin furent les premiers à construire un système extrêmement compliqué et élaboré, destiné à expliquer l'apparition du monde des objets extérieurs par notre ignorance comprise comme cause et par la Conscience-de-réserve conçue comme base de l'univers. Cinq cents ans plus tard, vers 1950, des savants tantriques qui vivaient près du Jaxartes en vinrent à concevoir une cosmogonie quasi monothéiste pour centre de la doctrine bouddhique. Jusque-là le Tathâgata avait été celui qui livre le véritable enseignement sur la cause de l'univers. Et maintenant le Tathâgata lui-même devient la cause ! Dans le *Kâlacakra Tantra* et dans certains systèmes chinois, le Bouddha agit comme une sorte de créateur. En tant que *Seigneurs des Yogin*, les Bouddha se transformèrent en magiciens qui créent ce monde au moyen de leur méditation. Toutes choses sont leurs créations magiques. Ils voient tout ce qui existe dans leur méditation créatrice ; ce qu'ils voient doit être réel, parce que, excepté cette méditation, absolument rien n'existe, et tout ce qui est, est en réalité de la Pensée. Il avait été commun pendant des siècles, dans les cercles du Yogâcâra, de décrire la réalité ultime comme étant « la matrice des Tathâgata ». C'est de cette matrice des Tathâgata que maintenant le monde passe pour être issu. L'élaboration de cette cosmogonie a été le dernier acte créateur de la pensée bouddhique. Une fois qu'elle a eu atteint ce stade de développement, elle ne pouvait plus que confluer dans les religions monothéistes autour d'elle.

Le Tantra *de Main-gauche*

Dans notre esquisse historique, nous avons attiré l'attention sur la différence entre le Tantra de Main-gauche et celui de Main-droite (voir p. 233 et suiv.). Les traits principaux du Tantra de Main-gauche sont : 1. L'adoration des *Śakti*, divinités féminines avec lesquelles les divinités mâles s'unissent dans l'étreinte d'une union amoureuse et d'où ils tirent leur énergie ; 2. La présence de grands nombres de démons et divinités terrifiantes, l'adoration du dieu Bhairava (le *Terrible*) et un rituel élaboré relié aux cimetières ; 3. L'inclusion du commerce sexuel et autres formes de « conduite immorale » parmi les pratiques qui mènent au salut.

Le Tantra de Main-gauche a fait l'objet de jugements très critiques ; l'indignation morale a empêché la plupart des observateurs de tenter de le comprendre. Sa vitalité n'en a pas moins été surprenante ; pendant des siècles il a été une force historique de première grandeur en Orient, et il nous faut essayer d'en apprécier dans la mesure possible les trois traits saillants.

1. L'ancien bouddhisme avait été un système rigoureusement masculin, où n'étaient admis qu'un petit nombre de divinités féminines, à un rang très subordonné. Les dieux élevés sont sans sexe, comme les habitants des Champs-du-Bouddha. La féminité était dans l'ensemble un obstacle à la réalisation spirituelle suprême ; en approchant de la Buddhéité, le Bodhisattva cessait de renaître sous la forme d'une femme : une femme ne peut absolument pas devenir un Bouddha.

La Prajñâpâramitâ et Târâ ont été les premières divinités féminines autonomes du bouddhisme. Le culte de Târâ semble être entré dans le bouddhisme vers 150 ap. J.-C. *Târâ*, du sanskrit *târayati*, est le sauveur féminin qui nous aide à « traverser » jusqu'à l'autre rive, qui écarte crainte et terreur et accorde la réalisation de tous nos désirs. Târâ était une création de l'âme populaire. La Prajñâpâramitâ au contraire est née dans de petits groupes d'ascètes métaphysiciens. Dans le Mahâyâna, la Prajñâpâramitâ était non seulement une vertu, un texte et un *mantra*, mais c'était aussi une divinité. La personnification de la sagesse transcendantale semble avoir commencé vers le début de notre ère. Dans les *Prajñâpâramitâ Sûtra*, elle est définie « la Mère de tous les Bouddha ». Que signifie cette formule ? De même qu'un enfant naît de sa mère, de même la pleine Illumination d'un Bouddha résulte de la Perfection de Sagesse ; c'est elle qui montre les voies du monde. De cette manière on mettait un principe femelle côte à côte avec le Bouddha et, dans une certaine mesure même, au-dessus de lui. Il est intéressant de noter que les textes de *Prajñâpâramitâ*, qui soulignent le principe femelle dans le monde, sont nés dans le sud de l'Inde, là où l'ambiance dravidienne avait maintenu vivantes bien des idées matriarcales que le brahmanisme plus exclusivement masculin avait supprimées dans l'Inde du Nord. Presque partout dans l'ancienne pensée nous trouvons la notion d'un principe qui représente à la fois la sagesse et la féminité et qui a combiné la maternité et la virginité. Dans le monde méditerranéen, nous rencontrons à la même période une *Sophia*, qui est modelée sur Ishthar, Isis et Athéna ; elle représente la fusion entre l'idée de sagesse et l'idée de Magna Mater, et est mise à côté de l'être suprême mâle. Comme Ishthar et la Vierge Marie, la Prajñâpâramitâ était dans son essence à la fois mère et vierge. Elle est « la Mère de tous les Bouddha », c'est-à-dire qu'elle n'est pas stérile mais fertile, grosse de maintes bonnes actions ; ses images soulignent fortement le gonflement de ses seins. D'autre part, en tant que vierge, elle demeure « non atteinte, intacte », et les Écritures mettent le ton sur son caractère insaisissable, plus que sur aucun autre trait.

Tandis que le bouddhisme reconnaissait ainsi l'importance des comportements féminins vis-à-vis du monde et qu'il les personnifiait en une foule de divinités féminines, l'attitude sexuelle envers la féminité faisait en général l'objet d'une désapprobation; on glissait sur les implications sexuelles de la féminité et des relations entre principes mâle et femelle Dans le Tantra de Main-gauche, des concepts dérivés de la vie sexuelle se sont ouvertement introduits pour l'explication des phénomènes spirituels. Certes, il est bien connu des psychologues que la sexualité, à peu près sans aucun déguisement, a envahi souvent les expériences mystiques. Même la pensée métaphysique abstraite n'est pas entièrement exempte d'un côté libidinal. Ce point a été ressenti même par un philosophe qu'on regarde d'habitude comme presque inhumain dans son éloignement des affections humaines normales. Quelqu'un demandait à Emmanuel Kant pourquoi il ne s'était jamais marié; Kant répondit que toute sa vie il avait eu une « maîtresse » : ç'avait été la métaphysique et il entendait lui demeurer fidèle. Pareillement, les auteurs des *Prajñâpârâmitâ Sûtra* ont eu conscience que la poursuite de la sagesse parfaite pouvait emprunter aisément le caractère d'une affaire d'amour avec l'Absolu. L'insaisissabilité persistante de la sagesse parfaite en tant que telle entretient l'intérêt jusqu'à la fin. On nous dit en effet, de manière explicite, qu'un Bodhisattva doit penser à la sagesse parfaite avec la même intensité, la même exclusivité dont un homme pense à « une femme jolie, séduisante, belle » avec laquelle il a pris rendez-vous, mais qui est empêchée de le voir.

Mais ce que la plupart des traités de sagesse laissent à l'état implicite est porté au grand jour dans le Sâktisme. La réalité suprême est conçue comme l'union d'un principe masculin (actif) et d'un principe féminin (passif). Le principe actif s'appelle « habileté dans les moyens », le principe passif « sagesse ». L'union des deux peut seule mener au salut. L'Absolu seul est l'union des deux, et cet acte d'union l'emplit de « la félicité suprême ». L'art de cette école, on le sait assez, représente les Bouddha et les Bodhisattva dans l'acte charnel — ce que les Tibétains appellent l'attitude Yab-Yum (père-mère).

2. L'accent mis sur l'aspect terrifiant de l'univers s'associe à l'objet même des pratiques yogiques dans le Tantra de Main-gauche. La voie de gauche vise à dépouiller l'homme de son ego, en sorte qu'il puisse s'identifier complètement avec le principe divin. L'objet est d'amener une destruction, une oblitération complète et totale de tous les éléments qui ont façonné l'ego, c'est-à-dire de nos désirs et de nos passions. La concentration sur la destruction de soi rend compte en quelque mesure de la venue des nombreuses divinités terrifiantes, représentant les efforts du Yogin pour sa propre destruction. Comme le dit le docteur P. H. Pott : « L'idée de la destruction éveille naturellement l'association avec le cimetière, où le corps matériel est détruit. La place où sont à accomplir les actes de consécration de la *Voie de gauche* est de préférence le cimetière. Le rituel s'inspire de cette atmosphère. » Ésotériquement parlant, le cimetière tient lieu de la place où est tranché le dernier maillon subsistant entre l'homme et son univers.

3. Enfin, il nous faut examiner les arguments qui sont mis en avant pour justifier toutes sortes de conduites immorales. On ne s'attend pas, en fait, que les adeptes d'une religion revendiquent comme une

sorte de devoir sacré, par exemple, « le commerce sexuel quotidien dans des endroits écartés avec des filles âgées de douze ans, de la caste *candâla* ». Le *Guhyasamâja-Tantra*, l'une des plus anciennes, et aussi des plus sacrées, parmi les Écritures du Tantra de Main-gauche, enseigne, semble-t-il, exactement le contraire de ce que soutenait l'ascétisme bouddhique. Il nous dit que nous atteindrons facilement la Buddhéité si « nous cultivons tous les plaisirs des sens, autant que nous pouvons le désirer ». Les rigueurs et les austérités échouent, alors que « la satisfaction de tous les désirs » réussit. Ce sont justement les actes les plus immoraux, les plus frappés de tabou qui paraissent avoir particulièrement fasciné les adeptes de cette doctrine. On reçoit l'ordre de défier les interdits qui restreignent l'alimentation permise aux ascètes. On doit se nourrir de la viande des éléphants, des chevaux, des chiens ; toute nourriture, toute boisson doit être mélangée d'ordure, d'urine ou de viande. Il n'est pas étonnant que la théorie ait été si souvent appelée une aberration de l'esprit humain.

Le but de ces doctrines est parfaitement familier à quiconque a étudié la mentalité mystique. Ce qu'on veut ici, c'est amener les sens, intentionnellement, en contact avec les objets qui les stimulent, soit par voie d'attraction puissante, soit par voie de répulsion. D'un côté, on ne peut arriver à la pleine réalisation et intelligence de la vanité, de la relativité des plaisirs des sens, que si l'on s'expose à ces plaisirs. D'un autre côté, nous connaissons aussi des saints du christianisme qui ont lutté pour dominer leur répugnance physique vis-à-vis de choses dégoûtantes, en les mettant dans leur bouche. Pareille conduite est bien en conformité avec l'esprit de l'ascèse. En outre, il est facile de voir que la métaphysique du Mahâyâna pouvait parfaitement mener à de telles conclusions. Le Nirvâ*n*a et ce monde-ci sont censés être une seule et même chose ; donc les passions elles non plus ne sont pas extérieures au Nirvâ*n*a, « les passions sont la même chose que le Nirvâ*n*a ». Les deux branches du Tantra sont d'accord à ce sujet. La forme de Main-droite soutenait que les passions devaient être sublimées avant de devenir des instruments de l'Illumination. L'amour sensuel, l'amour de soi, des femmes, des biens terrestres se justifient pour autant qu'ils sont le point de départ d'un amour universel, embrassant toute chose. Donc il ne faut pas supprimer les passions, mais les ennoblir et les transformer. D'autre part le Tantra de Main-gauche estimait que les passions, sous leur forme directe et non sublimée, peuvent servir de véhicules au salut. Il faut, je crois, admettre en outre que l'objection concernant l'immoralité des pratiques, énoncée au nom de la religion, est moins religieuse que sociale. Il se peut que les Yogin de Main-gauche aient manqué de spiritualité, mais il est sûr qu'ils manquaient déplorablement de respectabilité ; il n'est pas moins sûr qu'ils ne cherchaient pas à être respectables. Pour comprendre mieux ce point, il faut nous représenter que la religion existe soit sous forme institutionnelle, soit sous forme hautement individuelle. Dans une religion institutionnelle, la doctrine et la pratique religieuse sont rarement en conflit avec la moralité sociale commune. Les mystiques les plus individualistes, d'autre part, ne voient pas de raison réelle pour laquelle religion et moralité seraient nécessairement associées l'une à l'autre. L'ordinaire moralité du commun des hommes ne se fonde guère que sur des tabous sociaux, c'est-à-dire, pour l'essentiel, sur la crainte de l'isolement social que le mystique regarde comme un ferment idéal de la libération spirituelle. Tant qu'ils sont sous l'influence de la crainte des tabous sociaux, les Yogin n'atteignent pas la « liberté de l'esprit » à quoi ils visent. Durant cette étape de leur progrès spirituel, dans laquelle ils se sentent encore liés aux règles morales de leur environnement social, ils peuvent trouver salutaire de rompre leur attachement et de vivre à part, dans l'isolement, loin de la chaleur douillette de l'approbation tribale. Pareille révolte contre les restrictions sociales s'appelle l'« antinomisme » ; elle a fait son apparition à différents moments dans toutes les religions, et dans le bouddhisme elle ne se confine pas aux Tantra, mais s'observe aussi parmi les amidistes et dans le Ch'an. La conduite immorale est par suite un stade transitoire peut-être nécessaire pour atteindre une conduite a-morale. On trouve une contrepartie presque identique de l'a-moralisme bouddhique dans la description chez Ruysbroeck des opinions de certains « sectateurs du libre esprit » : « De là ils vont jusqu'à dire que, aussi longtemps qu'un homme a une tendance aux vertus et le désir de faire la volonté très précieuse de Dieu, il est encore imparfait, vu qu'il se préoccupe d'acquérir des choses. C'est pourquoi ils pensent ne pouvoir jamais, ni croire en les vertus, ni avoir un mérite supplémentaire, ni commettre des péchés. Par suite, ils sont capables de consentir à tout désir de la nature basse, étant retournés à l'état d'innocence et les lois ne s'appliquant plus à eux. Ils prétendent en effet être libres, hors des commandements et des vertus. Libres dans leur chair, ils donnent au corps ce qu'il désire. Pour eux la sainteté la plus haute pour l'homme consiste à suivre sans obligation et en toutes choses son instinct naturel, si bien qu'il puisse s'abandonner à toute impulsion menant à satisfaire aux exigences du corps. »

Le contrôle du corps

Il serait erroné, cependant, d'insister trop sur le désaccord qui sépare les formules doctrinales du Tantra de celles du bouddhisme antérieur. Sur un point décisif, le Tantra dans toutes ses branches est demeuré fidèle à l'esprit de la tradition bouddhique. Le corps physique est tenu, ici comme ailleurs, pour le principal objet de tout effort. Nous avons fait observer (p. 128-132) qu'une discipline attentive du corps était la pierre angulaire de l'entraînement bouddhique. Cela s'applique à toutes les écoles, en dépit de leurs divergences.

Ce fut le comportement physique plein de dignité d'un moine qui convertit Śâriputra. Les privations d'une vie sans demeure fixe réclamaient une maîtrise considérable du corps. Comme le Bouddha disait à Śâriputra, le moine doit être apte à endurer le froid, la chaleur excessive, les angoisses de la faim ; il ne doit pas craindre les moustiques, les serpents ou les attaques venant des hommes ou des bêtes ; il ne doit pas ruminer avec mécontentement la question de savoir où il va manger ou dormir. Le travail exécuté sur le corps appartenait à la routine essentielle de la vie bouddhique, qui se poursuivait tranquillement, sans se laisser entamer par des discussions doctrinales. On dédaignait, on évitait de manière constante le bien-être de la peau. Les mouvements musculaires sont sujets à une perpétuelle *attention*, c'est-à-dire qu'on tâche d'avoir conscience de ce qu'on fait quand on marche, qu'on reste debout ou assis, etc. La respiration rythmique et concentrée du Yoga contrôle les poumons et les systèmes respiratoires. On combat les exigences du canal alimentaire en jeûnant, en enjoignant que la nourriture ne soit pas prise après midi, en méditant de manière ferme sur les aspects pénibles et dégoûtants de l'alimentation.

Les organes des sens, nous l'avons vu (p. 132), sont rigoureusement gardés. Le contrôle et la mortification du corps sont de l'essence de la vie spirituelle. En même temps, le corps, bien qu'un fardeau, ne doit pas être méprisé. C'est par le corps que s'effectue la transe la plus haute, comme nous l'avons vu (p. 133). Elle donne une grande béatitude et un calme total, et comme toute pensée y est éteinte, la réalisation de cet état dépend du corps ; on dit qu'alors « on touche l'élément immortel avec son propre corps ».

Quiconque a jamais tenté de méditer doit avoir observé que la faiblesse et les troubles du corps sont susceptibles de contrecarrer la méditation continue. Conséquemment, le *Sukhavatîvyûha* enseignait que dans le Paradis d'Amitâbha les corps physiques des êtres seront « aussi forts que le diamant de Nârâya*n*a ». Le Tantra a repris cette idée et adopté maintes pratiques yoguiques qui sont de nature à transformer ce corps en un *corps adamantin*, à en faire un véhicule apte au voyage spirituel, à le rendre *mûr*, assez fort pour supporter la charge que lui impose l'œuvre spirituelle. À ce point de vue, la physiologie du Ha*t*ha-Yoga a été acceptée comme autorité. On croit que le corps contient un nombre immense de nerfs ou d'artères (*nâ*d*î*), canaux de force occulte, ainsi que quatre centres vitaux qu'on appelle *plexus nerveux* (*cakra*) ou *lotus* (*padma*). Le centre le plus bas est dans la région du nombril, un autre dans le cœur, un autre juste au-dessous du cou, un autre enfin dans la tête. Parmi les innombrables *nerfs*, trois sont les plus importants : deux étant des deux côtés de la moelle épinière et le troisième au milieu. Le nerf de gauche représente la Sagesse, le droit l'Habileté dans les moyens, celui du centre l'Unité absolue. Avec l'aide des pratiques ésotériques qui sont totalement inintelligibles sans un *guru* pour guide, le Yogin fait en sorte que l'union de la Sagesse et de l'Habileté dans les moyens ait lieu dans le centre nerveux le plus bas, y produisant ainsi la *Pensée de l'Illumination* (*bodhi-citta*). On doit ensuite le faire monter le long du nerf central jusqu'à ce qu'il s'ensuive un état de félicité immuable dans le centre nerveux le plus élevé. Les exercices respiratoires systématiques jouent un grand rôle dans cette technique, parce qu'on dit qu'ils règlent les *Souffles Vitaux*, qui à leur tour déterminent le flux de la force occulte dans les nerfs. Tout cela, tel qu'on le décrit ici en termes généraux, fait un effet fantastique ; et il faudrait bien des pages pour le rendre tout juste vaguement plausible. Je dois renvoyer le lecteur aux nombreux traités de Ha*t*ha-Yoga qui sont accessibles.

Dans cette suite d'idées, ce qui nous intéresse est seulement de montrer le sérieux avec lequel le Tantra envisageait le corps. La vérité est dans le corps et sort de lui. Dans le *Hevajra-Tantra*, le Seigneur explique que, bien que tout soit vide, il y a nécessité d'un corps physique, parce que le bonheur suprême ne pourrait s'obtenir sans lui. La vérité ultime réside à l'intérieur du corps : « Il est dans la maison, mais vous vous enquérez de lui au-dehors. Vous voyez votre époux dedans, et vous demandez aux voisins où il se trouve. » De même Saraha, poète tantrique du Bengale : « Les savants expliquent toutes les Écritures, mais ils ne savent pas que le Bouddha réside à l'intérieur du corps. » C'est la lutte ardue avec sa propre constitution physique qui a empli la vie du Yogin tantrique ; toutes théories qu'il pouvait avoir n'étaient rien de plus que des sous-produits de ses exercices.

CHAPITRE IX

Les développements non indiens

Esquisse générale

Les écoles que nous avons examinées jusqu'ici avaient leur origine dans l'Inde ; bien qu'elles aient été admises hors de l'Inde, leurs thèses fondamentales n'y ont pas été sérieusement modifiées. Au contraire, il y a eu trois écoles hors de l'Inde qui ont profondément altéré la tendance indienne. Ce sont, en Extrême-Orient, le *Ch'an* ou *Zen* et l'*amidisme*, au Tibet le *Rnyin-ma-Pa*.

Le bouddhisme s'était répandu en Chine par l'Asie centrale. Il y fut introduit vers 50 de notre ère. Toujours suspect aux confucéens, le bouddhisme chinois a emprunté beaucoup de sa coloration au taoïsme indigène. Il eut un grand succès sous la dynastie Liang au VIe siècle et durant la plus grande partie de la dynastie T'ang (618-907). Depuis environ 1000 de notre ère, deux écoles ont attiré à elles la majorité des moines chinois. La secte Ch'an à base de méditation est un développement de la métaphysique du Mahâyâna, de la *Prajñâpâramitâ* et des Yogâcârin, re-formés par les conditions chinoises et japonaises. L'amidisme est la forme qu'a prise au cours du temps le « bouddhisme de la Foi » en Chine et au Japon.

Des moines du Bengale ont apporté vers 700 ap.

J.-C. la religion bouddhique au Tibet. La religion indigène du Tibet, ou *Bön*, était une forme de shamanisme magique. Le bouddhisme ne réussit nullement à s'y substituer. Jusqu'à aujourd'hui, après mille deux cents ans ou presque de loi bouddhique, la religion Bön demeure encore une force vitale. Les moines du Tibet ont toujours été strictement divisés dans leur attitude envers le shamanisme indigène. Certains en ont absorbé une grande partie, d'autres beaucoup moins. Après 1400 de notre ère l'école la moins magique, nommée l'*Église Jaune*, gagna la prépondérance grâce aux réformes de Tsong-kha-pa. Nombre de sectes *Rouges* — sectes plus magiques — continuent d'exister, et le Rnyin-ma-pa représente la branche du Tantra tibétain qui a cédé plus qu'aucune autre à l'influence du Bönisine.

Le Ch'an

Le mot *Ch'an* est l'équivalent chinois du mot sanskrit *dhyâna* et signifie *méditation*. On peut distinguer quatre stades dans le développement de l'école Ch'an :

1. Une *période de formation*, qui commença vers 440 avec un groupe d'étudiants de la traduction chinoise du *Lankâvatâra Sûtra* faite par Gu*n*abhadra. Vers 520 nous avons la figure légendaire de Bodhidharma. Puis un petit groupe de moines entourent des hommes tels que Seng-t'san (mort en 606), dont le poème appelé *Hsin Hsin Ming* (« En croyant en l'esprit ») est l'un des plus beaux exposés du bouddhisme que je sache ; aussi Hui-neng (637-713), de la Chine du Sud, qui est cité à la postérité comme une personne illettrée, à l'esprit pratique, ayant approché la vérité de manière abrupte et sans circonlocutions. Bien des traditions sur l'histoire ancienne du

Ch'an sont les inventions d'un âge plus récent. Nombre des Dits et Chants des patriarches qui nous sont transmis sont, en revanche, des documents historiques et spirituels très valables.

2. Après environ 700 ap. J.-C., le Ch'an s'établit en *école séparée*. En 734, Shen-hui, disciple de Hui-neng, fonda une école dans le sud de la Chine. Tandis que la branche septentrionale du Ch'an s'éteignait au milieu de la période T'ang (vers 750), tous les développements ultérieurs du Ch'an sortent de l'école de Shen-hui. Les moines Ch'an avaient vécu jusque-là dans les monastères de la secte Lu-tsung (Vinaya), mais, vers 750, Pai-chang les pourvut d'une règle spéciale faite pour eux et d'une organisation indépendante. Le trait le plus révolutionnaire du Vinaya de Pai-chang a été l'introduction du travail manuel : « Un jour sans travail, un jour sans nourriture. » Sous la dynastie T'ang (618-907), la secte Ch'an prit lentement de l'ascendant sur les autres écoles. Une des raisons fut le fait qu'elle survécut mieux qu'aucune autre à la violente persécution de 845. Les cinq Grands Maîtres parmi les disciples de Hui-neng inaugurèrent une longue série de grands maîtres T'ang du Ch'an ; ce fut la période héroïque et créative du Ch'an.

3. Aux environs de l'an 1000, le Ch'an avait éclipsé toutes les sectes bouddhiques de Chine, sauf l'amidisme. À l'intérieur de l'école Ch'an, la secte Lin-chi avait pris le commandement. Sa méthode était désormais *systématisée*, et dans une certaine mesure mécanisée. Sous la forme de collections d'énigmes et de formules cryptiques, d'ordinaire rattachées aux maîtres T'ang, des manuels spéciaux furent composés au XIIe et au XIIIe siècle. Les énigmes sont officiellement désignées sous le nom de *Kungan* (jap. *Koan*, littéralement *document officiel*). En voici un exemple : « Une fois un moine demanda à

Tung-shan : qu'est-ce que le Bouddha? Tung-shan répondit : trois livres de lin. »

4. La période terminale est celle de la *pénétration* dans la culture de l'Extrême-Orient en général, dans son art et ses habitudes de vie. L'art de la période Sung est l'expression de la philosophie Ch'an. C'est surtout au Japon que l'influence intellectuelle du Zen s'est fait sentir. Le Ch'an avait été amené au Japon vers 1200 par Eisai et Dogen. Sa simplicité et son héroïsme de franc jeu séduisaient les gens de la caste militaire. La discipline Zen les aidait à surmonter la crainte de la mort. De nombreux poèmes furent composés attestant la victoire du soldat sur la mort :

> Ni le ciel ni la terre ne me donnent refuge.
> Je me réjouis de savoir que toutes choses sont vides — moi-même et le monde.
> Honneur à l'épée brandie par les grands tireurs d'épée Yuan !
> Frappe et pourfends la brise du printemps, comme un trait d'éclair.

Une description détaillée de l'influence profonde du Zen sur la peinture japonaise, la calligraphie, le jardinage, la cérémonie du thé, l'escrime, la danse et la poésie nous mènerait trop loin ; il me faut renvoyer le lecteur aux excellents ouvrages de D. T. Suzuki sur le sujet.

Les traits spécifiques du bouddhisme Ch'an peuvent ainsi se grouper sous quatre rubriques :

1. Les aspects traditionnels du bouddhisme sont envisagés avec hostilité. Les images et écritures sont objets de mépris, les conventions sont ridiculisées par des excentricités faites délibérément. Le Ch'an atteste un esprit d'empirisme radical, très semblable à celui que présentait la *Royal Society* en Angleterre au XVIIe siècle. Le mot d'ordre était là aussi : « Ne

pensez pas, essayez!» et: «Avec les livres ils se mêlent de tout pour n'aboutir qu'à voir ce que les expériences ont essayé avant eux» (Sprat). Le Ch'an visait à une transmission directe de la Buddhéité hors de la tradition écrite. L'étude des écritures a été par suite négligée. Dans les monastères on les place, pour d'éventuelles références, à proximité immédiate des lavabos. Discuter des commentaires, fouiller les écritures, remâcher des mots est considéré comme chercher du sable au fond de la mer: «À quoi sert-il de compter les trésors des autres gens?» «À voir que sa propre nature est Ch'an.» Rien d'autre ne compte que cela. Les historiens ont souvent attribué ces attitudes à la tournure pratique du caractère national des Chinois. Cela ne saurait être entièrement vrai, car l'antitraditionalisme avait envahi tout le monde bouddhique entre 500 et 1000 et le Tantra indien à cet égard présente bien des parallèles avec le Ch'an.

2. Le Ch'an est hostile à la spéculation métaphysique, il répugne à la théorie et vise à abolir le raisonnement. L'intuition directe est mise à plus haut prix que la trame élaborée d'une pensée subtile. La vérité n'est pas énoncée en termes abstraits et généraux, mais aussi concrètement qu'il se peut. Les maîtres T'ang étaient renommés pour leurs phrases oraculaires et cryptiques, ainsi que pour leurs actes curieux et originaux. Le salut se trouve dans les choses ordinaires de la vie quotidienne. Hsuan-chien obtint l'Illumination quand son maître souilla une chandelle, puis quand une brique tomba, enfin quand il se brisa la jambe. Ce n'était pas là un phénomène entièrement nouveau. Les *Psaumes des Frères* et les *Psaumes des Sœurs*, en pāli, montrent que dans l'Ancienne École de Sagesse aussi des incidents triviaux pouvaient aisément déclencher l'éveil final. Les maîtres Ch'an font parade de leur désaccord

avec la tradition en se livrant à des actes étranges. Ils brûlent des statues en bois du Bouddha, tuent des chats, attrapent des crevettes et des poissons. Le maître assiste l'élève, non pas tant par les sages paroles sortant de sa bouche, que par « l'action directe » consistant à lui tirer le nez, à le battre avec un bâton (*pang*) ou à s'adresser à lui en criant (*pang-ho*). Les Koan, base et support de la méditation, consistent en devinettes et en histoires énigmatiques sur lesquelles on a à réfléchir, jusqu'à ce que l'épuisement intellectuel amène la soudaine compréhension de leur sens. Mais le Koan n'est pas non plus, comme ou l'a si souvent affirmé, une création propre au génie chinois. Ce n'est que la forme chinoise de la tendance bouddhique générale qui, à la même époque, se voit clairement au Bengale, où les Sahajiya tantriques enseignaient par devinettes et expressions énigmatiques, en partie pour garder les secrets de leurs pensées, en partie pour éviter les abstractions par une imagerie concrète.

3. *L'Illumination soudaine* a été le slogan distinctif de la branche sud du Ch'an. L'Illumination suivant Hui-neng et ses successeurs est un processus non pas graduel, mais instantané. L'intention de cet enseignement a souvent été mal comprise. Les maîtres du Ch'an n'entendaient pas dire qu'une préparation ne fût pas nécessaire, et que l'Illumination se gagnât en un temps très court ; ils mettaient en évidence cette vérité mystique commune que l'Illumination prend place en un « moment intemporel », c'est-à-dire hors du temps, dans l'éternité, et que c'est un acte de l'Absolu lui-même, non un acte de notre initiative. On ne peut rien faire du tout pour devenir « illuminé ». Attendre que des austérités ou la méditation procurent le salut est comme « frotter une brique pour la changer en un miroir ». L'Illumination est une chose qui « arrive », sans l'intermédiaire d'au-

cune condition ou influence définie, c'est, comme nous pourrions dire, un événement totalement «libre». Ce n'est pas l'accumulation graduelle du mérite qui cause l'Illumination, mais un acte soudain de reconnaissance. Tout cet enseignement est, en son essence, impeccablement orthodoxe. La secte Ch'an n'a dévié de l'orthodoxie que le jour où elle en a déduit qu'on n'a pas besoin d'adhérer aux prescriptions mineures de la discipline; elle a ainsi pratiqué une indifférence morale qui lui a permis de se ranger aux exigences du militarisme japonais.

4. Comme l'amidisme, les Mâdhyamika et dans une certaine mesure le Tantra, le Ch'an croit que l'accomplissement de la vie bouddhique ne se rencontre que dans sa propre négation. Le Bouddha gît caché dans les choses inapparentes de la vie quotidienne. Les prendre tout juste comme elles arrivent, voilà à quoi équivaut l'Illumination. «En ce qui concerne les sectateurs du Ch'an, quand ils voient un bâton, ils l'appellent simplement un bâton. S'ils désirent marcher, ils marchent; s'ils désirent s'asseoir, ils s'assoient. Ils ne doivent en aucune circonstance se troubler ou s'affoler.» Ou encore: «Quelle chose merveilleusement surnaturelle! À quel point c'est miraculeux: je tire de l'eau, je porte du bois pour faire le feu!» Ou enfin:

> Au printemps les fleurs, en automne la lune,
> En été une brise rafraîchissante, la neige en hiver. De quoi ai-je besoin d'autre?
> Chaque heure pour moi est une heure de joie!

L'amidisme

Le culte d'Amitâbha était né dans le nord-ouest de l'Inde, dans la région frontière entre l'Inde et l'Iran. Des missionnaires de la même zone l'avaient apporté en Chine vers 150 ap. J.-C. Vers 350 Hui-yuan créa l'*école de la Terre Pure*, qui enseignait une voie facile vers le salut, fondée sur le *Sukhâvatî Sûtra* (p. 192). Pendant longtemps le bouddhisme de la Foi en Chine se concentra autour des figures de Śâkyamuni (Shih-chia) et de Maitreya (Mi-lo) ; un certain nombre de Bodhisattva comme Avalokiteśvara (Kuan-yin) et Kshitigarbha (Ti-tsang) étaient l'objet d'un hommage étendu. Bien que Maitreya soit toujours resté populaire et que le culte de Mañjuśrî (Wen-shu) et de Vairocana (Pi-lu-che-na) se fût répandu largement au VIIIe siècle, les inscriptions et les images montrent qu'Amitâbha (O-mi-to) vint à être connu vers 650 ap. J.-C. et que Kuan-yin fut associé étroitement à son culte. Alors que dans l'Inde on n'a guère trouvé jusqu'ici de représentations figurées d'Amitâbha et aucune de son Paradis, la Chine présente une abondance d'images de ce genre. Nous ne savons pas pour quels motifs le Paradis d'Amitâbha a excité l'imagination des Chinois à un pareil degré. Les « Champs de roseaux » égyptiens ou Paradis d'Osiris, le « Var » iranien, les « Iles des Bienheureux » chez les Grecs et le « Jardin des Hespérides » figurent aussi en Occident, et le folklore chinois possédait déjà la notion d'un palais féerique sur les monts Kun-lun, habité par Hsi-wang-um, la « Mère Royale de l'Occident ». Après 650 l'amidisme fut muni d'une théologie élaborée. Tzu-min (680-748) fut l'un des premiers à se concentrer sur la simple répétition du nom d'Amitâbha. L'école a conservé sa popularité jusqu'à aujourd'hui.

Au Japon, les idées d'amidisme commencèrent à se répandre après 950 de notre ère. Dans la période Kamakura le mouvement s'organisa en un grand nombre d'écoles dont deux sont particulièrement importantes : Ho-nen fonda l'« École de la Terre Pure » (*Jodo*) en 1175 et un de ses disciples, Shinran

Shonin (1173-1262), la « Vraie Secte de la Terre Pure » (*Jodo Shin-shu*). En 1931, les « Écoles de la Terre Pure » avaient au Japon 16 millions d'adhérents, avec 23 000 prêtres. Presque la moitié des bouddhistes japonais pris ensemble leur appartenait.

On a coutume de compter la secte de Nichiren (1222-1282) pour l'une des écoles de l'amidisme. Il serait mieux approprié de la ranger parmi les rejetons du shintoisme nationaliste. Nichiren péchait par un excès d'assurance et par un mauvais caractère ; il manifestait un degré d'égoïsme personnel et tribal qui le disqualifiait en tant que maître bouddhiste. Il ne se bornait pas à se persuader qu'il était mentionné en personne dans le *Lotus de la Bonne Loi*, mais encore que les Japonais étaient la race élue qui régénérerait le monde. Les adeptes de la secte Nichiren, comme le dit Suzuki, « sont maintenant encore plus ou moins militaristes et ne se mêlent pas bien avec les autres bouddhistes ».

Du point de vue de la pensée bouddhique, l'intérêt principal du développement de l'amidisme en Extrême-Orient réside dans son radicalisme croissant qui atteint son apogée avec la secte Shin. Le Shin-shu, préoccupé de magnifier le pouvoir de la foi et des vœux d'Amida, de mettre le salut à bon marché et de simplifier la doctrine, rejette tout ritualisme, toute philosophie et même l'ascétisme adouci de la vie monastique. Tous les hommes, honnêtes ou criminels, sont sans distinction admis au Paradis d'Amida. La foi dans la faveur d'Amida est l'unique condition d'admission. Nous sommes tous également pécheurs, et Amida est un dieu d'amour compatissant. À l'encontre du Dieu chrétien, il n'est pas un juge. L'idée que la moralité ne compte pour rien en comparaison de la foi remonte à un temps ancien : elle est attestée déjà un millénaire avant Shinran. Vers 150 ap. J.-C. nous trouvons dans le *Divyâvadâna* une histoire qui illustre à quel point dès cette époque les règles morales pouvaient être légèrement traitées. Dharmaruci, qui vivait il y a trois éons, avait tué ses parents, tué un Arhat et brûlé un monastère. Néanmoins le futur Śâkyamuni l'ordonna moine avec ces mots : « À quoi servent les règles ? Répète seulement de façon constante la formule : Hommage au Bouddha, Hommage au Dharma ! » Les prêtres du Shin-shu peuvent se marier, manger du poisson et de la viande. Ils poussent à sa conclusion logique la vieille idée qu'on doit s'accommoder au monde. En faisant ce que fait le monde, en vivant comme les autres gens ordinaires, les prêtres évitent de dresser des barrières, ils peuvent ainsi avoir avec les laïcs des rapports plus faciles. La secte Shin tend en direction de l'abolition de toutes les observances spécifiquement religieuses. Le motif pour l'abrogation du célibat est, naturellement, tout différent de celui qui prévalait dans le Tantra. Dans le Tantra l'idée était d'utiliser le corps entier pour le salut et il n'y avait pas de motif d'exclure les parties sexuelles ; le sexe était une forme d'exercice physique et une tentation courageusement supportée. Dans le Shin-shu, le mariage est le moyen de partager le faix de l'homme de basse condition, d'observer les coutumes et les devoirs de la société dans laquelle on vit et qu'il serait présomptueux de rejeter. La tâche principale est de vivre comme n'importe quel autre, de servir à la fois le monde et le Bouddha. L'esprit démocratique du Shin-shu et son approbation des devoirs sociaux ont été cause de son succès dans le monde d'aujourd'hui. Seule parmi toutes les écoles bouddhiques, la secte Shin a montré durant les cinquante dernières années que le bouddhisme peut s'adapter aux conditions industrielles, même si une pareille « adaptation » devait passer à tort pour l'abolition même du bouddhisme.

Le Rnyin-ma-pa

Au Tibet l'ancienne secte Rouge, dont les adhérents portent des robes rouges au lieu de jaunes, prêchent et pratiquent une doctrine ésotérique qui à l'origine avait été introduite par le prince indien Padma Sambhava vers 750 ap. J.-C. Padma Sambhava était un faiseur de prodiges qui ne fit au Tibet que deux courtes visites. Durant les brefs dix-huit mois de son séjour il n'en exerça pas moins une influence qui se ressent aujourd'hui encore au Tibet, en dépit du fait que l'Église Jaune officielle a combattu sa doctrine pendant cinq siècles. La raison principale de l'influence durable de Padma Sambhava semble résider dans le fait que son interprétation du bouddhisme — une forme du Tantra — est très proche du Bönisme, la religion indigène du Tibet. Les adeptes de Padma Sambhava sont appelés d'ordinaire le *Rnyin-ma-pa*, littéralement « Les Anciens ». La raison d'être de cette épithète est que leurs doctrines s'introduisirent en gros entre 750 et 850, c'est-à-dire dans la période qui précéda la grande persécution du bouddhisme par le roi Glan-dar-ma (836-41).

Il est bien évident que des doctrines magiques secrètes, vu qu'elles ne prétendent pas se justifier par le raisonnement seul, exigent une certaine forme d'inspiration pour leur conférer de l'autorité. La tradition Rnyin-ma-pa prétend se fonder sur deux sources d'autorité. Les fondements initiaux de la doctrine avaient été transmis directement de maîtres indiens. En outre, le Rnyin-ma-pa a admis, comme la tradition hermétique du monde méditerranéen, que la tradition possédait une base supplémentaire dans la découverte des textes enfouis (*gter-ma*). Padma Sambhava et autres maîtres enfouissaient certains textes dans des endroits écartés, qui devaient être découverts au moment voulu par des personnes prédestinées, si jamais se produisait le besoin d'une révélation supplémentaire. Pareillement les textes hermétiques traitant d'astrologie, d'alchimie, de magie, etc., se flattent dans bien des cas de représenter des livres écrits par d'anciens sages, qu'on doit « découvrir » et éditer quand les temps sont mûrs. Cela semble bien confirmer à nouveau notre opinion, suivant laquelle une grande partie du Tantra est une fusion entre la magie égyptienne sous sa forme gnostique, d'un côté, et la métaphysique du Mahâyâna, de l'autre. Les textes enfouis au Tibet ont été déterrés à partir de 1125 environ. Parmi eux, il y a des ouvrages d'une très grande valeur.

Dans son essence la doctrine Rnyin-ma-pa est une branche du Tantra de Main-gauche. Le culte des divinités tutélaires joue un rôle important ; ce système connaît 100 de ces divinités dont 58 sont paisibles, et 42 irritées. Il existe en outre, naturellement, un culte de divinités terribles, conçues essentiellement comme les destructrices des 3 ennemis fondamentaux de la paix de notre âme, c'est-à-dire : l'avidité, la haine et l'illusion. Les pratiques physiologiques du Ha*t*ha-Yoga y jouent un grand rôle. La manipulation des « artères » (voir p. 260) et du *semen virile* passe pour aboutir à la production de bonheur, de lumière et d'absence de pensée. Les différentes catégories de pratiques s'accomplissent normalement dans l'ordre suivant : d'abord, il doit y avoir la création mentale des images des dieux tutélaires, procurée en récitant des formules et en méditant sur les visions ainsi produites ; en second lieu vient le contrôle physico-mental des artères et du *semen virile* ; en troisième lieu, la compréhension de la vraie nature de l'esprit, laquelle est vacuité. L'idée distinctive de cette école est qu'elle essaie d'utiliser ce que les bouddhistes laissent généralement de côté, à savoir les émotions de la colère, de la volupté, etc. et deuxièmement, qu'elle essaie d'employer le corps matériel, qui pour les autres bouddhistes est une entrave redoutée de l'esprit, comme moyen profitable pour aider l'esprit. La nature magique du Rnyin-ma-pa se voit dans sa doctrine de Thod-gyal, le *Dépassement du Suprême*, suivant laquelle il existe un moyen de salut ou de libération dans lequel le corps matériel peut s'évanouir dans l'arc-en-ciel, ou bien à la manière des couleurs de l'arc-en-ciel.

Les doctrines de cette école sont très compliquées dans les détails, et il serait bien impossible de les exposer brièvement. Les lecteurs qui s'intéressent à cet aspect du bouddhisme peuvent se reporter à quelques-uns des textes que Evans-Wentz a rendus accessibles en anglais. Une doctrine particulièrement fascinante que le Rnyin-ma-pa a préservée est celle du *Bardo*. Bardo est le nom de l'expérience qu'éprouve un individu dans l'intervalle entre la mort et une nouvelle naissance. De nombreux bouddhistes estiment que la nouvelle naissance suit instantanément la mort. Mais d'autres postulent un intervalle, et l'école Rnyin-ma-pa nous donne une description très détaillée des expériences de l'« âme » au niveau du Bardo, qui nous est accessible grâce à l'admirable traduction du *Livre tibétain des Morts* par Evans-Wentz. Certaines des traductions qu'il contient remontent visiblement à l'âge de pierre. Le livre donne des conseils à l'âme du mourant en la préparant aux expériences typiques auxquelles elle va être exposée. Dans cette œuvre une grande partie de la sagesse égyptienne survit jusqu'à nos jours.

Le bouddhisme européen

Aux XVIIe et XVIIIe siècles, les missionnaires jésuites avaient acquis une connaissance assez précise du bouddhisme chinois et japonais, mais c'est un philosophe allemand, Arthur Schopenhauer, qui le premier fit connaître à l'Europe le bouddhisme en tant que foi vivante. Sans avoir eu notion des Écritures bouddhiques, guidé seulement par la philosophie de Kant, par une traduction latine d'une version persane des *Upanishad* et par sa propre désillusion de la vie, Schopenhauer avait en 1819 développé un système philosophique qui, par son insistance sur la « négation de la volonté de vivre », sur la compassion considérée comme la seule vertu rédemptrice, respirait un esprit très proche de celui du bouddhisme. Les idées de Schopenhauer exprimées en un style vivant et lisible ont eu une grande influence en Europe continentale. Richard Wagner fut profondément impressionné par les enseignements du Bouddha ; plus récemment Albert Schweitzer a vécu la vie que Schopenhauer s'était borné à recommander.

Au cours du XIXe siècle l'invasion de l'Asie par des marchands, soldats et missionnaires européens s'accompagna d'une lente infiltration d'idées asiatiques en Europe ; l'infiltration revêtit les deux formes de la recherche scientifique et de la propagande populaire. L'investigation érudite des écrits et de l'art bouddhiques a continué pendant cent vingt ans sans interruption. Dans chaque génération l'histoire du bouddhisme a attiré un nombre considérable de savants de grande valeur. Beaucoup d'entre eux, spécialement au début, ont étudié le bouddhisme comme on surveille un ennemi, anxieux de prouver la supériorité du christianisme. Un petit nombre ont été convaincus qu'ils avaient affaire à une foi extrêmement pure dont l'Europe pouvait beaucoup apprendre. La majorité d'entre eux ont fouillé les documents avec le même détachement qu'on apporte à résoudre des mots croisés. À la suite du travail de quatre générations, l'exploration du bouddhisme a fait de grands progrès, encore que beaucoup reste à faire. Sociologiquement, « l'orientalisme » en Europe a été lié à l'impérialisme. Avec le déclin de l'impérialisme européen, l'orientalisme est à présent dans les affres d'une crise profonde, et on se demande quel sera son sort dans l'avenir. En URSS les études bouddhiques semblent mortes, bien que les Russes aient beaucoup contribué à la connaissance du bouddhisme dans le passé. Il se peut que la mystique des bouddhistes ne soit pas du goût des matérialistes dialectiques.

L'année 1875 marque un événement de grande importance : Mme Blavastky et le colonel Olcott fondent la Société théosophique. Ses activités promeuvent un afflux de connaissances sur les religions asiatiques et restaurent la confiance en soi des âmes flottantes des Asiatiques eux-mêmes. En ce temps la civilisation européenne, mixture de science et de commerce, de christianisme et de militarisme, paraissait immensément puissante. La dynamite latente des guerres nationales et des guerres de classes n'était perçue que par un petit nombre. Une masse croissante de gens instruits dans l'Inde et à Ceylan sentait, comme le faisaient aussi les Japonais à la même époque, qu'ils n'avaient d'autre possibilité que d'adopter le système occidental avec tout ce qu'il comporte. Les missionnaires chrétiens envisageaient de rapides conversions en masse. Mais bientôt la marée tourna, de manière plutôt soudaine et inattendue. Quelques membres de la masse dominante des hommes blancs et des femmes blanches de Russie, d'Amérique et d'Angleterre, les théosophes, apparurent parmi les Hindous et les Singalais, proclamant leur admiration pour l'ancienne sagesse de l'Orient. Mme Blavatsky parlait du bouddhisme en termes du plus haut éloge, le colonel Olcott écrivait un « catéchisme bouddhique », A. P. Sinnett publiait un livre qui eut un grand succès, où toutes sortes d'idées mystérieuses mais fascinantes étaient présentées comme du « bouddhisme ésotérique ». Le mythe des Mahâtma situait ces chefs invisibles de l'humanité, sages et semi-divins, dans l'Himâlaya, dans le Tibet, contrée bouddhique qui s'entoura d'un nimbe de sagesse surnaturelle. Par son intervention opportune, la *Société théosophique* a rendu un grand service à la cause bouddhique. Bien que plus tard elle devînt, en tant qu'organisation, corrompue par la richesse et le charlatanisme, elle a contribué à donner l'élan aux études bouddhiques, à inspirer à beaucoup l'idée de poursuivre leurs recherches. Au rang des théosophes on comptait aussi Edwin Arnold, dont le poème la *Lumière d'Asie* a conduit bien des cœurs à aimer et à admirer le Bouddha pour la pureté de sa vie, pour son dévouement au bien-être de l'humanité.

Après 1900, quelques missionnaires furent envoyés d'Asie, où la situation était difficile, à Londres et ailleurs, sans grand succès. Dans les capitales européennes, à Paris, Londres et Berlin, de petites organisations de propagande s'établirent. En Angleterre, la *Société bouddhique* sous la conduite avisée de Christmas Humphreys a fait preuve d'une grande initiative en « battant le tambour du Dharma ». Néanmoins le bouddhisme européen n'a pu jusqu'à présent trouver son équilibre. L'organisation du Sangha avait été, nous l'avons vu (p. 71), le seul élément permanent et stable dans l'histoire du bouddhisme. Les moines et les monastères sont le fondement indispensable d'un mouvement bouddhique qui vise à être une réalité sociale concrète et vivante. Un certain nombre de bouddhistes européens qui se sont sentis attirés vers la vie monastique sont allés à Ceylan, en Chine et au Japon. Les obstacles à l'établissement de monastères bouddhiques en Europe sont grands, mais ils ne sont probablement pas plus grands qu'ils n'étaient en Chine à l'origine. Comme la faillite de notre civilisation devient toujours plus manifeste, bien des gens encore seront attirés vers la sagesse du passé et plusieurs d'entre eux vers sa forme bouddhique. Il reste à voir où et quand des Européens revêtus de la robe safran feront leur première apparition.

TABLE CHRONOLOGIQUE

Les dates principales de l'histoire du bouddhisme

am. = amidisme, B. = bouddhisme, Ch. = Chine, chinois, Hî. = Hînayâna, MY. = Mâdhymamika-Yogâcârin's, NS. = Nouvelle Sagesse, S. = Sarvâstivâdin's, T. = Tantra, Th. = Theravâdin's, Y. = Yogâcârin's, LY. = Logique yogâcârin, Z. = Zen (Ch'an).

après le Bouddha	*Avant J.-C.*	*HISTOIRE*	*HÎNAYÂNA*	*MAHÂYÂNA*	*ART*
80	480	*480* Mort du Bouddha			
		325 Alexandre dans l'Inde			
		315 Candragupta			
260	300	*274* Commencement du règne d'Aśoka	*246* Mahinda amène le B. à Ceylan		
		236 Mort d'Aśoka	*240* Scission des Sthaviravâdin et des Mahâsanghika		

après le Bouddha	*Avant J.-C.*	*HISTOIRE*	*HÎNAYÂNA*	*MAHÂYÂNA*	*ART*
360	200	*160* Ménandre		Prajñâpâramitâ originelle (NS)	*120* Portes de Sâñcî
460	100		*80* Rédaction des Écritures pālies	*80* Sûtra's du Mahâyâna : Saddharma Pu*nd*arika, etc.	– *500* ap. J.-C. Gandhâra – *200* ap. J.-C. Mathurâ
560	ap. J.-C.	*25-60* Kadphisès Ier Le B. s'étend en Chine *61* Rêve de Mingti *78-103* Kanishka	*100* Aśvaghosha	Grandes Prajñâpâramitâ (NS)	Amarâvatî Reliquaire de Peshâvar
660	100		*140* Vibhâshâ (S) au Kashmir	*160* Sandhinirmocana sûtra (Y) Nâgâjruna (NS) Aryadeva (NS)	*150-350* Le gros des monuments d'Amarâvatî
760	200	*220* Extension du bouddhisme au Viet-nam			Peintres bouddhiques dans le sud de la Chine *265* Première

après le Bouddha	*Après J.-C.*	*HISTOIRE*	*HÎNAYÂNA*	*MAHÂYÂNA*	*ART*
					pagode en Chine
					— 600 Art gupta
					Ellorâ. Aja*n*tâ
860	300	*335* Un édit chinois autorise le monachisme		*333* Hui-yûan (Am)* Lankâvatâra sûtra (Y)	
		357-385 Fu kien protège le B.		Maitroyanâtha (MY)	Ku k'ai chih
		372 Extension du B. en Corée			
		385-414 Candragupta II		*385* Kumârajîva en Chine	
		399-414 Fa hien dans l'Inde			
960	400		Vasubandhu (S)		
		414-455 Fondation de Nalandâ par Kumâragupta Ier	*420* Buddhaghosa (Th)	Vasubandhu (Y) Asanga (Y) Kumârajîva (NS)	*- 500* Sculpture B. dans le nord de la Chine
		438-452 Persécution du B. par To-pa Tao. Extension du B. vers la Birmanie, Java, Sumatra	*440* Mahâva*m*sa (Th)	*416* Mort de Hui-yûan Dignâga (LY)	*414-520* Grottes de Yun-kang

après le Bouddha	*Après J.-C.*	*HISTOIRE*	*HÎNAYÂNA*	*MAHÂYÂNA*	*ART*
		452 sq. Protection du B. par To-pa	*460* Dhammapâla	*498-561* Bodhidharma (Z) Paramârtha (Y)	Sculpture Wei
1060	500	*518* Le plus ancien catalogue du Tripi*t*aka Ch.			
		552 Extension du B. au Japon		*560* Mort de Sthiramati	
		572 Shotoku Taishi*			
		573 Seconde persécution en Chine		*580* Fondation de Tien tai Fondation de San-lun	Renaissance de l'art en Chine
1160	600	Extension du B. à Sumatra		Fondation de Hua-yen	
		606-647 Harshavardhana		*606* Mort de Seng-t-san (Z)	
		621 Mort de Shotoku Taishi		*635* Dharmapâla (Y)	Grotte I d'Aja*n*tâ
		629-645 Hiuen-tsiang dans l'Inde		*637* Hui-neng (Z)* Fondation de Lu-tsung	

après le Bouddha	*Après J.-C.*	*HISTOIRE*	*HÎNAYÂNA*	*MAHÂYÂNA*	*ART*
		642 sq. Song-tsen-gampo (Tibet)		*645-664* Travail de Hiuen-tsiang (Y) en Chine	Li-szu-hsun
		642 Extension du B. au Tibet		*650* Chandra-kîrti (NS)	
		651 Premier temple B. au Tibet		*643* Fa-tsang (Hua-yen) Dharmakîrti (L)	
		671-695 Voyages de I-tsing		*691* Śântideva (NS)*	*Temples de Nara
1260	700	Extension du B. au Viet-nam Le Mahâyâna, religion officielle du Śrîvijaya			
		710-784 Période Nara		*713* Mort de Hui-neng (Z)	Wu tao tze Java
		711 Prise du Sindh par l'Islâm		*716* Fondation de Shing-gon	*– 1000* Tun-hu-ang
		720 Extension du B. (Hî) au Siam		Śubhakara-si*m*ha (T) Vajrabodhi (T) Amoghava-jra (T)	

après le Bouddha	*Après J.-C.*	*HISTOIRE*	*HÎNAYÂNA*	*MAHÂYÂNA*	*ART*
		749 Premier monastère (Sam-ye) au Tibet *760* Prise de l'Asie centrale par les Arabes Fondation d'Odantapuri Dynastie Pâla *770-815* Dharmapâla	*740* Anuruddha, Abhadhammâttha-sangaha	*747* Padmasambhava au Tibet (T) Śântarakshita (T) *774* Mort d'Amoghavajra	*747* Bouddha gigantesques à Nara Borobudur Todaiji
1360	800	Le Śivaïsme supplante le B. au Kashmir. Développement du Mahâyâna au Cambodge *845* Persécutions par Wu-tsang *850-1350* Dynastie Korye en Corée		Haribhadra (NS) *805* Fondation par Dengyo Daishi de Ten-dai sur le mont Hiei *840* Mort de Kobo Daishi (T)	*802* Fondation d'Angkor
1460	900	Lang-dharma L'Islâm remplace le B. en Asie centrale	*920* Le roi Aba Salamevan Kasup V (Ceylan)	Système Koan (Z) *949* Mort de Yuen-men (Z)	– *1300* Art coréen

après le Bouddha	*Après J.-C.*	*HISTOIRE*	*HÎNAYÂNA*	*MAHÂYÂNA*	*ART*
				Kuya (Am)	
				942-1017 Genshin (Tendai)	
				965 Kâla-cakra (T)	
				980 Atisa*	
1560	1000	*1000-1200* Le B. bénéficie de l'appui royal au Viet-nam			*1017* Mort de Yeishin Sozu
				1020 Pi-yen-chi (Z)	
		1077 Mort du Roi Anuruddha de Birmanie	*1040* Les Thera- vâdin gagnent la Birmanie	*1038-1122* Milarepa	
		1086-1112 Kyanzittha, roi de Birmanie		*1039* Atisa se rend au Tibet	
				1052 Mort d'Atisa	
1660	1100			*1100* Ryonin (Tendai, Am)	
			1140 Les Thera- vâdin gagnent le Siam	*1133* Honen Sho- nin (Am)*	

après le Bouddha	*Après J.-C.*	*HISTOIRE*	*HÎNAYÂNA*	*MAHÂYÂNA*	*ART*
		1180-1205 Dvayavarman VII (Cambodge)		*1173* Shinran (Am)*	L'art fleurit au Tibet
		1197 Destruction de Nalandâ par l'Islâm		*1191* Eisai apporte le Zen au Japon	L'art du Bayon au Cambodge
1760	1200	*1202* Arrivée de Śâkyapa*nd*ita au Tibet		*1200* Dogen (Z)* Fondation de Jodo-shu (Am)	
				1211 Mort de Honen Shonin (Am)	
				1215 Mort d'Eisai (Z) Fondation de Soto (Z) par Dogen (1200-53)	
		1227-63 Tokiyori favorise le Zen		*1222* Nichiren*	
				1225 Fondation de Jodo-shin-shu	
				1228 Mumon Kwan (Z)	*1252* Kama-

après le Bouddha	*Après J.-C.*	*HISTOIRE*	*HÎNAYÂNA*	*MAHÂYÂNA*	*ART*
		1251-84 Hojo Tokimune favorise le Zen	*1240* Dhammakitti	*1239* Ippen Shonin (Z)*	kura Dait Butsu Temple d'Engakuji
				1253 Mort de Dogen (Z)	
		1260-94 Kublai Khan favorise le B. La cérémonie du thé s'introduit au Japon		*1267* Fondation de Rinzai (Z) par Daio Kokushi (1235-1308) Eison (1202-90) fait revivre l'école de Ri-tsu (Vinaya)	
			1280 Jinacarita	*1282* Mort de Nichiren	
				1289 Mort d'Ippen Shonin (Am)	
				1288 Bu-ston (T)*	
1860	1300	*1320* Déclin du Mahâyâna au Cambodge			
		1340 Conversion du Laos		*1357* Mort de Tsong-kha-pa	

après le Bouddha	*Après J.-C.*	*HISTOIRE*	*HÎNAYÂNA*	*MAHÂYÂNA*	*ART*
		1360 Le B. (Hî) Religion officielle du Siam		*1365* Nagarakîrtâgama (T) à Java	
		1392 Le B. décline en Corée		*1385* Le Jugi de Ryogo Shogei (Am)	
				1392 Fondation de Ge-lug-pa (T)	
1960	1400	*– 1500* Persécution en Annam		*1419* Mort de Tsong-kha-pa	*1420-1506* Sesshiu (Z)
		1480 Java : l'Hindouisme remplace le B. Sumatra : l'Islâm remplace le B.			
2060		*1576* Fondation de Kum bum		Shi yen ki de Wu Ch'en-en (Am)	
	1500				
		1577 Conversion définitive des Mongols		*1573* Târânâtha*	*1582-1645* Miyamoto
				1573-1645 Takuan (Z)	
				1599-1655 Chih-hsu	

après le Bouddha	*Après J.-C.*	*HISTOIRE*	*HÎNAYÂNA*	*MAHÂYÂNA*	*ART*
2160	1600	*1603* Tokugawa au Japon Déclin du B.	*1620* Manuel de Yogâvacâra		
		1642 Le 5e Dalai Lama devient Prêtre-Roi du Tibet			
		1643 Construction de Potala		*1685-1768* Hakuin (Z)	*1643-94* Basho
2260	1700	*1718* Les armées mongoles aident le Ge-lug-pa			
		1769 Adhésion du Népal à l'Hindouisme			
		1785 Premier monastère Burjat			
2360	1800	*1819* *Welt als Wille und Vorstellung* de Schopenhauer			
		1840 Burnouf			
		1850-65 Destruction de nombreux monastères par la révolte de Tai-ping			

après le Bouddha	*Après J.-C.*	*HISTOIRE*	*HÎNAYÂNA*	*MAHÂYÂNA*	*ART*
		1875 Fondation de la Société théosophique			
		1879 *Light of Asia* d'Arnold			
		1890 Réveil du B. au Japon			
		1891 Fondation de la Société Mahabodhi			
2460	1900	*1904* Expédition britannique à Lhassa			
		1909 Tai Hsu fait revivre le B. chinois			
		1926 Fondation de la Société bouddhique en Angleterre		*1924-29* Taisho Issaikyo	
		1928 Fondation des Amis du B.			

BIBLIOGRAPHIE

INTRODUCTION ET OUVRAGES GÉNÉRAUX

BELL (Ch.), *The Religion of Tibet*, 1931.

BLOFELD (J.), *The Jewel in the Lotus*, 1948 (China).

CARPENTER (J. E.), *Buddhism and Christianity*, 1922.

DAVID-NEEL (A.), *Buddhism, its Doctrines and Methods*, 1939.

ELIOT (Ch.), *Hinduism and Buddhism*, 3 vol., 1921, — *Japanese Buddhism*, 1934.

HAR DAVAL, *The Bodhisattva-Doctrine in Buddhist Sanskrit Literature*, 1932.

KERN (H.), *Manual of Indian Buddhism*, 1896.

PRATT (J. B.), *The Pilgrimage of Buddhism*, 1929.

STEINILBER-OBERLIN (E.), *The Buddhist Sects of Japan*, 1938.

SUZUKI (D. T.), *Essays in Zen Buddhism*, 3 vol., 1926-34.

THOMAS (E. J.), *The Life of Buddha as Legend and History*, 1927.

WADDELL (L. A.), *The Buddhism of Tibet*, 1895-1931.

THERAVÂDINS

BUDDHAGHOSA, *The Path of Purity,* trad. P. M. Tin, 3 vol., 1923-1931.

COOMARASWAMY (A. K.) et HORNER (I. B.), *The Living Thoughts of Gotama the Buddha*, 1948.

THE DHAMMAPADA, éd., traduction par S. Radhakrishnan, 1950.

NYANATILOKA, *Guide through the Abhidhamma-Pitaka*, 1938.

SUTTA NIPÂTA, *Woven Cadences*, trad. E. M. Hare, 1944.

WOODWARD (F. L.), *Some Sayings of the Buddha*, 1925.

SARVÂSTIVÂDINS

THOMAS (E. J.), *The Quest of Enlightenment. A Selection of the Buddhist Scriptures*, trad. du sanskrit, 1950.

VASUBANDHU, *Abhidharmakosha*, traduit et annoté par L. de La Vallée-Poussin, 1923-1931.

MAHÂYÂNA

EVANS-WENTZ (W. Y.), *Milarepa*, 1929.

THE LANKÂVATÂRA SÛTRA, trad. D. T. Suzuki, 1932 (Yogâcârin).

THE LOTUS OF THE WONDERFUL LAW, trad. W. Soothill, 1930.

MAHÂYÂNA TEXTS, trad. M. Muller et Takakusu, 1894.

NÂGÂRJUNA, *Mâdhyamikasûtra's*, trad. M. Walleser, *Die mittlere Lehre des Nâgârjuna*, 1911.

ŚÂNTIDEVA, *Śikshâsamuccaya*, trad. C. Bendall, 1922.

ŚRÎCAKRASAMBHARATANTRA, chap. 1, trad. Kazi Dawasamdup, Tantrik Texts, éd. A. Avalon, VII, 1919.

THE SÛTRA OF WEI LANG, trad. Wong Mou-lam, 1930, 1947 (Ch'an).
THE TIBETAN BOOK OF THE DEAD, trad. W. Y. Evans-Wentz, 1927.

ART

FOUCHER (A.), *The Beginnings of Buddhist Art*, trad. F. W. Thomas, 1917.
GETTY (A.), *The Gods of Northern Buddhism*, 1914; 1928.
GORDON (A. K.), *The Iconography of Tibetan Lamaism*, 1939.

INDEX

Les noms propres sont en *italiques*.
Les chiffres en *italiques* indiquent la page où un mot est défini.

TABLE

Petite Bibliothèque Payot

Guy Achard, La communication à Rome / **211**
Alfred Adler, Connaissance de l'homme / **26**
Alfred Adler, Le sens de la vie / **47**
Alfred Adler, Le tempérament nerveux / **84**
Alfred Adler, L'enfant difficile / **122**
Alfred Adler, L'éducation des enfants / **390**
Alfred Adler, L'enfant caractériel à l'école / **442**
Ernest Aeppli, Les rêves et leur interprétation / **64**
Giorgio Agamben, Enfance et histoire / **387**
Régis Airault, Fous de l'Inde / **437**
Franz Alexander, La médecine psychosomatique / **426**
Franz Alexander, Principes de psychanalyse / **444**
Alexandrian, Histoire de la philosophie occulte / **205**
Alexandrian, Histoire de la littérature érotique / **230**
René Alleau, De la nature des symboles / **319**
Anne Ancelin-Schutzenberger, Le psychodrame / **394**
Jacques André, Être médecin à Rome / **256**
Gérard Apfeldorfer, Je mange, donc je suis / **140**
Hannah Arendt, Politique et pensée / **289**
Jean-Paul Aron, Le mangeur du XIXe siècle / **8**
Paul-Laurent Assoun, Freud et la femme / **219**
Piera Aulagnier, Un interprète en quête de sens / **43**
Pierre Avril, Essais sur les partis politiques / **41**
David Bakan, Freud et la tradition mystique juive / **395**
Michael Balint, Le défaut fondamental / **44**
Michael Balint, Les voies de la régression / **383**
Ilse Barande, Ferenczi / **270**
Jean-Pierre Barou, L'œil pense / **283**
Blandine Barret-Kriegel, L'État et les esclaves / **4**
Charles Baudouin, L'œuvre de Jung / **133**
Jean Bayet, La religion romaine / **360**
Walter Benjamin, Charles Baudelaire / **39**
Pierre Benoit, Le langage de la maladie / **318**
Edmund Bergler, La névrose de base / **382**
Edmund Bergler, Les parents ne sont pas responsables des névroses de leurs enfants / **399**

Eric Berne, Analyse transactionnelle et psychothérapie / **37**
Roger Beteille, La chemise fendue / **288**
Alfred Binet, Le fétichisme dans l'amour / **393**
Sarah Blaffer Hrdy, La femme qui n'évoluait jamais / **425**
Ernst Bloch, La philosophie de la Renaissance / **201**
Philippe Boulu, La dynamique du cerveau / **124**
François Boureau, Contrôlez votre douleur / **60**
Jean Bourguignon/Charles Houin, Vie d'Arthur Rimbaud / **172**
Régis Boyer, La saga de saint Óláf / **77**
T. Berry Brazelton, Écoutez votre enfant / **74**
T. Berry Brazelton, L'enfant et son médecin / **139**
Jacques Brosse, Mythologie des arbres / **161**
François Burgat, L'islamisme au Maghreb / **241**
Louis-Jean Calvet, Georges Brassens / **129**
Louis-Jean Calvet, Linguistique et colonialisme / **419**
Véronique Campion-Vincent/Jean-Bruno Renard,
Légendes urbaines / **338**
Henri Carré, Sully / **355**
Olivier Carré, Le nationalisme arabe / **285**
Bernard Cathelat, Publicité et société / **83**
Léonce Chaleil, La mémoire du village / **192**
Jean-Pierre Chartier, Introduction à la pensée freudienne / **162**
Jean-Pierre Chartier, Les parents martyrs / **163**
Roger Chartier, Pratiques de la lecture / **167**
Malek Chebel, L'esprit de sérail / **265**
Malek Chebel,
Le livre des séductions, *suivi de* Dix aphorismes sur l'amour / **284**
Malek Chebel, Psychanalyse des Mille et une nuits / **436**
Malek Chebel, La formation de l'identité politique / **331**
Léon Chertok, L'hypnose / **10**
Louis Chevalier, Juanito / **213**
Bernard Chevallier / Christophe Pincemaille,
L'impératrice Joséphine / **309**
Victor Chklovski, Le voyage de Marco Polo / **127**
Noam Chomsky, Le langage et la pensée / **31**
George Clare, Dernière valse à Vienne / **345**
Commission « Efficacité de l'État » du xe Plan présidée par
François de Closets, Le pari de la responsabilité / **21**
A. Cohen, Le Talmud / **65**

Jean Hatzfeld, Histoire de la Grèce ancienne **/ 226**
Karen Horney, La psychologie de la femme **/ 418**
Heinrich H. Houben, Christophe Colomb **/ 93**
Johan Huizinga, L'automne du Moyen Âge **/ 6**
Gérard Israël, La question chrétienne **/ 447**
Nancy Huston, Dire et interdire **/ 422**
William James, Aux étudiants, aux enseignants **/ 373**
William James, Expériences d'un psychiste **/ 374**
Karl Jaspers, Initiation à la méthode philosophique **/ 174**
Alain Joxe, L'Amérique mercenaire **/ 232**
Odette Joyeux, Le troisième œil. La vie de Nicéphore Niepce **/ 165**
Carl Gustav Jung / Charles Kerényi,
Introduction à l'essence de la mythologie **/ 168**
Ernst Jünger, Le boqueteau 125 **/ 240**
Helen A. Keller, Sourde, muette, aveugle **/ 59**
Paul Kennedy, Naissance et déclin des grandes puissances **/ 63**
John Maynard Keynes, Essais sur la monnaie et l'économie **/ 24**
A. Kirkpatrick, Les conquistadors espagnols **/ 92**
Melanie Klein / Joan Riviere, L'amour et la haine **/ 18**
Siegfried Kracauer, Le roman policier **/ 410**
Étienne de La Boétie, Le discours de la servitude volontaire **/ 134**
Élisabeth Labrousse, La révocation de l'Édit de Nantes **/ 34**
Pierre Lafforgue, Petit Poucet deviendra grand **/ 443**
Étienne Lamazou, L'ours et les brebis **/ 250**
François Laplantine, L'anthropologie **/ 227**
Jean-Philippe Lauer, Saqqarah **/ 107**
T. E. Lawrence, Les sept piliers de la sagesse **/ 99**
Michel Le Bris, L'homme aux semelles de vent **/ 95**
Michel Le Bris,
Une amitié littéraire : Henry James-Robert L. Stevenson **/ 177**
Michel H. Ledoux, Introduction à l'œuvre de Françoise Dolto **/ 262**
Jean-G. Lemaire, La relaxation **/ 45**
Jean-G. Lemaire, Les mots du couple **/ 398**
Sous la direction de Bernard Lewis, L'islam **/ 207**
Jean-Pierre Letort-Trégaro, Pierre Abélard **/ 311**
Anna Lietti, Pour une éducation bilingue **/ 179**
Lin Yutang, La Chine et les Chinois **/ 316**
Le Livre interdit,
Textes choisis et présentés par Jean-Christophe Abramovici **/ 298**

Konrad Lorenz, Évolution et modification du comportement / **33**
Robert Löwie, Histoire de l'ethnologie classique / **49**
Georges Lukacs, Le roman historique / **388**
Margaret Mahler, Psychose infantile / **30**
Maine de Biran : la vie intérieure,
Textes choisis et présentés par Bruce Bégout / **237**
Bronislaw Malinowski,
La sexualité et sa répression dans les sociétés primitives / **28**
Bronislaw Malinowski, La vie sexuelle des sauvages / **378**
Bronislaw Malinowski,
Trois essais sur la vie sociale des primitifs / **413**
Thomas Mann, Goethe et Tolstoï / **366**
Jean Markale, La femme celte / **108**
Karl Marx, Misère de la philosophie,
Textes choisis et présentés par Jean Kessler / **294**
Henri Massé, Anthologie persane / **330**
Les Matérialistes au XVIIIe siècle,
Textes choisis et présentés par Jean-Claude Bourdin / **280**
Predrag Matvejevitch, Bréviaire méditerranéen / **251**
Annelise Maugue,
L'identité masculine en crise au tournant du siècle / **409**
Marcel Mauss, Manuel d'ethnographie / **13**
Gérard Mendel, Pour décoloniser l'enfant / **5**
Jack Messy, La personne âgée n'existe pas / **180**
Jacques Meunier, Le monocle de Joseph Conrad / **150**
A. de Mijolla / S. A. Shentoub,
Pour une psychanalyse de l'alcoolisme / **40**
Susana Millar, La psychologie du jeu / **432**
Pierre Milza, Voyage en Ritalie / **224**
Eugène Minkowski, La schizophrénie / **328**
Eugène Minkowski, Vers une cosmologie / **370**
Marie Moscovici, Il est arrivé quelque chose / **46**
Janine Mossuz-Lavau, Les lois de l'amour / **448**
Georges Mounin, La sémantique / **317**
J. D. Nasio,
Enseignement de 7 concepts cruciaux de la psychanalyse / **111**
J. D. Nasio, Cinq leçons sur la théorie de Jacques Lacan / **203**
J. D. Nasio, L'hystérie / **263**
J. D. Nasio, Le plaisir de lire Freud / **356**

Petite Bibliothèque Payot / Voyageurs

Edward Abbey, Désert solitaire / **228**
John James Audubon, Journal du Missouri / **142**
Gérard Badou, L'énigme de la Vénus Hottentote / **446**
Nicolas Baïkov, Dans les collines de Mandchourie / **380**
Nicolas Baïkov, Des tigres et des hommes / **435**
Nigel Barley, Un anthropologue en déroute / **176**
Nigel Barley, Le retour de l'anthropologue / **267**
Nigel Barley, L'anthropologie n'est pas un sport dangereux / **365**
Nigel Barley, L'anthropologue mène l'enquête / **438**
Jean-Michel Barrault, *Le Sacre* et *La Pensée* / **282**
Sybille Bedford, Visite à Don Otavio / **102**
Nicole-Lise Bernheim, Chambres d'ailleurs / **363**
Nicole-Lise Bernheim, Saisons japonaises / **424**
Alain Blottière, L'oasis / **210**
Jean-Claude Bourlès, Retours à Conques / **242**
Jean-Claude Bourlès, Le grand chemin de Compostelle / **341**
Jean-Claude Bourlès, Une Bretagne intérieure / **404**
Jean-Claude Bourlès, Passants de Compostelle / **406**
Nicolas Bouvier, Chronique japonaise / **53**
Nicolas Bouvier, L'usage du monde / **100**
Nicolas Bouvier, Journal d'Aran et d'autres lieux / **155**
Rupert Brooke, Lettres d'Amérique / **433**
Bill Bryson, Motel Blues / **260**
Frank Bullen, La croisière du Cachalot / **147**
Robert Byron, Route d'Oxiane / **137**
Pino Cacucci, Poussières mexicaines / **307**
René Cagnat, La rumeur des steppes / **408**
B. Chovelon / C. Abbadie, La Chartreuse de Valldemosa / **412**
Jean Clair, Le voyageur égoïste / **364**
Jean Clausel, Indes / **372**
Jean-Luc Coatalem, Mission au Paraguay / **346**
Anita Conti, Géants des mers chaudes / **322**
Anita Conti, Racleurs d'océans / **339**
Anita Conti, L'océan, les bêtes et l'homme /**440**
Jules Crevaux, Le mendiant de l'Eldorado / **135**
Jules Crevaux, En radeau sur l'Orénoque / **193**

Impression réalisée sur CAMERON par

BUSSIÈRE CAMEDAN IMPRIMERIES

GROUPE CPI

à Saint-Amand-Montrond (Cher)
pour le compte des Éditions Payot & Rivages
en octobre 2002

N° d'impression : 024901/1.
Dépôt légal : octobre 2002.
Imprimé en France